本书得到以下单位资助出版：
☆内蒙古财经大学
☆中蒙俄经贸合作与草原丝绸之路经济带
  构建研究协同创新中心

内蒙古自治区
社会经济发展
蓝皮书

总主编／杜金柱　侯淑霞

内蒙古自治区
财政发展报告
（2016）

主　编＼贾智莲　白贵
副主编＼白恩来　魏　松　彭　羽　李秀梅　李　婷

THE PUBLIC FINANCE DEVELOPMENT
REPORT ON INNER MONGOLIA（2016）

经济管理出版社
ECONOMY & MANAGEMENT PUBLISHING HOUSE

图书在版编目（CIP）数据

内蒙古自治区财政发展报告（2016）/贾智莲，白贵主编 . —北京：经济管理出版社，2017.1

ISBN 978 - 7 - 5096 - 4145 - 3

Ⅰ. ①内⋯ Ⅱ. ①贾⋯ ②白⋯ Ⅲ. ①地方财政—研究报告—内蒙古—2016 Ⅳ. ①F812. 726

中国版本图书馆 CIP 数据核字（2015）第 302762 号

组稿编辑：王光艳
责任编辑：许　兵
责任印制：司东翔
责任校对：雨　千

出版发行：经济管理出版社
　　　　　（北京市海淀区北蜂窝 8 号中雅大厦 A 座 11 层　100038）
网　　　址：www. E - mp. com. cn
电　　　话：（010）51915602
印　　　刷：北京九州迅驰传媒文化有限公司
经　　　销：新华书店
开　　　本：720mm × 1000mm/16
印　　　张：13. 25
字　　　数：245 千字
版　　　次：2017 年 1 月第 1 版　　2017 年 1 月第 1 次印刷
书　　　号：ISBN 978 - 7 - 5096 - 4145 - 3
定　　　价：98. 00 元

总 序

　　2015 年，面对错综复杂的国际形势和艰巨繁重的国内改革发展稳定任务，内蒙古自治区各族人民在自治区党委、政府的正确领导下，深入学习贯彻党的十八大，十八届三中、四中、五中全会及习近平总书记系列重要讲话精神，按照"五位一体"总体布局和"四个全面"战略布局的总要求，牢固树立和贯彻落实创新、协调、绿色、开放、共享的发展理念，主动适应经济发展新常态。

　　《内蒙古自治区 2015 年国民经济和社会发展统计公报》显示，2015 年末全区常住人口为 2511.04 万人，比 2014 年增加 6.23 万人。人口自然增长率为 2.4‰。城镇化率达到 60.3%，比 2014 年提高 0.8 个百分点。全区实现地区生产总值 18032.8 亿元，按可比价格计算，比 2014 年增长 7.7%。全年居民消费价格总水平比 2014 年上涨 1.1%。年末全区城镇单位就业人员为 292.6 万人。年末城镇登记失业率为 3.65%。全年实现失业人员再就业人数为 6.1 万人。全年完成一般公共预算收入 1964.4 亿元，一般公共预算支出 4290.1 亿元，分别比 2014 年增长 6.5% 和 10.6%。财政收入在增收困难较大的情况下，顺利完成了全年增长目标。全年农作物总播种面积 756.8 万公顷，比 2014 年增长 2.9%。年末全区农牧业机械总动力为 3805.1 万千瓦，比 2014 年增长 4.8%；综合机械化水平达到 81.4%。全年全部工业增加值为 7939.2 亿元，比 2014 年增长 8.2%。全区规模以上工业企业实现主营业务收入 18522.7 亿元，比 2014 年下降 0.3%；实现利润 940.5 亿元，比 2014 年下降 23.8%。全年规模以上工业企业产品销售率为 96.6%，产成品库存额为 643.2 亿元，比 2014 年增长 0.7%。全年建筑业增加值为 1263.2 亿元，比 2014 年增长 6.7%。全年全社会固定资产投资总额为 13824.8 亿元，比 2014 年增长 14.5%。其中，500 万元以上项目完成固定资产投资 13651.7 亿元，比 2014 年增长 14.5%。新开工项目 12695 个，比 2014 年增长 2.4%；在建项目投资总规模 35672 亿元，比 2014 年下降 0.1%。全年社会消费品零售总额为 6107.7 亿元，比 2014 年增长 8.0%。全年海关进出口总额为 790.4

亿元，比 2014 年下降 11.6%。全年实际使用外商直接投资额 33.7 亿美元，比 2014 年下降 15.4%。全年完成货物运输总量 20.9 亿吨，比 2014 年增长 2.1%。全年完成旅客运输总量 19820 万人，比 2014 年增长 0.2%。年末全区民用汽车保有量为 400.1 万辆，比 2014 年增长 7.6%；全年邮电业务总量（2010 年不变价）为 400.3 亿元，比 2014 年增长 19.1%。全年实现旅游总收入 2257.1 亿元，比 2014 年增长 25.0%。接待入境旅游人数 160.8 万人次，比 2014 年下降 3.8%；旅游外汇收入 9.6 亿美元，比 2014 年下降 4.0%。国内旅游人数为 8351.8 万人次，比 2014 年增长 12.6%；国内旅游收入为 2193.8 亿元，比 2014 年增长 25.7%。年末全区金融机构人民币存款余额为 18077.6 亿元，全年新增存款 1641.3 亿元，比 2014 年增长 11.0%。全年全体居民人均可支配收入为 22310 元，比 2014 年增长 8.5%。数据显示，2015 年内蒙古自治区社会经济总体发展实现了稳中有进、稳中有好、进中有创、创中提质的良好态势，结构调整出现积极变化，改革开放不断深化，民生事业持续进步，经济社会发展迈上新台阶，实现了"十二五"圆满收官，为"十三五"经济社会发展、决胜全面建成小康社会奠定了坚实基础。

为真实反映内蒙古自治区社会经济发展全景，为内蒙古自治区社会经济发展提供更多的智力支持和决策信息服务，2013 年，由内蒙古财经大学组织校内学者编写了《内蒙古自治区社会经济发展研究报告丛书》，丛书自出版以来，受到社会各界的广泛关注，亦成为社会各界深入了解内蒙古自治区的一个重要窗口。2016 年，面对新的社会经济发展形势，内蒙古财经大学的专家学者们再接再厉，推出全新的《内蒙古自治区社会经济发展蓝皮书》，丛书的质量和数量均有较大提升，力图准确诠释 2015 年内蒙古自治区社会经济发展的诸多细节，书目包括《内蒙古自治区区域经济综合竞争力发展报告（2016）》《内蒙古自治区文化产业发展报告（2016）》《内蒙古自治区旅游业发展报告（2016）》《内蒙古自治区社会保障发展报告（2016）》《内蒙古自治区财政发展报告（2016）》《内蒙古自治区能源发展报告（2016）》《内蒙古自治区金融发展报告（2016）》《内蒙古自治区投资发展报告（2016）》《内蒙古自治区对外经济贸易发展报告（2016）》《内蒙古自治区中小企业发展报告（2016）》《内蒙古自治区区域经济发展报告（2016）》《内蒙古自治区工业发展报告（2016）》《蒙古国经济发展现状与展望（2016）》《内蒙古自治区商标品牌发展（2016）》《内蒙古自治区惠农惠牧政策促进农牧民增收发展报告（2016）》《内蒙古自治区物流业发展报告（2016）》。

一个社会的存续与发展，有其特定的社会和经济形态，同时也离不开独有的思想意识、价值观念和技术手段。秉承社会主义核心价值观、使命意识和学术的职业要求是当代中国学者应有的担当，正是基于这样的基本态度，我们编撰了本套丛书，丛书崇尚学术精神，观点坚持学术视角，客观务实，兼容并畜；内容上专业深入，丰富实用；兼具科学研究性、实际应用性、参考指导性，希望能给读者以启发和帮助。

丛书的研究成果或结论属个人或研究团队观点，不代表单位或官方结论。由于研究者水平有限，特别是当前复杂的世界政治经济形势下的社会演进节奏日新月异，对社会科学研究和发展走向的预测难度可想而知，因此书中结论难免存在不足之处，恳请读者指正。

编委会

2016. 8

前　　言

　　本书是内蒙古财经大学财政税务学院首次推出的第一本内蒙古财政经济发展报告。

　　作为民族区域自治制度的发源地，内蒙古自治区在全国经济社会发展和边疆繁荣稳定的大局中具有重要的战略地位。自治区各级政府直接面对辖区内各个民族多样化的公共需求，不仅肩负着组织生产和提供地方性公共品的责任，而且承担着构筑北方生态安全屏障、守卫祖国北疆、维持经济社会稳定的责任。2004年以来，自治区全面贯彻落实科学发展观，坚持和完善民族区域自治制度，深入落实西部大开发和振兴东北地区等老工业基地战略，充分利用自然资源丰富、区位条件独特等比较优势，以加快转变经济发展方式为主线，以深化改革、扩大开放为动力，大力培育新的经济增长点，促进城乡和区域协调发展，加强生态保护和基础设施建设，着力保障和改善民生，不断提高公共服务能力，经济社会发展取得了令人瞩目的成就。2004～2013年，地区生产总值由695.06亿元增加到1.68万亿元，地方财政收入由99.85亿元增加到1719.5亿元，财政收入占GDP的比重从2004年的6.5%上升到了2013年的10.2%，财政经济取得长足发展。借助于一系列财政政策的扶持，自治区经济结构调整取得较明显的进展，民生保障得到有效改善，城乡居民收入明显提高，教育、卫生、社会保障等城乡基本公共服务供给水平和均等化水平都获得有效改善。因此，有必要对过去10年内蒙古自治区财政经济发展取得的成就进行盘点与回顾，对于自治区财政收支运行，盟市、旗县财政运行的情况，地方债务风险的控制，民生财政的绩效以及基本公共服务供给的水平和均等化状况进行深刻而细致的剖析。

　　与此同时，也要清醒地认识到内蒙古自治区经济社会发展中存在的问题和面临的困难。一是当前正处于经济增长速度进入换挡期、结构调整面临"阵痛期"、前期刺激政策消化期"三期叠加"的关键时期，经济下行压力大，经济增速放缓，财政增收难度增大。二是经济结构不够合理，初级产品比重偏大，资源综合利用水平有待进一步提高，服务业和中小企业发展滞后，自主创新能力不强，发展方式还比较粗放，非公有制经济和县域经济发展不足，城乡、区域发展不平衡。三是基础设施瓶颈制约依然严重。能源通道建设相对滞后，货物外运、电力输出能力不足，水利基础设施薄弱，水资源保障能力不强。四是民生改善和社会建设还需进一步加强。城乡居民增收难度加大，教育、医疗、社会保障、食品药品安全等方面还存在不少突出的问题。五是生态文明建设任务艰巨。部分地区生态环境仍在恶化，沙化沙害、水土流失现象依然严重，水、大气、重金属污染防治任重道远。六是政府职能转变不到位。政府与市场、社会的关系还没理顺，公共服务、市场监管等职能发挥还不到位。为此，有必要在认真总结自治区10年经济社会发展成果的基础上，对当前的形势和面临的困难加以分析和判断，为政府今后的决策提供参考和依据。

本书拟对 2004～2013 年 10 年内蒙古自治区财政发展状况进行全方位的分析与总结，按照由"面"到"点"的顺序，即首先从整体上回顾与分析自治区近10 年来宏观经济运行状况；其次对财政收入、财政支出、政府债务进行单项分析，从规模、结构、质量、风险等视角做出较细致的分析；最后分别对 13 个盟市、旗县财政运行状况进行专题研究，总结成果的同时揭示问题，尤其是对不同财政层级运行中存在的问题进行剖析，并有针对性地提出相应的政策建议。

在研究方法上，采取定性分析和定量分析相结合进行研究，既重视从基本理论和制度层面来分析问题，又通过实证研究方法解释具体的经济意义，为政策的制定提供理论和现实依据；既将一般的定性分析与计量经济模型的定量分析有机结合起来，又在把握政策基本方向的前提下注重政策操作的可行性，强调立足于区情、实事求是，提出相应的财政政策建议。

本书的写作从 2015 年 5 月开始，历时 6 个月。在此期间，内蒙古财经大学财政税务学院财政系的全体老师付出了辛勤的努力。本项研究由内蒙古财经大学财税学院院长白贵教授主持，由白贵教授、贾智莲教授设计项目的研究框架，贾智莲教授负责具体项目的实施。各章分工如下：第一章由贾智莲、耿娅杰撰写，第二章由魏松、张磊、郭艳红撰写，第三章由李秀梅、王琦撰写，第四章由彭羽、王宙翔撰写，第五章由李婷撰写，第六章由白恩来撰写，贾智莲教授负责统稿。研究生王宙翔、张磊、王琦、耿娅杰、杜胜坤参加了数据的搜集处理和文稿的校对工作，在此表示感谢。

本书在写作过程中得到内蒙古财经大学科研处的大力支持与资助，在此表示衷心感谢！

由于时间紧、研究时间跨度大，搜集处理的信息难免有疏漏之处，对于报告中的错漏和不足恳请读者朋友指正。

编者　2015 年 12 月

目　　录

第 一 章

2004年以来内蒙古自治区宏观经济运行的回顾与分析

2004~2013年10年间，内蒙古自治区全面贯彻落实科学发展观，抓住西部大开发和振兴东北地区的战略机遇，充分利用自然资源丰富、区位条件独特等比较优势，转变经济发展方式，深化改革，扩大开放，大力培育新的经济增长点，促进城乡和区域协调发展，着力保障和改善民生，不断提高公共服务能力，经济社会发展取得了令人瞩目的成就。2004~2013年10年间，内蒙古自治区经济结构调整取得较明显的进展，城乡居民收入显著提高，教育、卫生、社会保障等基本公共服务供给水平和城乡均等化水平都获得有效改善。但是，伴随着经济发展进入新常态，一些深层次的矛盾开始凸显：产业结构调整有待进一步深化，投资、消费、出口三大需求对经济增长的拉动力不足，地区发展不平衡；城乡居民人均收入水平还比较低，特别是农牧民无论是收入水平还是生活质量与全国平均水平还存在较大差距，民生状况有待进一步改善；内蒙古自治区属于全国单位GDP能耗比较高的几个省区之一，节能降耗压力较大；科技创新能力不强；等等。统筹经济社会协调发展的任务还比较艰巨，需要认清形势积极应对。

第一节 2004 年以来内蒙古自治区宏观经济运行概况

一、经济总量及增长速度

在过去的 10 年，内蒙古自治区经济维持着较快的增长速度，综合经济实力实现大的跨越。国内生产总值和公共财政预算收入分别于 2010 年和 2011 年突破万亿元和千亿元大关。内蒙古自治区统计局的数据显示，2013 年内蒙古自治区国内生产总值（GDP）为 16832.38 亿元，比 2004 年的 3041.07 亿元增长了 4.5倍，年均增长 16.7%。人均总产值从 2004 年的 12709.9 元，增加到了 2013 年的67498.1 元。公共财政收入从 2004 年的 196.8 亿元增长到 2013 年的 1721 亿元，10 年增长了 7.7 倍。财政收入占 GDP 的比重也不断上升，从 2004 年的 6.5% 上升到了 2013 年的 10.2%，见图 1 – 1 和图 1 – 2。

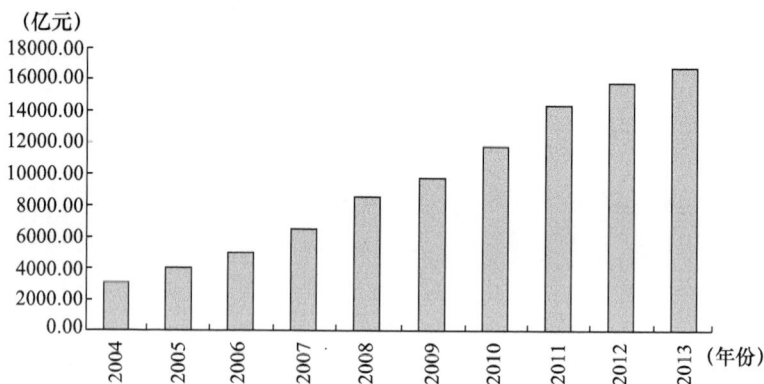

图 1 – 1 内蒙古自治区 2004 ~ 2013 年 GDP

资料来源：《内蒙古统计年鉴》。

二、投资和消费需求为经济发展增添动力

近 10 年来，内蒙古自治区加快基础设施建设，努力保持经济平稳较快增长，全社会固定资产投资额不断上升，投资规模不断扩大，重点项目建设成果丰硕。在不断扩大投资规模的基础上，投资的自主增长能力明显增强，投资结构进一步优化，加强以生态、水利、电力、交通及市政设施为重点的基础设施建设，有力地拉动了国民经济的快速增长。2004 ~ 2013 年，自治区固定资产投资增长了 7.6倍，年均增长 29.5%，见图 1 – 3。

(亿元)

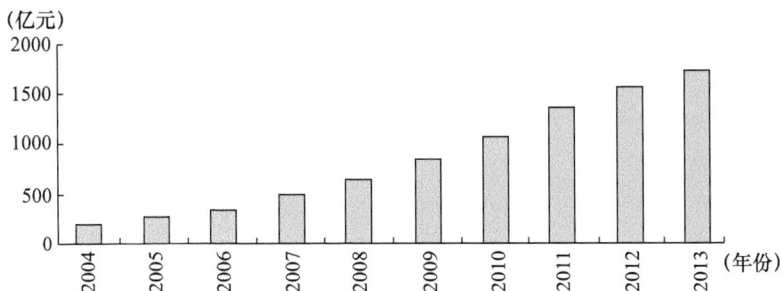

图 1-2　内蒙古自治区 2004~2013 年财政收入

资料来源：内蒙古自治区统计局。

(亿元)

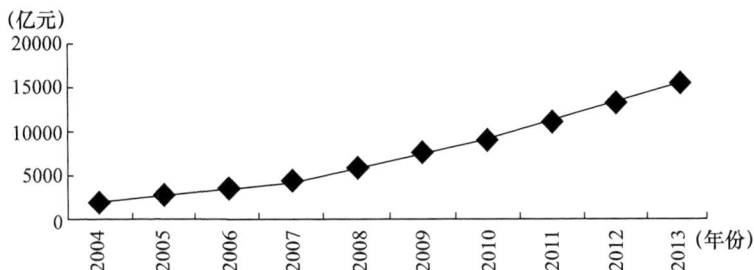

图 1-3　内蒙古自治区 2004~2013 年固定资产投资额变动趋势

资料来源：内蒙古自治区统计局。

消费需求日趋成为经济增长的源头与动力。全区城乡市场开拓成效显著。社会消费品零售额由 2004 年的 892.0 亿元增加到 2013 年的 5114.2 亿元，年均增长 21.4%。城乡居民收入持续增长，消费结构加快转型升级，为扩大消费奠定了坚实的基础。

2004~2013 年，内蒙古自治区 CPI 在波动中趋于稳定。有个别年份比较高，超过了 5%。从城乡分别来看，城市平均增长 3.04%，农村平均增长 3.5%。从 2006 年年底开始，随着能源、食品等商品价格水平的不断上涨，物价总水平不断攀升，2008 年物价指数达到 105.7。2009 年，由于宏观经济不景气，同时受到全球范围内金融危机的影响，加上资源产业的低效发展，资源的减少使内蒙古地区的经济发展出现停滞，物价水平又有所回落。通过出台一系列稳定物价的政策，2012 年，内蒙古自治区 CPI 指数逐步回落，2013 年降为 3.2%，物价总水平趋于稳定。在过去 10 年中，CPI 平均值为 3.2%，属于一个比较高的通胀水平。

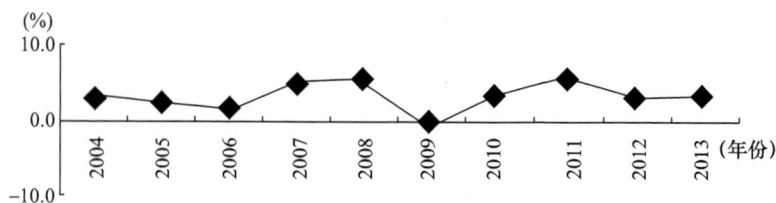

图 1-4 内蒙古自治区 2004～2013 年 CPI 变化趋势

资料来源：内蒙古自治区统计局。

三、产业结构分析

2004～2013 年，内蒙古自治区第一产业增加值从 522.8 亿元增加到 1599.4 亿元，第二产业增加值从 1248.3 亿元增加到 9084.2 亿元，第三产业增加值则从 1270 亿元增加到 6148.8 亿元。经济结构调整取得重大进展，第二产业和第三产业成为拉动经济快速增长的主导力量。从各产业占国内生产总值比重来看，第二产业一直处于高位，十年来平均占比 50.8%，然后是第三产业，平均占比 37.8%，第一产业平均占比 11.4%。

从图 1-5 可以看出，第一产业占比在 2004～2013 年一直处于低位，比较真实地反映了自治区经济发展转型和产业结构升级的结果。第二产业占 GDP 比重一直处于高位，立足于内蒙古自治区丰厚的资源禀赋优势，资源型产业是长期发展和积累形成的优势特色产业，是自治区经济高速增长的直接推手和主导力量。

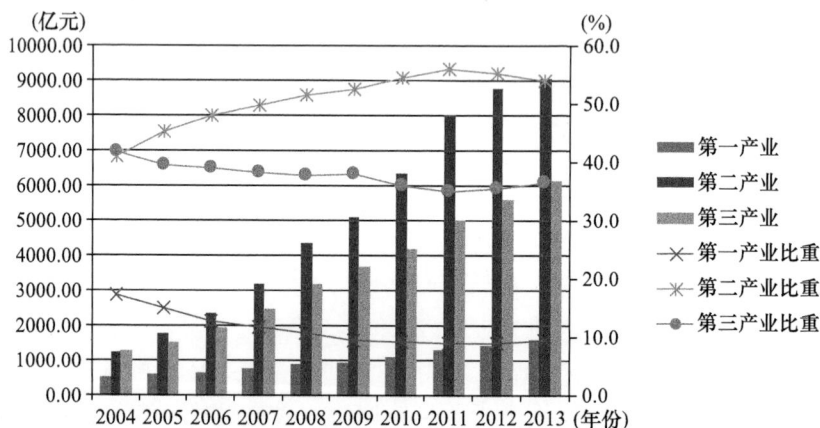

图 1-5 内蒙古自治区 2004～2013 年各产业增加值及占 GDP 比重

资料来源：内蒙古自治区统计局。

从 2012 年开始，自治区着力推进发展方式转变和经济结构调整，提高科技创新能力，适度控制煤炭生产总规模，全面提升服务业发展水平，致使第二产业占比有所下降，第三产业占比开始上升。

1. 农牧业

2004～2013 年，面对农产品市场异常波动，以及自然灾害多发频发、重发等严峻挑战，内蒙古自治区农业依然保持了较好的发展势头。积极推进农牧业、林业保险工作，加强农牧业生产政策性金融保险体系建设。建设粮食仓储、物流加工、质检体系和农户科学储粮等基础设施，提高粮食应急保障能力。

自治区农作物总播种面积不断上升，2013 年为 721.1 万公顷，比 2004 年增加了 21.7%。随着农业现代化的提出，粮食总产量稳定上升，如图 1-6 所示，从 2004 年的 1505.4 万吨，增加到 2013 年的 2773 万吨，增长了 84.2%。油料产量 2013 年为 158.1 万吨，较 2004 年增长了 52.5%；甜菜产量 2013 年为 181.4 万吨，增长了 88.3%；蔬菜产量 2013 年为 1421.1 万吨，增长了 62.8%。

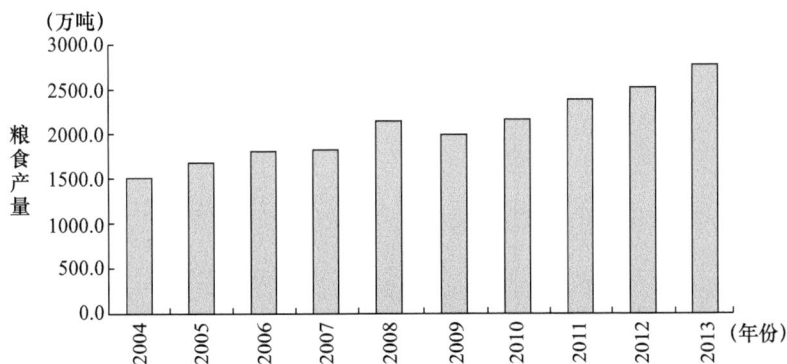

图 1-6 内蒙古自治区 2004～2013 年粮食总产量

资料来源：内蒙古自治区统计局。

牧业牲畜存栏头数从 2004 年的 9274.4 万头增加到了 2013 年的 11819.8 万头，增长了 27.4%。自治区肉类总产量也平稳上升，2013 年为 244.9 万吨，比 2004 年增长了 42.9 万吨。并且，自治区大力发展现代畜牧业，继续实施"双百千万"高产创建工程，重点抓好牲畜品种改良，提高单产、增加效益，良种及改良种牲畜总头数有所增加，如图 1-7 所示。

2. 工业

自治区工业增加值长期占国内生产总值 50% 的比例，从产品分类来看，2013 年原煤、粗钢以及水泥的产量要比 2004 年分别增加 3.9 倍、2.2 倍和 4.1 倍。各

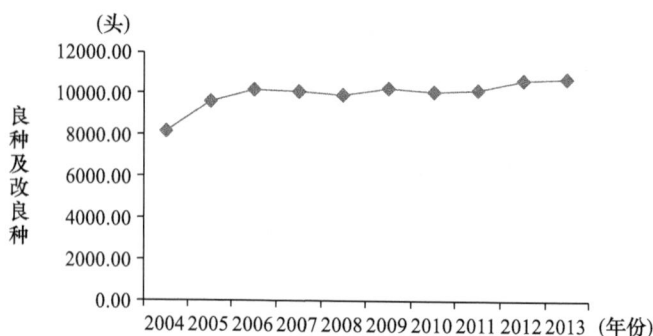

图 1-7 内蒙古自治区 2004~2013 年牲畜良种及改良种总头数

资料来源：内蒙古自治区统计局。

产品增长速度波动比较大，这与国际市场煤炭价格变动、钢材价格变动及宏观经济波动密切相关，见图 1-8。

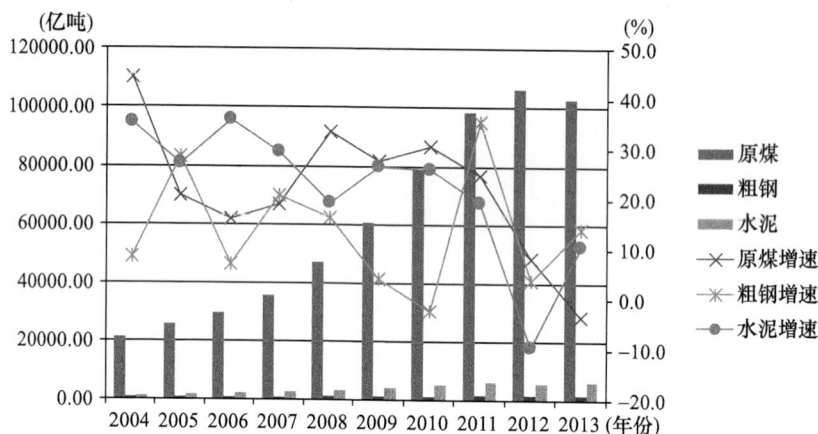

图 1-8 内蒙古自治区 2004~2013 年主要工业产品产量及增速

资料来源．内蒙古自治区统计局。

3. 服务业

2004~2013 年，内蒙古自治区以金融服务业领衔的第三产业获得快速发展。人民币存款余额从 2004 年的 2576.37 亿元上升到 2013 年的 15205.7 亿元，增长了 4.9 倍。其中单位存款到 2013 年为 6831 亿元，比 2004 年的 690.1 亿元增长了

6140.9 亿元; 个人存款从 2004 年的 1603.9 亿元, 增加到 2013 年的 7661.2 亿元, 增长了 6057.3 亿元。人民币贷款余额从 2004 年的 2239.8 亿元增长到了 2013 年的 12944.2 亿元, 增长了 4.8 倍。其中短期贷款从 2004 年的 1039.6 亿元, 增加到 5242.3 亿元, 增长了 4.04 倍; 中长期贷款从 2004 年的 1050.7 亿元, 增加到 8593.6 亿元, 增长了 7.18 倍。

除金融服务业以外, 近 10 年来, 自治区公共设施管理、电子商务、文化旅游等新兴行业成为内蒙古自治区投资行业的重点, 特别是现代物流业更为突出, 成为拉动第三产业发展的新生力量。

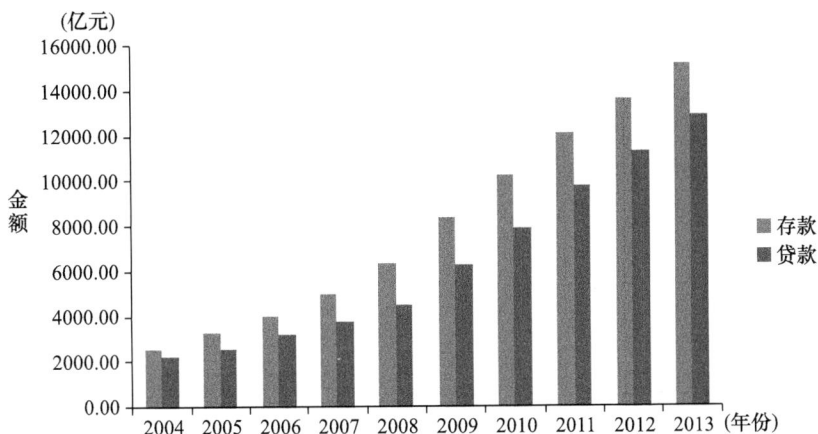

图 1-9 内蒙古自治区 2004~2013 年金融机构存贷款额
资料来源: 内蒙古自治区统计局。

四、城乡居民收入

全区城镇单位在岗职工平均工资由 2004 年的 13324 元增加到 2013 年的 51388 元, 年平均增长 16.2%。全区城镇居民人均可支配收入由 2004 年的 8123.1 元增加到 2013 年的 25496.67 元, 年均实际增长 14.2%; 农牧民人均纯收入由 2004 年的 2606 元增加到 2013 年的 8595 元, 年均实际增长 13.5%, 见图 1-10。居民消费结构不断升级, 家用轿车、信息通信产品、住房等消费热点持续升温。

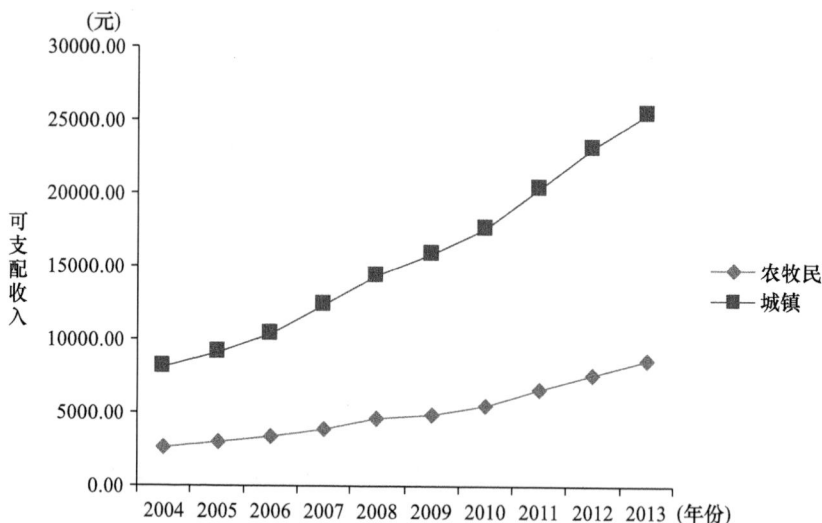

图1-10 内蒙古自治区2004～2013年城乡居民收入增长变化

资料来源：内蒙古自治区统计局。

五、公共服务供给

公共服务供给水平显著提高。教育改革和发展取得较大的成就，提前完成普及九年义务教育目标。医药卫生体制改革稳步推进，公共卫生服务体系继续完善。社会保险覆盖面不断扩大，保障标准逐步提高。民族文化大区建设有序推进，公共文化服务网络正在形成。

1. 教育

教育是与公众关系最为密切的准公共产品，内蒙古自治区财政支出中教育支出不断上升。统筹各级各类教育发展，学前教育资源进一步扩大，义务教育均衡发展实现新突破，民族教育得到优先重点发展，现代职业教育体系建设和高等教育转型发展迈出新步伐。从2004年的66.22亿元上升到2013年的457.94亿元。从图1-11中可以看出，从2006年开始，教育支出开始快速增长。自治区普通高等学校从2004年的31所增加到2013年的49所；在校生到2013年达到39.9万人，比2004年增加了20.2万人；其中少数民族在校生2004年有5.3万人，到2013年已经达到10.7万人；2004年毕业学生为3.1万人，到2013年为10.8万人，增加了2.5倍。

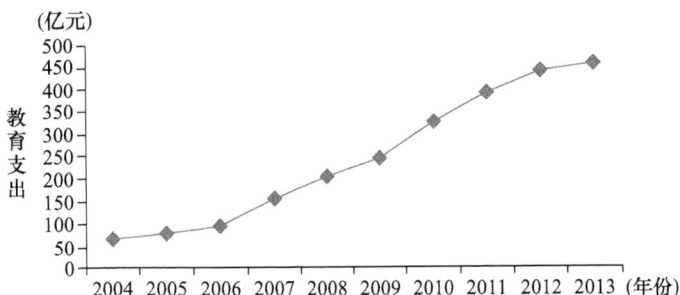

图 1 – 11　内蒙古自治区 2004 ~ 2013 年教育支出

资料来源：内蒙古自治区统计局。

2. 社会保障与就业

近年来，居民对社会保障的关注大幅增长。全区参加基本养老保险职工人数从 2004 年的 237 万人增加到 2013 年的 497 万人，增长了 1.1 倍；参加失业保险职工人数从 2004 年的 222 万人增加到 2013 年的 233.4 万人，增加了 11.4 万人；在 2013 年参加农村合作医疗农牧民数为 1262 万人，比 2004 年农村社会养老保险投保人数多 1182 万人；2013 年参加基本养老保险离退休人员为 169 万人，比 2004 年的 82 万人多了 1.1 倍。

自治区就业人员从 2004 年的 1026.1 万人增加到了 2013 年的 1408.2 万人，增加了 382.1 万人。其中城镇就业人员从 350.3 万人增加到了 665.4 万人；城镇私营个体就业人员增加了 2.6 倍。城镇登记失业率从 2004 年的 4.59% 降到了 2013 年的 3.66%。

3. 卫生服务

从 2004 年以来，自治区拥有的卫生机构数与床位数不断增加。卫生机构数从 2004 年的 3715 个增加到 2013 年的 23264 个，增长了 5.3 倍。每万人拥有的卫生机构数从 2004 年的 1.56 个增加到了 2013 年的 9.31 个，增加了 7.75 个。其中医院和卫生院数增加了 67 个。床位数也不断增加。2004 ~ 2013 年，床位数增加了 53366 个。其中医院床位数增加 43530 个，乡镇卫生院床位数增加 5096 个。卫生技术人员在这期间也增加了 45.7%。

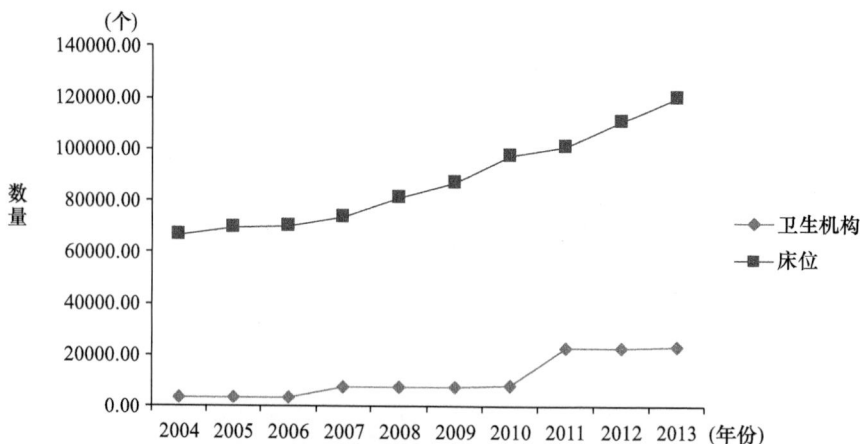

图 1 - 12　内蒙古自治区 2004 ~ 2013 年卫生机构和床位数

资料来源：内蒙古自治区统计局。

第二节　宏观经济运行面临的挑战

一、经济下行压力大

如图 1 - 13 所示，内蒙古自治区 GDP 增长幅度从 2005 年以来逐年下降，到 2013 年达到了一个新低点。而从图 1 - 13 中可以看出，全国 GDP 增长率 2004 ~

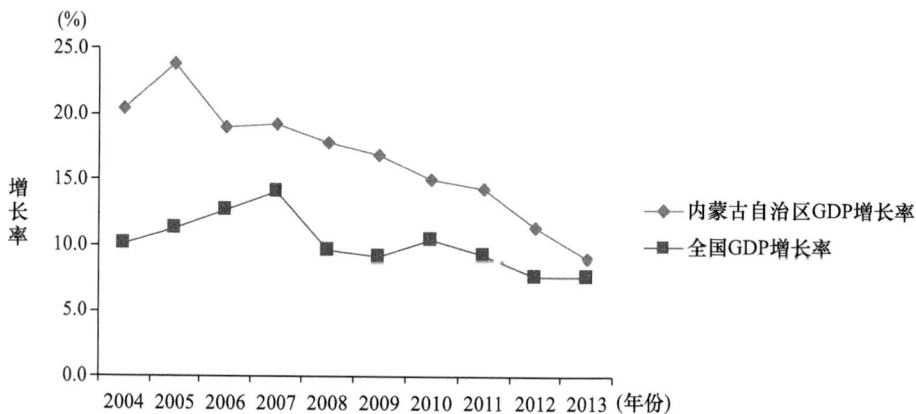

图 1 - 13　全国和内蒙古自治区 2004 ~ 2013 年 GDP 增长率

资料来源：内蒙古自治区统计局。

2007 年先是实现一个大的涨幅，然后趋于稳定的波动。自治区 GDP 增长速度在 2005 年后开始下行，2005 年成为一个拐点。之后，GDP 增长速度开始回落，2006 年，由于整顿高耗能、高污染、低水平的小企业，全区地方煤矿关闭率达到 62%，GDP 增长率有所下降。从 2007 年开始，自治区不断推进经济结构调整，推动产业转型升级，GDP 增长率继续缓慢下行。到 2013 年，在整个国家经济发展进入新常态的大背景下，GDP 增长率维持在 9.0%。

二、农牧民人均纯收入波动大

在剔除价格因素后从图 1-14 中可以看出，全国农村居民人均纯收入增长率在 2004~2013 年稳定波动，增长了 36.9%。相对而言，内蒙古自治区农牧民人均纯收入增长率波动较大，从 2007 年的 13.2%，下降到 2009 年的 8.4%，接着，2011 年较 2009 年增长了 1.2 倍。从 2004 年到 2013 年，内蒙古自治区农牧民人均纯收入增长率仅上涨了 14.8%。很难想象，在内蒙古自治区这样一个人口相对较少，而地区国内生产总值（GDP）在西部领先的省区，人均收入特别是农牧民人均纯收入却处在全国平均水平线下。

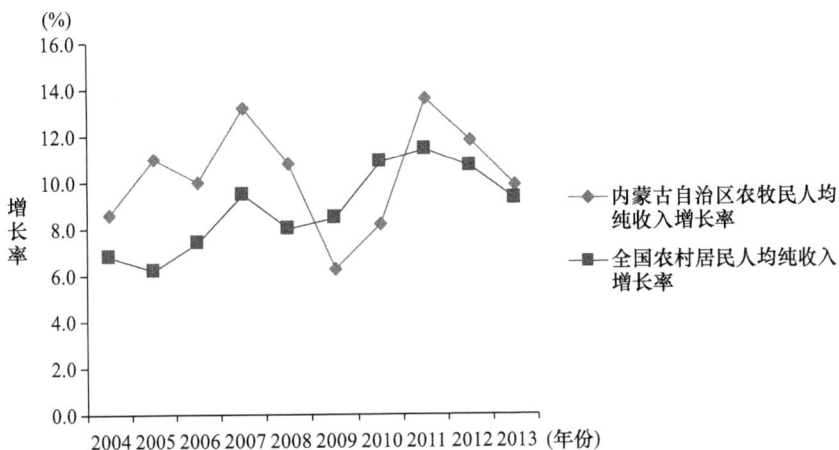

图 1-14　全国和内蒙古自治区 2004~2013 年农村居民人均纯收入增长率

资料来源：内蒙古自治区统计局。

三、第三产业占 GDP 比重低

内蒙古自治区一直以来都是以工业为主要的 GDP 动力，第三产业占 GDP 比重相对比较低。2004~2013 年，第三产业占 GDP 比重都小于 40%，这一比重低于全国水平，并且，在随后的几年，差距不断增大，到 2013 年，二者相差

9.6%。在全国整体产业结构趋于优化的大趋势下，这一指标的背离说明自治区在产业结构优化和升级方面还有很大的空间。

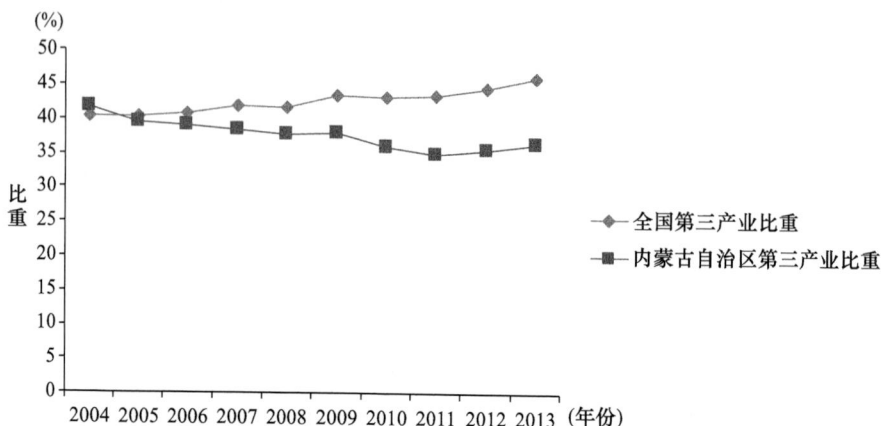

图 1 – 15　全国和内蒙古自治区 2004 ~ 2013 年第三产业占 GDP 比重

资料来源：内蒙古自治区统计局。

四、万元 GDP 能源消费量较高

内蒙古自治区长期以来推动经济增长的主要动力是能源的消耗，从 2004 年以来，万元 GDP 能源消费量远高于全国水平。2004 年内蒙古自治区万元 GDP 能源消费量高出全国平均水平 1.01 吨标准煤，到 2013 年有所下降，但是仍比全国平均水平高出 0.53 吨标准煤，仍然处于较高的水平。

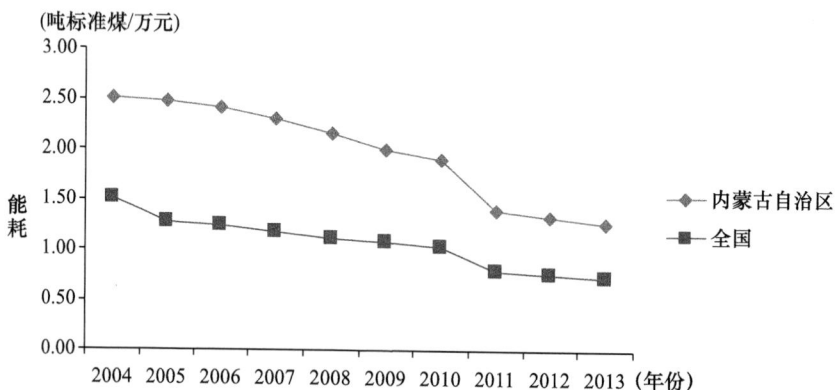

图 1 – 16　全国和内蒙古自治区 2004 ~ 2013 年万元 GDP 能源消费量

注：2005 ~ 2010 年单位 GDP 能耗、单位 GDP 电耗采用 2005 年不变价 GDP 计算；从 2011 年起，单位 GDP 能耗、单位 GDP 电耗采用 2010 年不变价 GDP 计算。

资料来源：内蒙古自治区统计局。

五、存贷款增速下降

存贷款增速也不断波动，从 2008 年中后期开始，自治区人民币贷款余额增速高于存款增速，这与应对 2008 年金融危机有关。并且，2009 年二者达到最高点，在此之后，二者都不断下降。2013 年，由于新金融时代的到来，自治区贷款余额增速有所上升，存款增速有所下降。

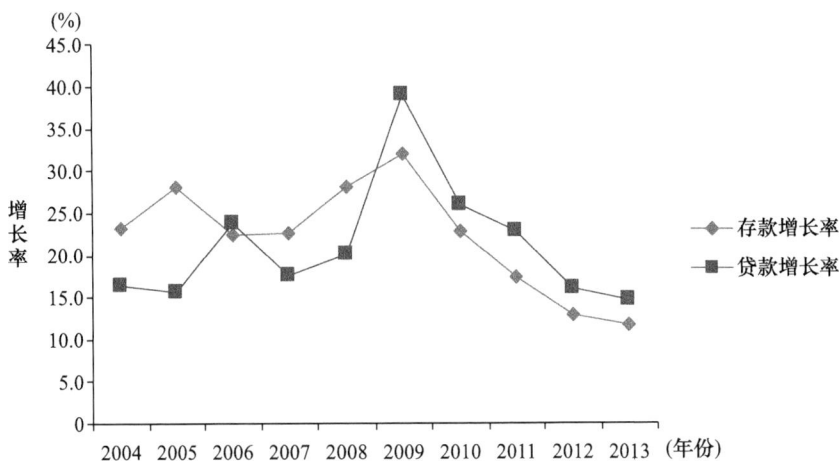

图 1 - 17 内蒙古自治区 2004 ~ 2013 年存贷款增长率

资料来源：内蒙古自治区统计局。

六、需求约束加剧，投资增长难度加大

内蒙古自治区社会消费品零售总额从 2004 年的 1160.7 亿元增加到 2013 年的 5114.2 亿元，增长了 3.4 倍。但从消费率来看，变动幅度不大，整体呈下降趋势，与全国水平有一定的差距。2004 ~ 2014 年，内蒙古自治区消费率水平一直低于全国水平，平均相差 8.5%，自治区消费对 GDP 的贡献明显低于全国水平。从图 1 - 19 可以看出，内蒙古自治区投资率在 2004 ~ 2013 年明显高于全国水平，从 2004 年高于全国投资率水平的 21% 上涨到 2013 年的 45.7%。但是，依据国际经验结合我国所处的时期，合理投资和消费间比例关系应该是投资率正常小于等于 40%，消费率小于等于 60%，而内蒙古自治区投资率较合理值多出 50% 以上，消费率却少了将近 20%。

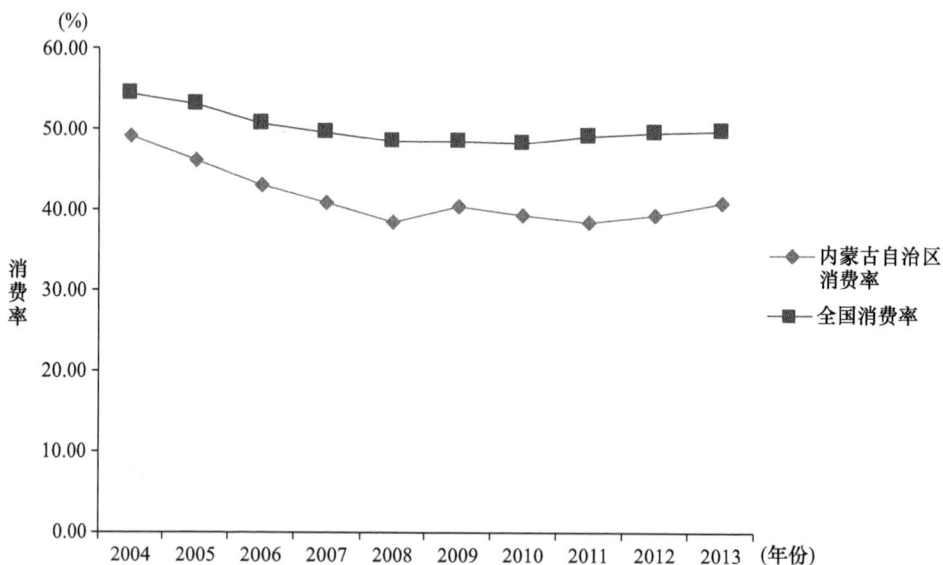

图 1 - 18　全国和内蒙古自治区 2004～2013 年消费率

资料来源：内蒙古自治区统计局。

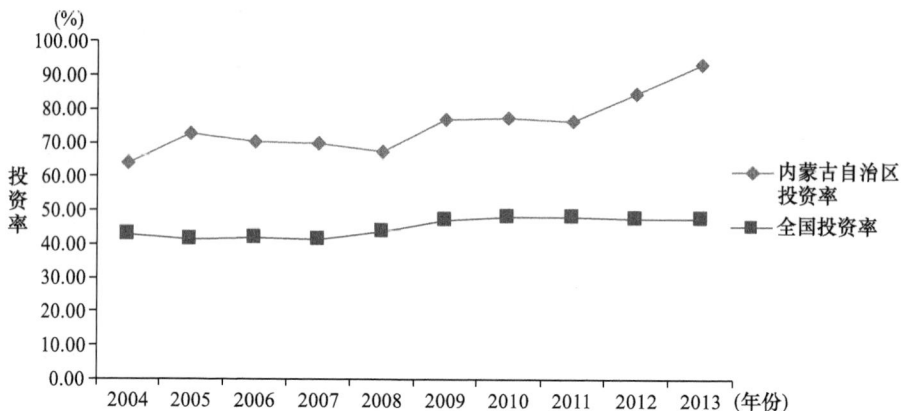

图 1 - 19　全国和内蒙古自治区 2004～2013 年投资率

资料来源：内蒙古自治区统计局。

近年来，企业的利润增长率呈现下降趋势，企业经营困难。从生产者出厂价格指数来看，2004～2013 年，整体趋于下降趋势，除去 2009 年金融危机造成的影响外，2013 年的价格指数也跌到了 100 以下。主要原因是原材料采购价格下的传导作用和市场疲软的需求，同时也反映了生产者的受损程度。

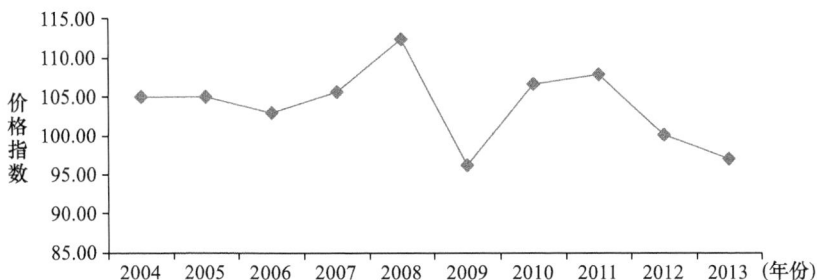

图 1 – 20　内蒙古自治区 2004～2013 年工业出厂价格指数

资料来源：内蒙古自治区统计局。

七、城乡发展不平衡

　　城乡发展的不平衡表现为城乡公共服务供给的非均等化和城乡居民的收入差距。受城乡二元结构的影响，内蒙古自治区在基本公共服务供给方面长期奉行"一品两制"的供给模式。虽然近年来在统筹城乡公共服务供给方面取得了较大的突破，但是，差距依然存在。另一个不平衡就是城乡居民收入的差距。图 1 – 21 显示的是，2004～2013 年，内蒙古自治区城乡居民收入剔除价格影响的增长率变化。从图 1 – 21 中可以看出，在 2010 年以后，农牧民人均可支配收入增长率高于城镇居民，2013 年农牧民人均纯收入增长率为 9.9%，城镇居民人均可支配收入增长率为 6.5%。但是从绝对值来看，城乡居民可支配收入差距还是比较大，2013 年城乡居民可支配收入比为 2.96∶1；人均绝对差距从 2004 年的 5517.1 元增加到了 16900.9 元。在城乡收入大幅增长的同时，城乡收入分配失衡的问题日益严重，城乡收入差距没有得到根本的解决。

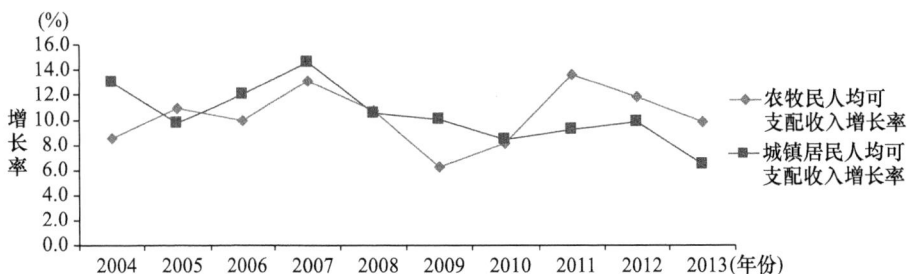

图 1 – 21　内蒙古自治区 2004～2013 年城乡居民收入增长率

资料来源：内蒙古自治区统计局。

八、基础设施建设水平滞后

制约经济发展的基础设施瓶颈问题依然严峻。能源通道建设不能满足发展的需要，货物外运、电力输出能力不足，水利基础设施薄弱，城市公用设施建设滞后。来自呼和浩特市发改委的一份报告提到，2008～2012年，在评价城市市政公用设施建设水平的12项指标中，呼和浩特自治区有5项在内蒙古自治区平均水平以下，主要经济指标在全国27个省会城市中排名靠后。以万人拥有的公共汽车数量为例，每万人拥有公共汽车辆数是城市设施一个重要的指标。从图1－22中可以看出，从2004年到2014年，内蒙古自治区每万人拥有公共汽车辆数一直低于全国水平，并且，差距不断地增大，从2004年的3.19标台上升到2014年的5.23标台，十年内平均相差4.13标台。这就表明，公共交通滞后于经济发展，与全国水平相比有一定的差距。

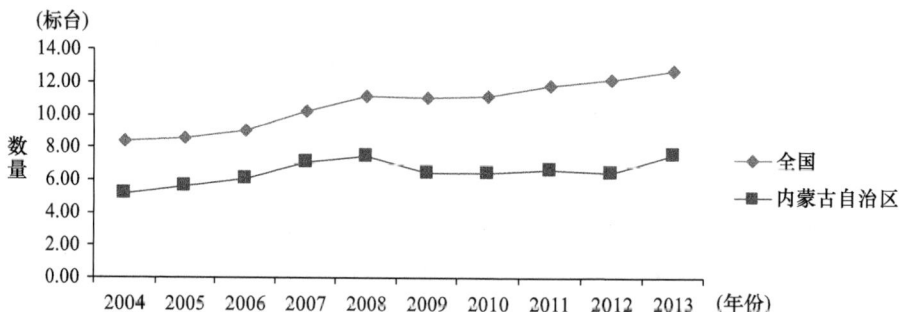

图1－22 全国和内蒙古自治区2004～2013年每万人拥有公共汽车辆数
资料来源：内蒙古自治区统计局。

九、居民收入水平与GDP增长不同步

城乡居民人均收入水平反映了居民实际消费能力，也反映了经济发展的贡献水平。从图1－23中可以看出，自治区城乡居民收入增长速度在大多数年份都低于GDP增长速度，只有在2012年、2013年两个年份，农牧民收入增速略高于GDP增速，这在很大程度上与GDP增速放缓有关。究其根源，初次收入分配格局不合理，同时在地区产业结构当中，对GDP贡献率高的产业大多不属于富民产业，因此，造成人均GDP的增加与居民收入的增加无法同步。

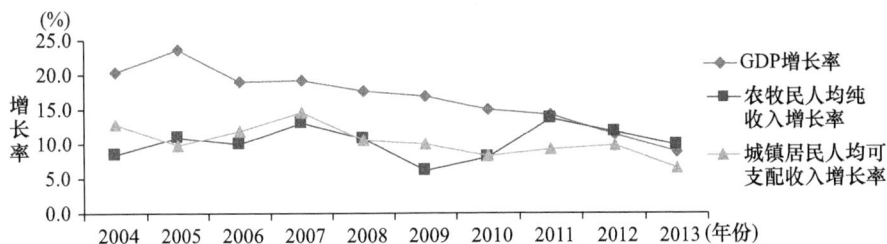

图 1 - 23 内蒙古自治区 2004～2013 年 GDP 增速与人均收入增速

资料来源：内蒙古自治区统计局。

十、区域经济发展不均衡

如图 1 - 24 所示，内蒙古自治区的区域经济发展不均衡，大致表现为，"呼包鄂"金三角组成的中部地区经济发展水平最高，东部、西部欠发达，西部的人均水平较东部好一些，呈现"中部突起、两翼滞后"的发展态势。人均 GDP 最高的是鄂尔多斯市，高达 196728 元，最低的是兴安盟，只有 25629 元，最高值是最低值的 7.68 倍。

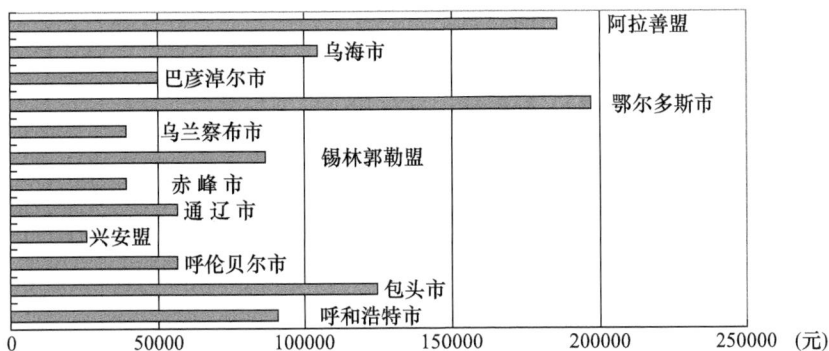

图 1 - 24 2013 年内蒙古各盟市人均 GDP

第三节 形势判断与应对政策

一、形势判断

过去的 10 年，内蒙古自治区综合经济实力获得了较大的提升，城乡面貌发生了翻天覆地的变化，社会各项事业建设取得了巨大的成就，人民群众分享到了改革和发展的成果。同时，我们也清醒地注意到，尽管自治区经济社会发展取得了令人瞩目的成绩，但是也应该注意到发展中存在的一些突出的矛盾和问题，产业结构调整有待进一步深化，投资、消费、出口三大需求对经济增长的拉动力不够协调，地区发展也不够平衡；城乡居民人均收入水平还比较低，特别是农牧民无论是收入水平还是生活质量与全国平均水平还存在较大差距，民生状况有待进一步改善；内蒙古自治区属于全国单位 GDP 能耗比较高的几个省区之一，节能降耗压力较大；科技创新能力不强，统筹经济社会协调发展的任务还比较艰巨等。这些问题，需要在今后发展中逐步加以解决。

当前和今后一个时期，我们仍处于机遇和挑战并存的重要战略机遇期。世界多极化、经济全球化深入发展，跨区域的经济合作不断深化，为自治区的发展营造了良好的外部环境。我国正处于工业化和城镇化快速推进阶段，经济社会发展的基本态势长期向好，国家扩大内需战略的实施，将为内蒙古自治区特色优势产业发展提供巨大的市场空间。国际国内生产要素流动和产业转移步伐加快，国家更加重视沿边开发，将为内蒙古自治区扩大开放、借力发展创造新的机遇。后金融危机时期孕育着新的科技革命和产业革命，为内蒙古自治区发挥后发优势，实现技术跨越，抢占科技和产业制高点提供了良好契机。国家西部大开发、振兴东北等老工业基地以及"一带一路"战略的深入实施为内蒙古自治区新一轮发展创造了良好的政策环境。

二、应对政策

1. 积极推进经济结构战略性调整

经济结构战略性调整是加快转变经济发展方式的主攻方向，协调推进新型工业化、新型城镇化和农牧业现代化，增强自主创新能力，加快产业结构调整升级，优化城乡结构和区域布局，促进经济社会协调发展。加强综合交通运输体系、水利工程、电力输送通道、信息网络等基础设施建设。积极发展现代农牧业，转变畜牧业发展方式，提高农业现代化水平，改造提升传统产业，大力发展资源深加工产业，积极培育战略性新兴产业，加快发展服务业，积极构建多元化现代产业体系。

2. 保障和改善民生

把保障和改善民生作为经济社会发展的出发点和落脚点，努力实现居民收入增长和经济发展同步，劳动报酬增长和劳动生产率提高同步，使发展成果惠及各族人民。①改善农牧区生产生活条件。积极推进新农村新牧区建设，做好村镇发展建设规划；加大农村危房改造和游牧民定居工程实施力度，加快林区棚户区改造和垦区危房改造及配套设施建设。②加大扶贫开发力度。积极推进贫困地区基础设施建设，改善发展环境和生产生活条件。③加大财政扶贫资金投入力度，扩大扶贫贴息贷款规模，继续实施整村推进、产业化扶贫、劳动力转移培训、以工代赈、兴边富民等工程，提高贫困人口收入。④积极发展教育事业，普及高中阶段教育，提高高等教育质量，支持职业教育基础能力、国家示范性职业院校以及高等院校和重点学科建设；加强师资培训和人才队伍建设，推进"草原英才"工程，实施"内蒙古院士援助计划"和"内蒙古少数民族专业技术人才特培计划"，培养和引进高层次和高技能人才，完善人才储备制度。⑤深化医药卫生体制改革，建立健全覆盖城乡居民的基本医疗卫生制度，完善公共卫生服务体系，提高医疗服务的覆盖面和可及性。⑥积极发展文化体育事业。推进广播电视村村通工程、农牧区电影放映工程、西新工程、文化信息资源共享工程、农家（草原）书屋工程、农民体育健身工程等重大惠民工程建设，健全公共文化服务体系。⑦努力扩大就业。实施积极的就业政策，加大对就业和创业的支持力度，建立健全促进就业和支持创业的长效机制，以创业带动就业；继续做好高校毕业生、返乡农牧民、复员退伍军人和新成长劳动力等各类人群的就业工作；进一步发挥政府投资、重大项目建设带动就业的作用，吸纳一定比例的当地劳动力就业。⑧完善社会保障体系。建立覆盖城乡的社会保障体系，扩大覆盖范围，加大投入力度，提高保障水平。

3. 统筹推进城乡区域协调发展

统筹规划、合理布局，促进城市和城镇协调发展，积极构建多中心带动的城镇发展格局，引导产业集聚，提高城镇服务功能，加快城镇化进程。推进城乡户籍制度改革，为农牧民进城就业落户创造条件。加大城镇保障性住房建设力度。加强县城和重点镇建设，提高集聚和辐射带动能力。发挥比较优势，扶持资源加工型、劳动密集型、产业配套型等产业发展，培育一批具有一定规模和水平的特色产业，着力打造一批各具特色的经济强县（旗）。统筹内蒙古自治区东西部地区发展。加快构建沿黄河、沿交通干线经济带，合理布局生产力，着力提升能源、新型化工、装备制造等产业水平，增强区域实力和竞争力。推进呼和浩特自治区、包头自治区、鄂尔多斯自治区一体化发展，辐射带动内蒙古自治区西部地区率先发展。支持革命老区、少数民族聚居区、边境地区、贫困地区加快发展，对集中连片特殊困难地区实施扶贫攻坚。在加大对东部地区支持力度的同时，建立自治区内部对口帮扶机制，引导西部地区在资金、技术、人才、管理等方面加强对东部地区的帮扶。

4. 节约资源保护环境

树立绿色发展理念，加强草原生态和森林生态的保护与建设，加强沙地沙漠综合治理，加强环境综合整治，加大重点流域水污染防治力度，提高生态用水保障程度，严格控制污染源。开发利用低碳技术，落实节能减排措施，实施重点节能工程，支持高载能行业节能改造和重大节水技术改造工程建设。加快淘汰落后产能，推行清洁生产，积极发展循环经济。推广应用低碳技术，控制温室气体排放。提高资源综合利用水平，促进经济社会发展与人口资源环境相协调，不断提高可持续发展能力。

5. 深化改革扩大开放

坚持把深化改革作为促进科学发展的根本动力，消除体制、机制障碍，增强发展活力。加快政府职能转变，创新政府管理体制，提高行政能力和效率。积极推进投资主体多元化，大力发展混合所有制经济。大力发展非公有制经济，落实放宽市场准入的各项政策，支持非公有制企业进入基础设施、公用事业、金融服务和社会事业等领域。出台促进中小企业发展的各项政策，鼓励中小企业与大企业形成产业链的协作配套关系。推进投资体制改革，落实企业投资决策自主权，降低民间资本市场准入门槛。加强与北京市、东北三省及其他省区的区域合作，建立健全合作机制，拓展合作领域，落实"一带一路"发展战略，鼓励跨地区的重大基础设施建设和产业园区共建，支持沿丝绸之路基础设施的建设，大力发展外向型经济，鼓励机电、轻纺、建材和优势特色农畜产品以及高新技术产品"走出去"，加大对国内短缺原材料进口的扶持力度。创新利用外资方式，吸引外商投资特色优势产业，扩大基础设施、社会事业、生态环保、扶贫开发等领域利用外资规模，大力支持沿边开发开放经济带的建设，加强与俄蒙毗邻地区的经济往来。

第 二 章

内蒙古自治区财政支出运行分析

　　分税制改革后，中央和地方的财政收支进行了重大调整，地方财政支出的范围和结构发生了很大的变化，加上2006年政府收支分类科目的改革，导致财政支出分类标准发生变化，支出的指标在2007年前后无法衔接，因此本书中关于财政支出的分析从2007年开始。研究地方财政支出的规模和结构对地方经济发展有什么实质性的影响，对提高地方财政支出效率具有积极的意义。

第一节 财政支出规模和结构分析

按照马斯格雷夫和罗斯托的经济发展阶段论，在经济发展的早期阶段，政府投资在社会总投资中占有较高的比重，公共部门为经济发展提供社会基础设施，如道路、运输系统、环境卫生系统、法律与秩序、健康与教育以及其他用于人力资本的投资等；进入中期阶段，政府投资还应继续进行，但这时政府投资只是对私人投资的补充；一旦经济达到成熟阶段，公共支出将从基础设施支出转向不断增加的教育、保健与福利服务的支出，且这方面的支出增长将大大超过其他方面支出的增长，也会快于 GDP 的增长速度，导致财政支出规模膨胀。中国经济正处于从传统经济向成熟经济过渡的起飞阶段，政府支出的规模和结构都在发生巨大的变化。

一、地方财政支出规模不断上升

衡量地方财政支出的规模的指标通常包括财政支出的绝对数和地方财政支出占 GDP 比重两个指标。如图 2 - 1 所示，2007 ~ 2013 年，内蒙古自治区的财政支出规模不断上涨，从 2007 年的 1082.3 亿元上涨到了 2013 年的 3686.5 亿元，增加了 2.4 倍。自治区财政支出占 GDP 比重在 2007 ~ 2013 年也稳定上涨，到 2013 年占 GDP 比重为 21.9%，比 2007 年的 16.8% 增加了 5.1%。再与全国地方财政支出水平相比，2007 年自治区财政支出占全国水平为 2.8%，到 2013 年上升到 3.1%。

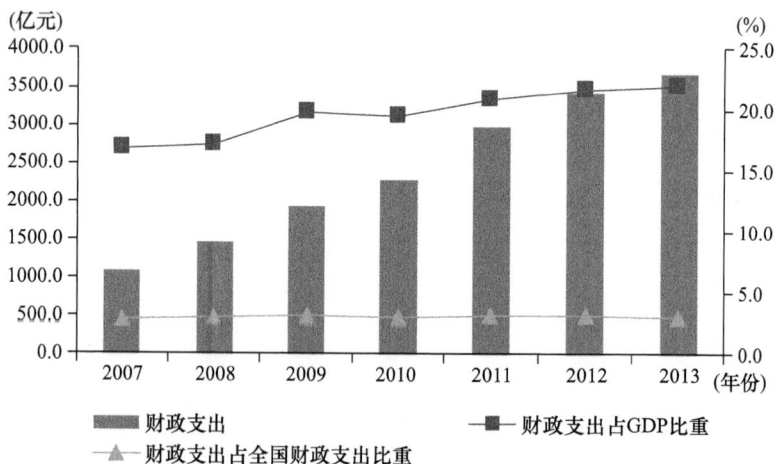

图 2 - 1 内蒙古自治区 2007 ~ 2013 年财政支出与财政支出占 GDP 和全国比重

资料来源：《内蒙古统计年鉴》。

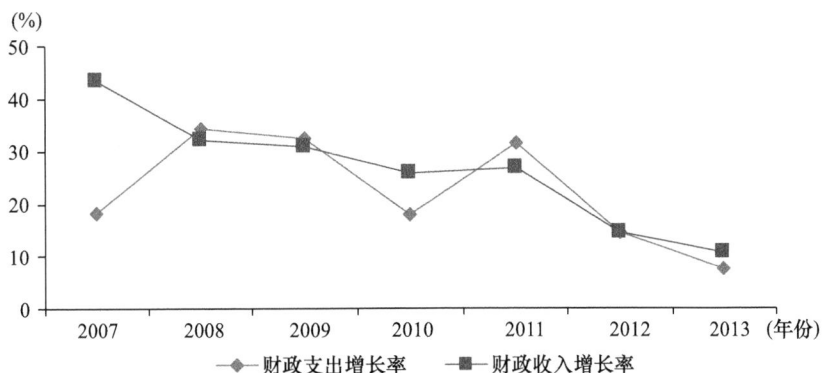

图 2 - 2 内蒙古自治区 2007～2013 年财政支出与财政收入增长率
资料来源:《内蒙古统计年鉴》。

从自治区财政支出增速来看,2007～2013 年整体有所下降,从 2007 年的 18.3% 下降到 2013 年的 7.6%,下降了 10.7%。2011 年之前财政支出增速波动比较大,在此之后,逐渐下降。与财政收入增速相比,在 2007～2013 年,自治区财政支出平均增长 22.4%,财政收入平均增长 26.3%。在 2007 年之后,自治区财政收入增速逐年下降,与财政支出增速整体走势相似。

二、财政支出结构分析

表 2 - 1 内蒙古财政支出分项支出

单位:亿元、%

支出项目	年份	2007	2008	2009	2010	2011	2012	2013
一般公共服务	绝对值	194.0	243.4	295.2	254.5	304.5	341.8	338.1
	占支出比重	17.9	16.7	15.3	11.2	10.2	10.0	9.2
教育	绝对值	153.6	206.4	243.5	322.1	390.7	440.0	456.9
	占支出比重	14.2	14.2	12.6	14.2	13.1	12.8	12.4
科学技术	绝对值	9.2	15.4	18.1	21.4	28.2	27.6	31.6
	占支出比重	0.9	1.1	0.9	0.9	0.9	0.8	0.9
文化体育与传媒	绝对值	27.7	31.6	47.3	53.0	68.8	87.2	88.0
	占支出比重	2.6	2.2	2.5	2.3	2.3	2.5	2.4
社会保障和就业	绝对值	152.0	191.5	275.0	292.4	364.0	435.5	491.0
	占支出比重	14.0	13.2	14.3	12.9	12.2	12.7	13.3

支出项目	年份	2007	2008	2009	2010	2011	2012	2013
医疗卫生	绝对值	43.9	59.8	102.9	120.7	164.6	177.9	196.0
	占支出比重	4.1	4.1	5.3	5.3	5.5	5.2	5.3
节能环保	绝对值	61.0	79.7	97.9	108.0	117.6	131.6	132.1
	占支出比重	5.6	5.5	5.1	4.7	3.9	3.8	3.6
城乡社区事务	绝对值	121.9	170.4	210.0	237.7	301.4	363.2	480.2
	占支出比重	11.3	11.7	10.9	10.5	10.1	10.6	13.0
农林水事务	绝对值	108.5	160.7	222.4	281.0	391.7	450.8	466.6
	占支出比重	10.0	11.0	11.5	12.4	13.1	13.2	12.7
交通运输	绝对值	48.5	49.3	132.9	121.1	281.5	301.2	295.2
	占支出比重	4.5	3.4	6.9	5.3	9.4	8.8	8.0

资料来源：《内蒙古统计年鉴》。

2007～2013年，内蒙古自治区各项财政支出不断上升，增长最快的是交通运输支出，增长了5.1倍，然后是医疗卫生支出，增长了3.5倍。增长最少的是一般公共服务支出，在这期间增长率为74.2%。从占支出比重角度来看，2007～2013年，占比上升的有医疗卫生、城乡社区事务、农林水事务和交通运输支出，科学技术支出占比相对稳定，其余都有所下降。

1. 一般公共服务

2007～2013年，内蒙古自治区一般公共服务支出逐年稳定上涨，从2007年的194亿元上涨到2013年的338.1亿元，增长了74.3%。从增速来看，在此期间波动较大，整体从2007年的23.9%下降到2013年的－1.1%。在2010年，内蒙古自治区大力加强政风建设，大兴勤俭节约、艰苦奋斗之风，严格控制一般性支出，与2009年相比，一般公共服务支出增速大幅下降。到了2013年，全区"三公"经费支出大幅减少，一般公共服务支出增速快速下降。

2. 教育支出

2007～2013年，内蒙古自治区教育支出逐年上涨，从2007年的153.6亿元增长到2013年的456.9亿元，增长了2倍。自治区教育支出占地方教育总量支出的比重在此期间也有所上涨，到2013年为3.6%，比2007年的2.4%增长了1.2%，2011年达到最高点，为3.9%。

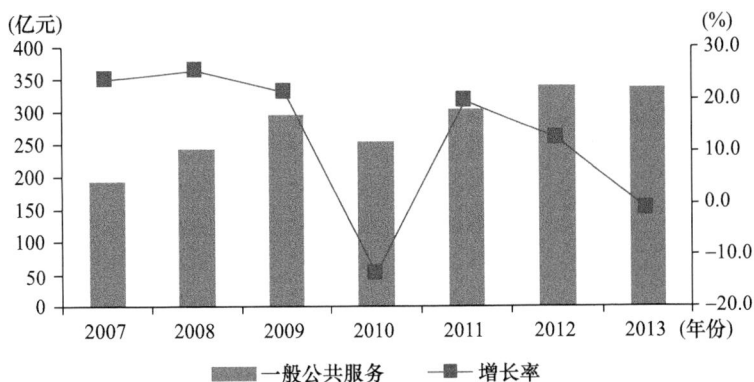

图 2 - 3 内蒙古自治区 2007～2013 年一般公共服务支出及增速

资料来源:《内蒙古统计年鉴》。

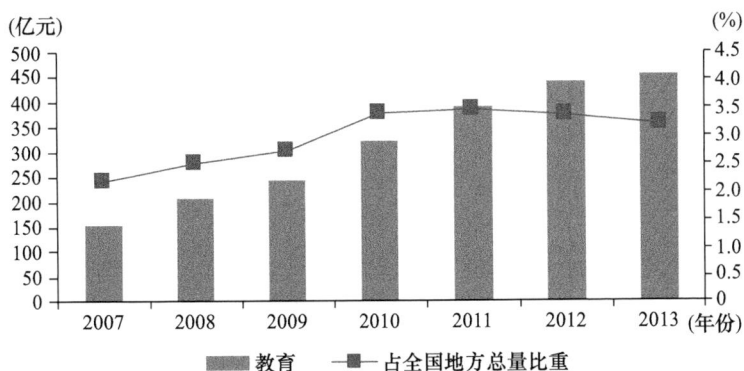

图 2 - 4 内蒙古自治区 2007～2013 年教育支出

资料来源:《内蒙古统计年鉴》。

2007～2013 年，自治区不断完善自治区教育经费保障机制。2013 年，专项资金重点用于支持全区 121 所农村牧区中小学食堂建设、扩容改造及寄宿制学校建设、购置仪器设备、图书、多媒体远程教学设备等，进一步提高农村牧区中小学办学条件，缩小城乡义务教育发展差距。

3. 科学技术

内蒙古科学技术支出在过去的几年中逐年稳定上涨，从 2007 年的 9.2 亿元上涨到 2013 年的 31.6 亿元，增长了 2.4 倍。从增速来看，在此期间，科学技术支出的增速有所下降，到 2013 年为 14.5%，比 2007 年的 25% 下降了 10.5%，并且，在 2012 年为最低点，支出有所下降。从图 2 - 5 中可以看出，自治区科学技术支出与全国平均水平相比，还有所差距，并且差距越来越大，到2013年，自治区科学技术支出比全国平均水平低56亿元。

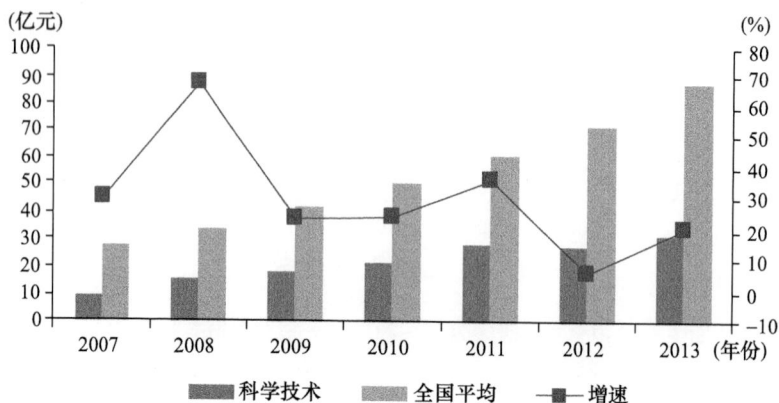

图2-5　内蒙古自治区2007~2013年科技支出

资料来源：《内蒙古统计年鉴》。

4. 文化体育与传媒

从文化体育与传媒来看，2007~2013年，内蒙古自治区支出不断上升，在过去几年中增长了2倍，从图2-6中也可以看出，支出增速有所下降。从全国总量水平角度来看，2007~2013年，内蒙古自治区文化体育与传媒支出占全国地方文化体育与传媒支出总量比重一直处于较稳定的水平。从2007年的3.6%增长到2013年的3.8%，并且，在此期间平均占全国地方总量比重为3.8%。

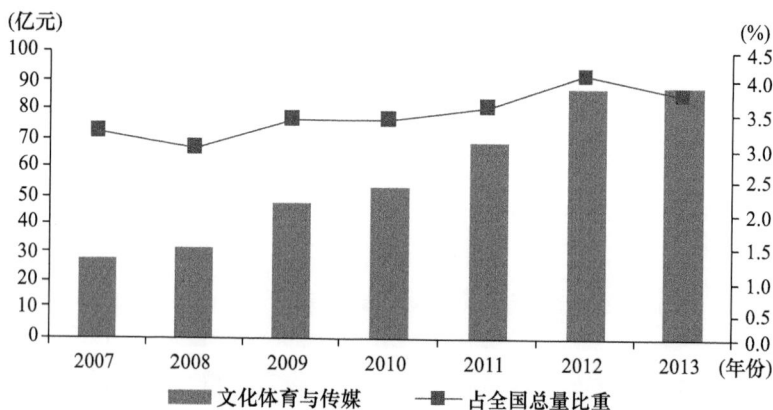

图2-6　内蒙古自治区2007~2013年文化体育与传媒支出

资料来源：《内蒙古统计年鉴》。

5. 社会保障和就业

在过去几年内，内蒙古自治区不断加大社会保障和就业支出，从 2007 年的 152 亿元增加到 2013 年的 491 亿元，增加了 339 亿元。其中，社会福利支出也不断上升，到 2013 年为 11.8 亿元，比 2007 年增长了 8.8 倍。自治区社会保障和就业支出与全国平均水平相比，从 2009 年开始，自治区的支出规模就比全国平均水平高，到 2013 年，高于全国平均水平 44.2 亿元。

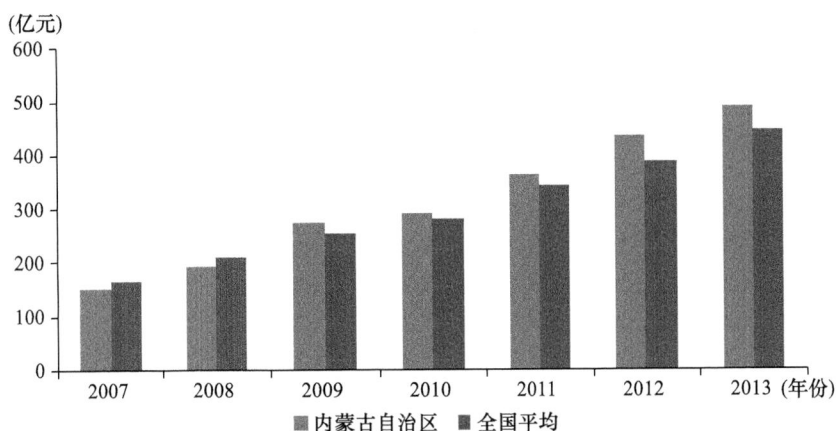

图 2-7 内蒙古自治区 2007~2013 年社会保障和就业支出

资料来源：《内蒙古统计年鉴》。

6. 医疗卫生

内蒙古自治区医疗卫生支出从 2007 年开始不断上涨，到 2013 年为 196 亿元，增长了 3.5 倍。从增速来看，2007~2013 年，不断波动，整体趋于下降，从 2007 年的 44% 下降到 2013 年的 10%。与全国平均水平相比，在此期间，内蒙古医疗卫生支出相对全国平均水平有所差距，并且，差距不断扩大，从 2007 年的 19.2 亿元增长到 2013 年的 68.6 亿元（见图 2-8）。

7. 节能环保

内蒙古自治区节能环保支出不断上涨，2013 年为 132.1 亿元，比 2007 年的 61 亿元增长了 1.2 倍。2007~2013 年，节能环保支出增长率在 2008 年达到了最高点，为 30.7%，在此之后逐年下降，到 2013 年达到一个新低点，为 0.4%。从全国总量水平角度来看，内蒙古自治区节能环保支出占全国地方节能环保支出总量不断下降，从 2007 年的 6.3% 下降到 2013 年的 4.0%（见图 2-9）。

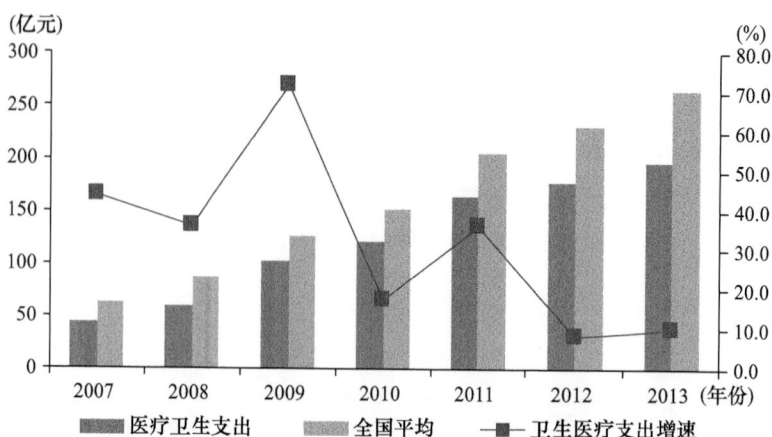

图 2-8　内蒙古自治区 2007~2013 年医疗卫生支出

资料来源：《内蒙古统计年鉴》。

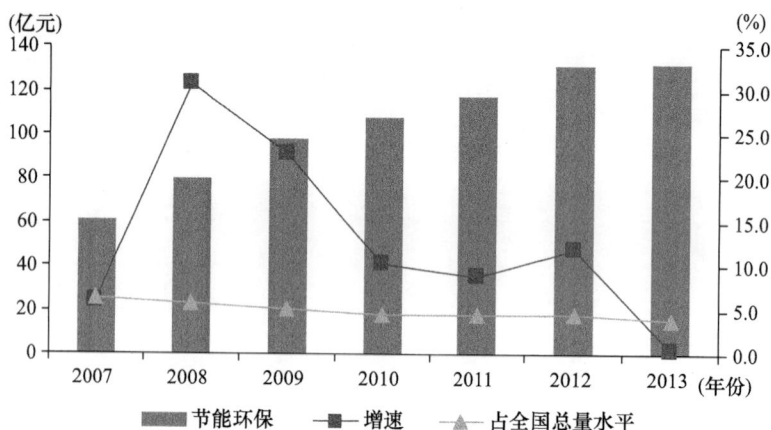

图 2-9　内蒙古自治区 2007~2013 年节能环保支出

资料来源：《内蒙古统计年鉴》。

8. 城乡社区事务

内蒙古自治区城乡社区事务支出在 2007~2013 年逐年上升，从 2007 年的 121.9 亿元增加到 2013 年的 480.2 亿元，增加了 358.3 亿元。城乡社区事务支出增长率波动比较大，在 2010 年以前，增速逐年快速下降，从 2007 年的 60.7%下降到 2010 年的 13.2%；在 2010 年后呈现波动中增长，增长到 2013 年的 32.2%。

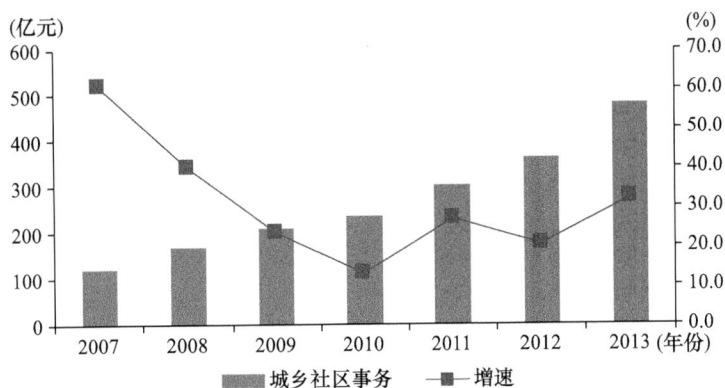

图 2-10 内蒙古自治区 2007~2013 年城乡社区事务

资料来源:《内蒙古统计年鉴》。

9. 农林水事务

2007~2013 年,内蒙古自治区农林水事务支出不断上涨,2013 年为 466.6 亿元,比 2007 年的 108.5 亿元增长了 3.3 倍。与全国平均水平相比,内蒙古自治区农林水事务支出较高,2007~2013 年,二者平均相差 42.6 亿元。从全国总量角度来看,内蒙古自治区农林水事务支出占全国农林水事务支出总量比重不断波动,在过去七年中,平均占比为 3.7%。

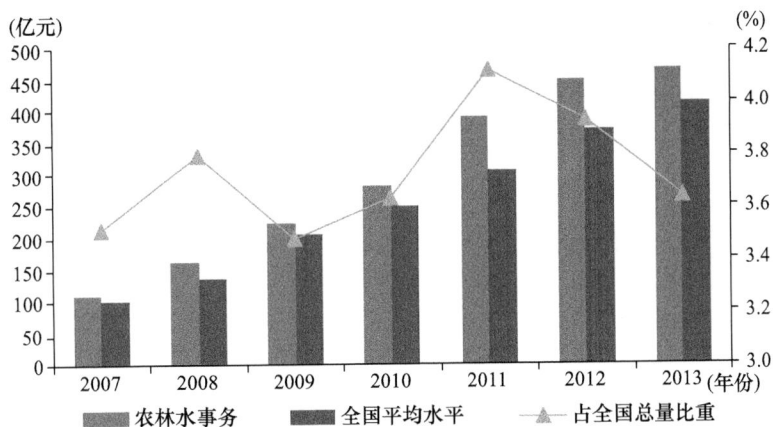

图 2-11 内蒙古自治区 2007~2013 年农林水事务支出

资料来源:《内蒙古统计年鉴》。

10. 交通运输支出

从图 2－12 中可知，2007～2013 年，内蒙古自治区交通运输支出增速波动比较大，在 2009 年达到最高点，为 169.6%，最低点为 2010 年的 －8.9%。从总体规模来看，从 2007 年的 48.5 亿元增加到了 2013 年的 295.2 亿元，增长了 5.1 倍。与全国平均水平相比，除 2010 年外，在过去几年中，内蒙古自治区交通运输支出都比全国平均水平高，并且，在 2012 年二者相差最大，内蒙古自治区比全国平均水平多支出 64.7 亿元。

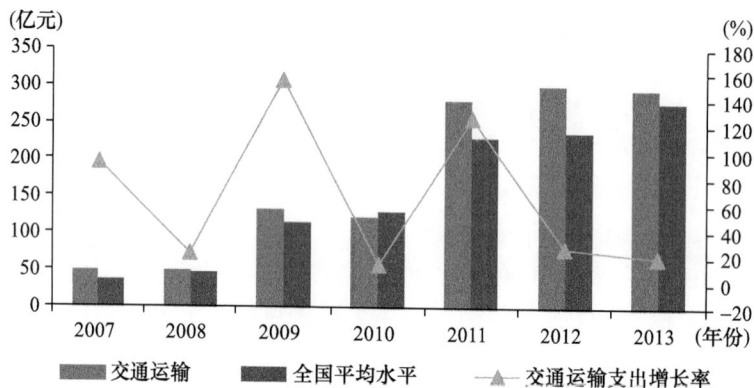

图 2－12　内蒙古自治区 2007～2013 年交通运输支出
资料来源：《内蒙古统计年鉴》。

第二节　内蒙古自治区民生财政支出分析

公共财政的核心，就是用纳税人的钱和相应的财税政策，优化解决广大人民群众和社会各界关心的公共资源配置问题，为全体国民谋福利。政府以可用财力大力支持解决基本民生问题，是贯彻落实科学发展观、促进社会公平、构建社会主义和谐社会最基本的要求。近年来，财政在有关民生方面的支出，已成为政府预算安排的重点和亮点。加大促进就业、养老社会保障、公共卫生、义务教育、住房社会保障以及各项社会事业的投入，致力于多层次调节收入分配，实现公共服务均等化，仍将成为我国当前和今后一个时期财政工作系统的主要目标和任务。

一、民生财政的提出

内蒙古自治区政府一直高度重视保障和改善民生工作，并将其纳入"8337"

的发展思路和重要内容中，发展思路中的"三个更加注重"之一就是"更加关注民生改善和社会管理"，2014 年七个方面的工作重点之一就是"改善民生和社会管理创新"。"十三五"时期内蒙古自治区经济社会生活将面临更多的机遇和挑战，在已经取得成绩的基础上，要想真正改善民生，促进经济社会又好又快发展，提高人民生活水平，还要继续坚持民生优先的发展理念，逐步提高各级政府对民生工作的关注度，在财政支出中继续增加民生支出的比例，提升民生财政支出的质量。

"民生"是人的生存权和发展权的必然要求。因而"民生财政"即是促进人本发展的财政制度安排，"以人为本"的财政观，通过财政支出促进人和社会的全面发展。"民生财政"是伴随着中国的经济体制转轨，应对国内出现的现实问题应运而生的，是中国理论界根据中国经济社会实践所概括出来的本土化概念。

1. 民生财政的科学内涵

民生财政的本质是公共财政在我国现阶段的具体实践，是中国特色的公共财政，即构建公共财政与我国社会经济发展的内在需求相结合的财政体制。这与目前我国财政体制的发展并不冲突，民生问题的突出是本发展阶段的主要矛盾，财政职能随着国家职能而改变，因此实践民生财政是必然结果。

民生财政以公共财政为制度基础。民生财政源于公共财政理论，所谓民生，就是"人民的生计"或"人民的生活或人民维持生活的办法"。民生财政以民生支出为重点，运用财政工具解决人民群众最关心的生计问题，保障民生。市场失灵产生的民生问题，必须要由国家来解决。所以，民生支出提供的也是公共产品，因而，民生财政是隶属于公共财政理论的。

民生财政是我国现阶段特有的财政基本运作模式。民生财政源于公共财政理论，又有与之不同的含义和内容，民生财政是我国特殊国情背景下的公共财政，有其独特性。根据国内学者的相关理论总结，民生财政和公共财政的区别主要表现在以下方面：①民生财政有着特定的概念；公共财政是更为一般性的概念。②民生财政是我国经济体制转轨时期的特殊产物，主要关注社会不公平问题，缓解社会矛盾，解决我国现阶段的民生问题；公共财政与市场经济相伴存在，关注社会公平、经济稳定以及运行效率等更为基本的问题。③民生财政关注的是公众最关心、最急需的问题，如医疗卫生、教育、社会保障、住房，这些是保障公众生活的最基本条件，也是公众最为关心的问题；公共财政对民生的关注具有普遍性，几乎所有的公共服务都与民生相关，因而公共财政没有将民生问题视为重点。

民生财政具有特定的发展阶段，是为了解决我国现阶段特定的民生问题而提出来的，是与"建设财政"相对立而言的，反映了我国现阶段的政府职能的转变。公共财政是财政改革的方向，不具有阶段性。

2. 民生财政的范围

由于民生财政是民生发展过程中的新生事物，所以，学术界对这一新生事物的理论概括还没有形成大家公认的一致的解释。总体来看，民生财政支出在广义上是指政府的总支出，在狭义上是指政府对民生领域的支出。目前，在我国国内各地的民生支出统计数据方面，统计口径不一，差异较大，显得有些杂乱。有的地区民生支出统计数据包括了绝大部分财政支出。如果按照这样的逻辑，所有财政支出都可以看作是民生财政支出，因为，所有财政支出都与民生有联系。按照我国财政部的民生支出统计方法，民生财政的支出主要包括：教育、社会保障和就业、科技、文化、体育、传媒、医疗卫生、住房保障、节能环保等，即狭义上的民生财政，这可以作为中国各地民生支出统计的依据。本报告中的民生财政，指在我国的全部财政支出中，主要用于教育、医疗卫生、社会保障与就业、保障性住房等领域的财政支出。

二、我国民生财政政策的演变

为了满足财政政策对于经济和社会问题的调和，提高民生保障水平，中国经历了由吃饭财政向公共财政的改革，1998 年，中国首次提出构建公共财政模式的改革方向，2003 年，中国公共财政建设有了飞跃性的发展，进入以建立公共财政框架为取向的全面创新时期。[1] 2007 年，"公共财政均等化"、"公共财政"的概念被正式提出，同时，公共财政开始关注民生问题，公共财政开始向民生财政发展。2007 年年末中共中央召开十七大，在深化改革开放的关键时期对中国新时期的经济建设、政治建设、文化建设、社会建设等做出了全面部署。其中，无论是对经济建设、政治建设问题的阐释，还是对有关文化建设、社会建设图景的描绘，都融入了公共财政的理念，渗透着公共财政的精神，甚至直接使用了公共财政。特别是"围绕推进基本公共服务均等化和主体功能区建设，完善公共财政体系"的表述在 2007 年被提出[2]，标志着中国公共财政理论与实践又进入了一个新的阶段。之后的政府重要会议上都有"民生"的提法和具体规划，从中可见中国民生财政演进的规律。

---

① 贾康，刘微. 注重民生、优化结构、创新制度、促进发展——中国公共财政的转型之路 [J]. 经济与管理研究，2007（10）：5-11.

② 高培勇. 公共财政：概念界说与演变脉络——兼论中国财政改革 30 年的基本轨迹 [J]. 经济研究，2008（12）：4-16.

表2-2 2007~2014年中共中央关注民生的政策历程

时间	提出的重要会议	政策精神
2014年4月	中共中央政治局会议	健全城乡公共就业服务体系,稳步提高社会保障统筹层次和保障水平,发展教育、卫生、文化等社会事业,加强房地产市场调控和住房保障工作,强化社会服务和管理,维护社会和谐稳定
2014年3月	人代会十二届二次会议李克强政府工作报告	教育公平、单独二胎、养老、提高财政医疗补助标准、建造保障房、食品安全监管、治理雾霾、提高低保标准、缩小收入差距、户籍制度改革
2013年11月	党的十八届三中全会	全面深化改革。围绕更好保障和改善民生、促进社会公平正义,深化社会体制改革,改革收入分配制度,促进共同富裕,推进社会领域制度创新,推进基本公共服务均等化
2013年3月	人代会十二届一次会议温家宝政府工作报告	就业、社会保障、医药卫生事业改革、人口政策、创新社会管理、社会组织管理体制改革、食品药品安全、房地产市场调控和保障性安居工程建设、教育综合改革、科技体制改革以及文化建设
2012年11月	中国共产党十八大	在改善民生和创新社会管理中加强社会建设;推进生态文明建设;办好人民教育、推动高质量就业、增加居民收入、统筹城乡社保体系、提高人民健康水平
2011年10月	中国共产党十七届六中全会	审议了有关深化文化体制改革,推动社会主义文化大发展、大繁荣的决定
2010年10月	"十二五"规划纲要	强农惠农,加快社会主义新农村建设;大力发展生活性服务业;改善民生,建立健全基本公共服务体系;绿色发展,建设资源节约型、环境友好型社会
2009年3月	十一届人代会二次会议	在国际形势突变背景下提出:保增长、保民生、保稳定,增进居民收入,加大民生领域投入如"家电下乡"、减轻企业和居民税收负担、加大民生工程建设投资、增加社会保障资金投入
2008年3月	两会	在应对国内自然灾害和国际金融风暴的前提下,仍然提出"更加注重社会建设,着力保障和改善民生"
2007年10月	中国共产党十七大	全体人民学有所教、劳有所得、病有所医、老有所养、住有所居,推动建设和谐社会;"生态文明"首次写入报告;注重社会建设,着力保障和改善民生,推进社会体制改革,扩大公共服务,完善社会管理,促进社会公平正义

从表2-2中可以看出,中国的财政政策已经进入"民生财政"阶段,国民对于民生保障领域的迫切需求得到充分重视。

第三节　内蒙古自治区民生财政的实践

为把祖国北部边疆这道风景线打造得更加亮丽，内蒙古自治区政府一直致力于努力改善民生，将构建和谐内蒙古自治区作为新的历史时期的前进方向和奋斗目标，表达了全区各族人民的共同愿望。内蒙古自治区各级财政部门充分发挥财政职能作用，把改革发展与民生改善相结合，加大民生财政投入与完善制度相结合，增强民生政策的公平性和可持续性，让改革与发展的成果更多惠及全区各族人民。

一、内蒙古自治区民生财政支出的规模状况

近年来，随着民生财政的理念越来越清晰，公共财政的概念也具体到民生财政，内蒙古自治区财政预算安排明显地向民生领域倾斜，加大了对民生领域的投入力度，主要用于教育、卫生、就业、社会保障、文化体育方面，促使改革发展成果惠及各族群众。内蒙古自治区目前正在实施的自治区成立以来最大民生工程，在当地被称作"十个全覆盖"。从 2014 年到 2016 年，内蒙古自治区计划 3 年时间投资 800 亿元，对农村牧区全部 11224 个嘎查村、1144 个国营农牧林场的分场实施危房改造、安全饮水、街巷硬化、村村通电（包括电网升级改造）、村村通广播电视通信（包括通网络、宽带）、校舍建设及安全改造、标准化卫生室、文化室、便民连锁超市工程和养老医疗低保 10 个社会保障工程。

表 2 - 3　2004 ~ 2013 年内蒙古自治区生产总值、财政支出及民生财政支出状况

单位：亿元、%

年份	2004	2005	2006	2007	2008	2009	2010	2011	2012	2013
地区生产总值	3041.07	3905.03	4944.25	6423.18	8496.20	9740.25	11672.00	14359.88	15880.58	16832.38
财政支出	602.75	734.61	914.97	1082.31	1454.57	1926.84	2273.50	2989.21	3425.99	3686.52
教育支出	66.22	78.66	110.9	153.57	206.4	243.48	322.11	390.69	439.97	456.87
医疗支出	17.47	20.88	30.47	43.87	59.82	102.94	120.72	164.59	177.91	196.03
社会保障与就业支出	41.82	32.46	113.6	152.02	191.52	274.97	292.44	363.97	435.47	491.01
文化体育传媒支出	12.78	14.9	21.89	27.71	31.62	47.33	52.96	68.78	87.21	88.04
保障房支出	—	—	—	—	—	—	83.72	83.72	164.83	169.54
民生支出合计	138.29	146.9	276.86	377.17	489.36	668.72	871.95	1071.75	1305.39	1401.49
民生支出/财政支出	22.94	20.00	30.26	34.85	33.64	34.71	38.35	35.85	38.10	38.02

资料来源：根据《内蒙古财政年鉴》和内蒙古财政厅、内蒙古社会保险事业管理局调研数据整理得出。

2004～2013 年，内蒙古地区生产总值呈现快速增长态势（见表 2 – 3），由 2004 年的 3041.07 亿元增至 2013 年的 16832.38 亿元，增长了 4.54 倍。财政支出由 602.75 亿元增至 3686.52 亿元，增长了 5.12 倍。民生财政支出增加更为迅速，如表 2 – 4 所示，全区民生财政支出由 2004 年的 138.29 亿元增至 2013 年的 1401.49 亿元，增长了 9.13 倍，年均增长率 100%，占公共财政预算支出的比例由 22.94% 上升至 38.02%。由此可见，十年间民生财政支出增长率高于财政支出增长率，呈现常态化，这说明内蒙古自治区正在用行动诠释着民生财政的内涵。

表 2 – 4 内蒙古自治区民生财政支出规模（2004～2013 年）

单位：亿元、%

年份	2004	2005	2006	2007	2008	2009	2010	2011	2012	2013
地区生产总值	3041.07	3905.03	4944.25	6423.18	8496.20	9740.25	11672.00	14359.88	15880.58	16832.38
财政支出	602.7524	734.6079	914.97	1082.31	1454.57	1926.84	2273.50	2989.21	3425.99	3686.52
民生支出	138.29	146.9	276.86	377.17	489.36	668.72	871.95	1071.75	1305.39	1401.49
民生支出/财政支出	22.94	20.00	30.26	34.85	33.64	34.71	38.35	35.85	38.10	38.02

二、内蒙古自治区民生财政支出的结构状况

1. 内蒙古自治区教育支出状况分析

内蒙古自治区一直秉承支持教育事业优先、均衡和多元发展的理念，近年来加大对教育的支持力度：以奖补方式鼓励社会力量举办学前教育，支持农村牧区幼儿园建设。提高义务教育经费保障水平，改善农村牧区义务教育薄弱学校的办学条件。继续落实高中阶段"两免"政策和寄宿生生活费补助政策。支持职业教育基础能力建设，提高高校生均拨款标准，完善研究生教育投入机制。落实覆盖各教育阶段的国家资助政策。妥善解决国有企业职教、幼教退休教师待遇等问题。

分析比较财政性教育经费（公共教育支出）占 GDP（国内生产总值）的比重是衡量教育支出总量和规模的重要指标之一。从图 2 – 13 可以看出，内蒙古自治区 2004 年以来的十年中，GDP 增长十分迅速。财政性教育经费也随之增长，由 2004 年的 66.22 亿元增至 2013 年 456.87 亿元，增长了 5.90 倍（见表 2 – 5）。

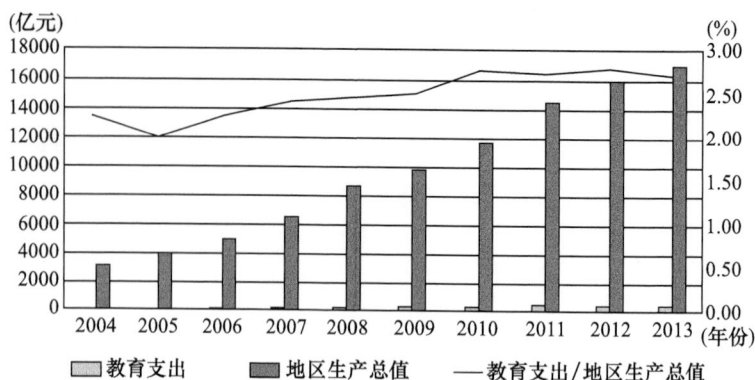

图 2－13 内蒙古自治区财政性教育支出规模（2004～2013 年）

如表 2－5 所示，内蒙古自治区财政性教育经费占 GDP 的比重为 2.0% ～
2.8%，整体呈现增长的趋势，这表明内蒙古自治区注重在经济飞速增长的同时
配套提高教育经费的投入。然而，直至 2012 年，公共教育支出占全区 GDP 的比
重最高值仅为 2.77%，始终没有达到国家提出的 4% 的要求。从绝对规模上看，
财政对教育经费的投入总量仍不够大，支出规模有待进一步提升，影响着全区教
育水平的提高和人民素质的提升。

表 2－5 2004～2013 年内蒙古自治区财政性教育支出/地区生产总值状况

单位：亿元、%

年份	2004	2005	2006	2007	2008	2009	2010	2011	2012	2013
教育支出	66.22	78.66	110.9	153.57	206.4	243.48	322.11	390.69	439.97	456.87
地区生产总值	3041.07	3905.03	4944.25	6423.18	8496.20	9740.25	11672.00	14359.88	15880.58	16832.38
教育支出/地区生产总值	2.18	2.01	2.24	2.39	2.43	2.50	2.76	2.72	2.77	2.71

资料来源：根据《内蒙古财政年鉴》和内蒙古财政厅调研数据整理得出。

内蒙古自治区的财政性教育支出占 GDP 的比重与全国平均水平的财政性教
育支出占 GDP 的比重对比，能够反映出自治区对教育财政投入规模有待提升。
如表 2－6、表 2－7 所示，自治区只有在 2006 年财政性教育支出占 GDP 的比重
高于全国平均水平，自 2007 年以后开始低于全国平均水平且差距不断拉大，
2012 年更是低于全国水平 3.3 个百分点。这反映出自治区财政性教育支出规模不
够大、增长幅度较小、总量需要提高。表明内蒙古自治区近年来经济发展速度较
快，GDP 增速极高，对教育政策的执行和实施却具有一定的迟缓性。

预算内教育经费占财政预算支出的比重可以反映政府对教育的投入程度，反映教育在内蒙古自治区实际发展过程中的地位。从表2－7可以看出，2004～2013年教育支出占财政预算支出的比重在10.99%～14.19%波动，且波动幅度较大，2007年与2008年达到最大值14.19%。这反映了内蒙古自治区政府根据经济社会发展情况对经济社会文化的投入进行相应的调整，也显示出政府对教育的财政投入缺乏稳定性。整体而言，尽管教育支出伴随着财政支出情况一并向上增长，但自治区政府对教育的财政投入均没有达到国家15%的标准，这说明财政支出规模始终不足，财政预算对教育的支出不够。

2. 内蒙古自治区医疗卫生支出状况分析

近年来，内蒙古自治区不断加快推进基本医疗保障制度建设，落实补助资金，统筹解决城乡各类人员医疗保障问题。巩固和完善新型农村牧区合作医疗制度，在此基础上，建立完善城镇居民基本医疗保险制度，同时将在校大学生全部纳入城镇居民医疗保险范围以及全面解决关闭破产国有企业退休人员医疗保障问题。继续完善城乡医疗救助制度，支持健全基层医疗卫生服务体系，下拨补助资金支持基层医疗卫生机构设备购置、人员培训和人才培养，以提高医疗服务能力和水平。实施基本药物制度和基层医疗卫生体制综合改革，加大对食品安全监管力度。进一步促进基本公共卫生服务逐步均等化，建立健全城乡基本公共卫生服务经费保障机制。

如表2－8所示，2004～2013年，内蒙古自治区卫生医疗支出逐年增长，由17.47亿元增至196.03亿元，年均增长114%。内蒙古自治区人均卫生医疗支出由73.01元增至784.87元，年均增长108%。2004～2008年略低于全国平均水平，2009年开始反超，人均卫生医疗支出高于全国水平10%以上。2013年，内蒙古自治区基本公共卫生服务补助标准从人均25元提高到30元，新农合和城镇居民医保财政补助标准由每人每年240元提高到280元。

3. 社会保障与就业支出状况

社会保障是公共财政的基本内容，是社会稳定和各项改革的基础。为了适应建设现代化和谐内蒙古自治区的需要，随着公共财政改革的不断深入，内蒙古自治区财政深入研究建立健全社会保障体系问题，积极参与制定社会保障政策。在每项政策的制定中既考虑长远利益，又着眼当前利益；对国家、企业、个人等诸多方面的承受能力进行认真的测算，确保出台的各项政策既切合自治区的实际情况，又避免增加国家、企业和个人负担；既避免了不考虑积累的短期行为，又有效地防止了社会保障体系的总体设计与经济发展水平和财政承受能力相脱节。

表 2－6　2004～2013 年全国财政性教育支出状况

单位：亿元、%

年份	2004	2005	2006	2007	2008	2009	2010	2011	2012	2013
国民总收入	160289.7	184575.8	217246.6	268631	318736.7	345046.4	407137.8	479576.1	532872.1	583196.7
国家财政支出	28486.89	33930.28	40422.73	49781.35	62592.66	76299.93	89874.16	109247.79	125952.97	140212.1
国家财政教育支出	3365.94	3974.83	4780.41	7122.32	9010.21	10437.54	12550.02	16497.33	21242.1	22001.76
国家财政教育支出/国民总收入	2.10	2.15	2.20	2.65	2.83	3.02	3.08	3.44	3.99	3.77
国家财政教育支出/国家财政支出	11.82	11.71	11.83	14.31	14.39	13.68	13.96	15.10	16.87	15.69

资料来源：《中国统计年鉴》（2014）。

表 2－7　2004～2013 年内蒙古自治区财政性教育支出/财政支出状况

单位：亿元、%

年份	2004	2005	2006	2007	2008	2009	2010	2011	2012	2013
财政支出	602.75	734.61	914.97	1082.31	1454.57	1926.84	2273.50	2989.21	3425.99	3686.52
教育支出	66.22	78.66	110.9	153.57	206.4	243.48	322.11	390.69	439.97	456.87
教育支出/财政支出	10.99	10.71	12.12	14.19	14.19	12.64	14.17	13.07	12.84	12.39

资料来源：《内蒙古统计年鉴》（2014）。

表 2－8　2004～2013 年全国及内蒙古自治区人均医疗卫生支出状况

单位：亿元、%

年份	2004	2005	2006	2007	2008	2009	2010	2011	2012	2013
医疗支出（亿元）	17.47	20.88	30.47	43.87	59.82	102.94	120.72	164.59	177.91	196.03
内蒙古自治区人均卫生医疗支出（元）	73.01	86.89	126.16	180.62	244.73	418.76	488.31	663.21	714.53	784.87
全国人均卫生医疗支出（元）	99.52	118.73	135.33	195.38	270.62	360.91	427.51	553.99	622.73	701.53

资料来源：根据《内蒙古统计年鉴》和《中国统计年鉴》计算整理所得。

进入21世纪，随着各项配套改革的深化和内蒙古自治区经济发展水平的快速提高，内蒙古自治区加快了社会保障制度改革的步伐。财政部门与有关部门通力工作，结合自治区实际，本着"低水平、广覆盖"的原则，出台了一系列的社会保障政策，先后启动了再就业工程、城镇企业职工养老保险、城镇职工医疗保险、失业保险、工伤保险、生育保险、城镇居民最低生活保障制度、新型农村牧区合作医疗、医疗保险、农村牧区居民最低生活保障制度，加大了对卫生事业、社会福利事业、残疾人事业的投入等。经过不断的改革和完善，内蒙古自治区的社会保障体系日臻完善，目前已经形成了以养老保险、医疗保险、失业保险、工伤保险、生育保险为主要内容的社会保险制度，以城镇居民最低生活保障制度、农村牧区居民最低社会保障制度、农村牧区五保供养、医疗救助、贫困大学生救助和灾害救助为主要内容的社会救助制度，以社会优抚和安置为主要内容的军人社会保障制度，以职业福利、特殊性社会福利和一般性社会福利为主要内容的社会福利制度，社会保障内容和覆盖面逐步扩大。

2004～2013年，内蒙古自治区社会保障与就业支出逐年增长，如表2-9所示，由41.82亿元增至491.01亿元，增长10.74倍，年均增长119%。社会保障与就业支出占财政支出的比重由2005年的4.42%提高至2009年的14.27%，近几年增长速度缓慢，增长率较低。2013年，全区社会保障和就业支出491.01亿元，比2012年增长12.8%。落实职业技能培训、就业创业服务体系建设等财政补贴政策，全区城镇新增就业27万人。企业退休人员养老金、城乡低保补助等社会保障标准均提高10%以上。完善对困难群众扶助政策，启动临时价格补贴政策，发放补贴资金2.2亿元，惠及全区235.7万名低收入居民；从压缩的"三公"经费中安排资金18亿元，为295万多低收入农牧户每户发放600元用于冬季取暖。2013年，内蒙古自治区基本社会保障与就业支出增长率低于同期的

表2-9　2004～2013年内蒙古自治区社会保障与就业支出状况

单位：亿元、%

年份	2004	2005	2006	2007	2008	2009	2010	2011	2012	2013
社会保障与就业支出	41.82	32.46	113.6	152.02	191.52	274.97	292.44	363.97	435.47	491.01
财政支出	602.7	734.6	914.9	1082.3	1454.6	1926.8	2273.5	2989.2	3426.0	3686.5
社会保障与就业支出占财政支出比重	6.94	4.42	12.42	14.05	13.17	14.27	12.86	12.18	12.71	13.32

资料来源：《内蒙古统计年鉴》、《内蒙古财政年鉴》。

全国平均水平；另外，基本社会保障支出能力虽然呈逐年上升趋势，但与国际标准相比仍有较大差距，政府财政对基本社会保障的支持及投入力度有待于进一步加强。

2012 年，内蒙古自治区政府提高了城镇居民医疗保险政府补贴标准，从原来的 200 元提高到 240 元，进一步提高了城镇居民医疗保险的筹资水平。此外，经过多年的建设和发展，城镇职工和居民医疗保险政策范围内住院费用基金支付比例也分别达到 84.2% 和 70.9%，最高支付限额均达到当地社会平均工资和居民可支配收入的 6 倍以上。为减轻城镇居民的看病负担，2013 年内蒙古自治区又进一步增加了医疗卫生领域的补助资金额度，在此基础上，实现城镇居民医疗保险门诊统筹。目前，各地区正结合实际情况陆续将当地多发病、慢性病纳入医保门诊保障范围，报销比例实现 50% 以上。近几年内蒙古自治区进一步规范了医疗救助程序，提高了医疗救助水平，2013 年内蒙古自治区本级财政又安排 7000 万元，重点用于开展重特大疾病医疗救助，在全区范围内实施医疗救助"一站式"即时结算工作。

近年来，内蒙古自治区财政投入社会救助力度不断增加（见表 2 - 10、表 2 - 11），多项社会救助标准位于全国前列，有效提高了社会救助的水平，保障了城乡低保户、五保户、孤残儿童的正常生活。

表 2 - 10　内蒙古自治区 2006 ~ 2013 年社会救助支出情况统计表

单位：万元

项目 \ 年份	2006	2007	2008	2009	2010	2011	2012	2013
城市居民最低生活保障	85304	115717	168055	232949	259327	333258	323887	393718
其他城市社会救助	4441	7561	9086	12563	16761	24104	31292	29549
自然灾害生活救助	19888	19723	19540	27841	43154	30184	54354	42073
农村最低生活保障	21552	31012	78938	124635	156447	211999	251836	308056
其他农村生活救助		19110	16675	21569	31757	41138	50507	56894

资料来源：根据内蒙古财政厅、内蒙古社会保险事业管理局调研数据整理得出。

2013 年内蒙古自治区共有 8.78 万五保户，集中供养 2.73 万人，供养标准达到年人均 6138 元，高于全国平均水平 1576 元，居全国第 7 位；分散供养 6.05 万人，供养标准分别达到年人均 3343 元，低于全国平均水平 46 元，排在全国第 14

位。2013 年全年救助孤儿 6902 人，集中和分散供养标准分别达到月人均 1232 元和 1008 元，排在全国第 6 位；共救助城乡患病困难群众 199.5 万人次，救助城乡低保边缘群体 12.41 万户，一次性救助贫困大学生 1.86 万人次。

4. 文化、体育、传媒支出状况

为推动文化事业和文化产业发展，内蒙古自治区逐年增加文化、体育、传媒支出，继续支持广播电视节目无线覆盖等重点文化惠民工程。全面推进公益性文化设施免费开放。积极支持自治区直属文艺院团、国有文化企业改革。扶持文化旅游、动漫生产等文化产业项目 50 多个。支持全民健身运动、竞技体育发展。2004 ~ 2013 年，内蒙古自治区文化、体育、传媒支出由 12.78 亿元增至 88.04 亿元，增长了 5.89 倍（见表 2 - 12）。由于文化、体育事业的市场化和社会化程度较高，大量的投资由社会投资主体所承担，所以相比较其他民生投资项目的规模来说，财政投入的规模较小，占财政支出的比例均在 3% 以下。文化、体育、传媒支出虽然呈现增长态势，但支出规模和增速波动性较大，2009 年同比增速为 49.68%，而 2013 年同比增速仅为 0.95%。可见，内蒙古自治区社会、文化、体育、传媒支出缺乏稳定的财政投入机制。

5. 住房保障支出状况

住房保障体系是我国社会保障体系的重要组成部分。建立包括廉租房制度、经济适用住房制度、普通商品住房制度、住房公积金制度和住房补贴制度在内的住房保障体系，关系人民群众的切身利益，对于提高人民生活水平、体现社会公平、构建和谐社会都具有十分重要的意义。为进一步健全、完善内蒙古自治区城镇住房保障体系，有效解决保障性住房建设面临的问题，切实满足中低收入住房困难家庭的基本住房需求，2013 年内蒙古自治区人民政府提出了《关于进一步加强和完善城镇保障性住房建设和管理的意见》，按照政府主导、社会参与的原则，在不断加大政府财政投入的同时，注重发挥市场机制作用，完善引入商业化操作的配套政策，有效解决保障性住房建设资金筹集问题，逐步形成可持续的保障性住房投资、建设、运营和管理新机制。2013 年加大了保障性住房建设力度，全面启动包头北梁棚户区等集中改造工程，全年开工建设各类保障性住房 17.8 万套，开工改造农村牧区危房 12.75 万套。2013 年，全区住房保障支出 169.54 亿元，增长 2.5%，其中，自治区争取中央财政北梁棚户区改造财力补助 10 亿元，累计补助包头市北梁棚户区财政性资金 31.1 亿元。2010 ~ 2014 年内蒙古自治区住房保障支出增长迅速，由 83.72 亿元增至 484.4 亿元，年均增长率 144.6%，增速波动较大，2013 年住房保障支出同比增长率仅为 2.86%，2014 年同比增长率增至 185.71%（见表 2 - 13）。

表 2-11　中央和内蒙古自治区 2012 年、2013 年社会救助补助资金投入情况表

单位：亿元

项目		2012 年				2013 年				
		投入情况			实施情况		投入情况			实施情况	
		合计	中央补助	自治区补助	保障对象	保障标准	合计	中央补助	自治区补助	保障对象	保障标准
一、城乡居民最低生活保障		394703	296493	98210	—	—	459815	356327	103488	—	—
其中	城市低保	248288	181707	66581	80.82 万人	385 元/月·人	283541	217080	66461	78.34 万人	444 元/月·人
	农村牧区低保	146415	114786	31629	123.54 万人	2583 元/年·人	176274	139247	37027	123.45 万人	2962 元/年·人
二、城乡医疗救助		41535	36535	5000	—	—	40253	35253	5000	—	—
其中	城市医疗救助	19248	17048	2200	57.84 万人	人均住院救助水平 3480 元	18509	16309	2200	53.09 万人	人均住院救助水平 2811 元
	农村牧区医疗救助	22287	19487	2800	114.29 万人	人均住院救助水平 2346 元	21744	18944	2800	118.08 万人	人均住院救助水平 2473 元
三、城乡低保边缘户和"三无"人员补助		4790	—	4790	15250 人	集中供养每人 700 元，分散供养每人 500 元	9409	—	9409	15423 人	集中供养每人 700 元，分散供养每人 500 元
四、农村牧区"五保"供养		9826	—	9286	8.98 万人	集中供养每人 4858 元，分散供养每人 2823 元	9005	—	9005	8.78 万人	集中供养每人 6138 元，分散供养每人 3343 元

资料来源：根据内蒙古财政厅、内蒙古社会保险事业管理局调研数据整理得出。

表 2 – 12　2004 ~ 2013 年内蒙古自治区文化、体育、传媒支出情况

单位：亿元、%

年份	2004	2005	2006	2007	2008	2009	2010	2011	2012	2013
文化、体育、传媒支出	12.78	14.9	21.89	27.71	31.62	47.33	52.96	68.78	87.21	88.04
增速	—	16.59	46.91	26.59	14.11	49.68	11.90	29.87	26.80	0.95
占财政支出的比例	2.12	2.03	2.39	2.56	2.17	2.46	2.33	2.30	2.55	2.39

资料来源：《内蒙古统计年鉴》、《内蒙古财政年鉴》。

表 2 – 13　2010 ~ 2013 年内蒙古保障房支出情况

单位：亿元、%

年份	2010	2011	2012	2013	2014
保障房支出	83.72	140.72	164.83	169.54	484.4
财政支出	2273.50	2989.21	3425.99	3686.52	3884.2
占比	3.68	4.71	4.81	4.60	12.47
增速	—	68.08	17.13	2.86	185.71

资料来源：《内蒙古统计年鉴》（2009 ~ 2014）。

三、内蒙古自治区民生财政实效分析

民生财政支出的目的在于改善民生，民生事业的优化就是对民生财政支出的实效的印证。内蒙古自治区财政扎实推进民生事业的发展，多年来加大教育、医疗卫生、社会保障与就业的支出力度，启动扶贫攻坚、百姓安居、农村牧区"十个全覆盖"等重点民生工程，在支持生态环境治理与保护、棚户区改造、涉农资金整合等方面取得了显著成效，为实现民生社会的发展目标奠定了坚实的基础。

1. 教育

随着内蒙古自治区教育支出的逐年增长，教育改革和发展稳步推进。实现由教育数量到教育质量的巨大飞跃。

2004 ~ 2013 年，内蒙古自治区专职教师数量波动中略有增加，如表 2 – 14 所示。由 2004 年的 257746 人增至 2013 年的 274772 人，受到人口政策的影响，在校人数稳中有降，由 2004 年的 3968781 人降至 2013 年的 3656657 人，这两个指标的反向变化促使生师比指标趋于优化，由 2004 年的 15.40:1 降至 13.31:1，进一步促进了教育质量的提高。由于撤乡并镇政策的实施，学校数量明显减少，学校数由 2004 年的 10149 所降至 2013 年的 6429 所。这无疑是教育资源的整合措施，从而提高了教育资源的利用率。

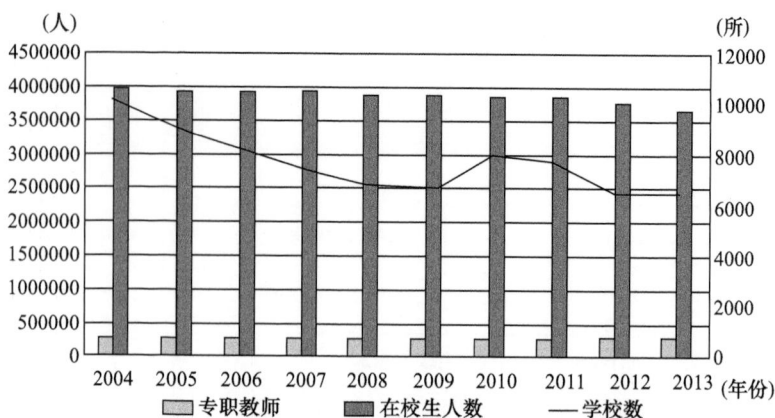

图2-14　2004~2013年内蒙古自治区教育发展趋势

表2-14　2004~2013年内蒙古自治区教育发展总体状况

单位：人

年份	专职教师	在校生人数	学校数（所）	生师比（%）
2004	257746	3968781	10149	15.40
2005	254234	3915057	8981	15.40
2006	257226	3913424	8199	15.21
2007	256456	3923796	7434	15.30
2008	259364	3858612	6885	14.88
2009	264646	3873112	6573	14.64
2010	266157	3835557	7782	14.41
2011	269583	3835076	7721	14.23
2012	274121	3775259	6426	13.77
2013	274772	3656657	6429	13.31

资料来源：根据《内蒙古统计年鉴》数据资料计算而得。

从教育结构来看，2013年年末，全区共有普通高等学校49所，比2004年增加18所；全年招收学生11.93万人，比2004年增长70%；年末在校学生39.92万人，比2004年年末增长101%，其中，少数民族在校学生10.73万人，在少数民族在校学生中有蒙古族9.32万人，分别较2004年增长101%和104%；全年毕业学生10.83万人，较2004年增长250%。2013年年末全区有研究生培养单位10个，全年招收研究生5886人，增长145%；年末在校研究生16897人，比2004年年末增长201.6%，2013年年末有普通高中277所，全年招收学生16.42

万人，较 2004 年下降 8.4%；年末在校学生 49.42 万人，比 2004 年年末增长 4.3%，其中，少数民族学生 13.32 万人，少数民族学生中有蒙古族学生 11.79 万人；全年毕业学生 16.16 万人，比 2004 年年末增长 37.5%。2013 年年末有小学 2308 所，全年招收学生 23.07 万人，比 2004 年下降 14.5%；2013 年年末在校学生 131.06 万人，比 2004 年年末下降 21.9%；2013 年年末毕业学生 23.28 万人，比 2004 年下降 33.5%。全区幼儿园在园人数 51.55 万人，增长 4.7%。全区初中阶段毛入学率 97.7%，全年小学适龄儿童入学率 99.9%。

可以看出，随着教育政策的不断优化，内蒙古自治区高等教育得到快速的发展，接受高等教育的人数和增速都呈良好态势，相比内蒙古自治区教育支出（2004～2013 年）增长了 5.90 倍的状况来看，教育发展的规模变化相对较小，这更加充分说明内蒙古自治区教育正在实现由量变到质变的转变。

2. 医疗卫生

随着内蒙古自治区医疗卫生支出的不断增长，卫生医疗事业得到不断的发展。2013 年年末全区共有卫生机构 23264 个，较 2004 年增长 5.26 倍，其中，医院 566 个，农村牧区卫生院 1332 个，疾病预防控制机构 119 个，妇幼卫生机构 116 个，专科疾病防治院（所）53 个。每万人口拥有卫生机构数较 2004 年增长 4.97 倍，2013 年年末全区医疗卫生单位拥有病床 12.01 万张，较 2004 年增长 0.8 倍，其中，医院拥有病床 9.17 万张，乡镇卫生院拥有病床 1.79 万张，妇幼卫生机构拥有病床 0.33 万张。每万人口卫生机构床位数较 2004 年增长 72%，2013 年年末全区拥有卫生技术人员 14.82 万人，比 2004 年年末增长 46%，其中，医院拥有 8.91 万人，乡镇卫生院拥有 1.76 万人，疾病预防控制机构拥有 0.47 万人，妇幼卫生机构拥有 0.52 万人，执业医师、助理医师 6.21 万人，注册护士 5.24 万人。农村牧区拥有村卫生室 1.4 万个，拥有乡村医生和卫生员 1.96 万人。每万人口医生数由 2004 年的 21 人增加至 2013 年的 25 人。

表 2－15　2004～2013 年内蒙古自治区教育发展总体状况

单位：人

年份	卫生机构（个）	每万人口拥有卫生机构数（个）	总计（张）	每万人口卫生机构床位数（个）	卫生技术人员	每万人口医生数
2004	3715	1.56	66699	28	101730	21
2005	3774	1.58	69440	29.1	102587	21
2006	3693	1.54	70284	29.38	102336	21
2007	7853	3.3	73830	30.76	105790	20

续表

年份	卫生机构（个）	每万人口拥有卫生机构数（个）	总计（张）	每万人口卫生机构床位数（个）	卫生技术人员	每万人口医生数
2008	7423	3.09	81407	33.85	110042	21
2009	7919	3.29	87321	36.05	117197	22
2010	8052	3.32	97811	40.38	123232	22
2011	22931	9.24	100805	40.8	131806	23
2012	23046	9.26	110788	44.5	139876	24
2013	23264	9.31	120065	48.07	148176	25

资料来源：根据《内蒙古统计年鉴》数据资料计算而得。

3. 社会保障与就业

经过60多年的建设与发展，内蒙古自治区已经基本建立起一个与社会主义市场经济体制相适应，以社会保险制度、社会救助制度、社会福利制度为主体的社会保障体系框架，社会保障体系建设取得显著成效，人民生活水平显著提高，抗风险能力明显增加。

（1）养老保险制度实现全覆盖。内蒙古自治区养老保险制度经过多年的改革、探索与创新，制度建设取得重大进展，覆盖人群不断扩大，参保人数逐年增加，待遇水平大幅度提高，有效保障了大多数劳动者的养老保险权益。经过20多年的探索和改革，内蒙古自治区建成了以行政事业单位人员退休制度、城镇企业职工基本养老保险制度、失地农牧民养老保险和城乡居民养老保险制度为主体、多层次的养老保障体系。

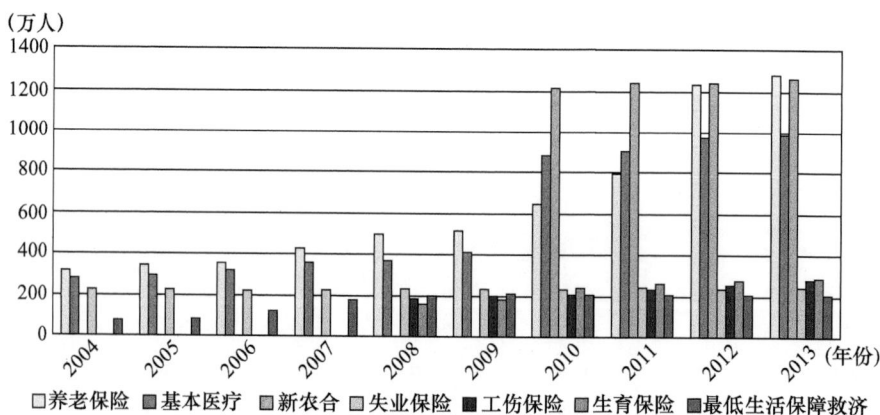

图2-15　2004～2013年内蒙古自治区社会保障发展状况

2013 年年末，内蒙古自治区参加城镇职工基本养老保险人数 496.48 万人，增长 55.6%，全年参加基本养老保险的离退休人员 168.7 万人，较 2004 年增长 105.7%。① 经过第十次调整，2014 年企业退休人员平均养老金达到 2031 元，养老金替代率达到 58%。2014 年年初参加城乡居民社会养老保险人数 780.3 万人，增长 3.2%，189.6 万人领取了养老金，人均养老金水平每月 153 元，养老金发放率达到 100%。② 养老保险保障能力逐步增强，待遇水平不断提高，其中内蒙古自治区养老保险基金收支不断增加，积累规模逐步扩大，保障能力迅速增强。2012 年内蒙古自治区基本养老保险基金收入 406 亿元，同比增长 14%；征缴收入 306.2 亿元，同比增长 11.2%，其中企业征缴收入 298.9 亿元，同比增长 10.6%；基金累计结余 405.9 亿元，同比增长 18%；支出 344 亿元，同比增长 27%。内蒙古自治区城乡居民养老保险基金收入 35.87 亿元，基金累计结余 41.23 亿元。

（2）城乡医疗保障体系逐步建立。根据内蒙古自治区实际情况，在结合中央政策的背景下，内蒙古自治区于 2007 年逐步实现了对城乡居民医疗保险的全覆盖，目前已形成以城镇职工医疗保险制度、城镇居民医疗保险制度、新型农村牧区合作医疗制度、城乡救助制度为主体的城乡医疗保障体系。2013 年年末全区基本医疗保险参保人数达到 986 万人，比 2004 年增加 713 万人，增长 2.6 倍。其中，城镇职工参保人数为 455.1 万人，比 2004 年增加 187.8%。

（3）失业、工伤和生育保险制度不断完善。同我国社会保障改革的大浪潮同步，内蒙古自治区失业保险、工伤保险和生育保险制度也进行了多次有益的改革和探索。《内蒙古自治区失业保险实施办法》、《内蒙古自治区工伤保险条例实施办法》、《内蒙古自治区生育保险试行办法》相继颁布，各项制度的确立、实施为内蒙古自治区社会保障事业的建立健全作出了巨大贡献。2013 年年末内蒙古自治区失业保险参保人数为 233 万人，比 2012 年增加 10.7 万人。失业保险金标准得到提高，月平均发放 867.8 元，居全国前列。累计有 4.96 万失业人员按时、足额领取失业保险金，并按规定发放了临时价格补贴，比 2012 年增加 0.4 万人。参加工伤保险人数为 277 万人，比 2012 年增加 28 万人。参加生育保险人数为 85 万人，比 2012 年增加 11 万人。③

（4）社会救助体系全面建立。经过多年的建设和发展，一个覆盖城乡、内容合理、制度多样的内蒙古自治区社会救助体系已经初步建成。其中，社会救助体系以城乡最低生活保障制度、农村牧区五保供养制度、城乡医疗救助等制度为

---

① 《内蒙古自治区 2013 年国民经济和社会发展统计公报》。
② http://www.nmg.cei.gov.cn/sh/shbz/201402/t20140225_ 55941.html.
③ 《2012 年度内蒙古自治区人力资源和社会保障事业发展统计公报》。

核心，还配套构建了生活救助、教育救助、医疗救助、住房救助等专项救助制度。与此同时，内蒙古自治区还建立了稳定的临时救助常态化救助机制，各项制度有机配合，相辅相成、相互补充，有效地编制了一张安全的社会救助网。

（5）社会福利体系取得长足发展。此外，内蒙古自治区社会福利事业进一步发展，盟（市）、旗（县）、苏木（乡镇）三级福利机构不断健全，民政基础服务设施得到极大改善，敬老院建设步伐加快，"儿童福利院建设蓝天计划"等各种福利计划有序实施，各种民政福利园区建设拉开帷幕，有效解决了城镇"三无"人员、农村"五保"对象、孤残儿童、流浪乞讨人员的困难问题。目前，内蒙古自治区已经基本形成覆盖城乡、功能完善、设施齐全的社会福利服务体系。据统计，2013年年末内蒙古自治区城镇建立各种社区服务设施1577个，其中，社区服务中心926个；各类社会福利院床位7.27万张；各类福利院收养人数5.53万人；全年筹集社会福利资金12.22亿元，销售社会福利彩票39.57亿元，分别增长39.9%和40.8%。① 80%的盟市还相继建成具有一定规模和档次的福利园区，总投资达5.6亿元，总建筑面积达32.8万平方米。与此同时，内蒙古自治区各地还开工建设了一大批县级综合性社会福利中心。到目前，一个以扶老、助残、救孤、济困的社会福利服务体系在全区业已初步形成。

（6）慈善事业逐渐起步。经过多年的建设和发展，目前内蒙古自治区慈善事业发展形势良好，慈善组织数量稳定，慈善活动频繁，慈善捐赠款物呈现连年增长态势，公众参与度提升，受助人群不断扩大，相应的法律法规和政策初步形成，慈善事业在缩小贫富差距、维护公平正义、促进社会和谐发展方面做出了巨大的贡献，真正成为保障和改善民生的重要补充。据统计，截止到2013年年末，内蒙古自治区共接受社会捐赠2820.25万元，其中内蒙古自治区本级直接接受社会捐赠698.84万元，各盟市直接接受社会捐赠401.41万元，间接接受社会捐赠720万元。②

（7）创业、就业政策日趋全面。内蒙古自治区一直把做好就业工作摆到突出位置，重点解决高校毕业生就业和化解产能过剩中出现的下岗再就业问题。2013年全面落实自治区"创业就业工程"及促进就业三年行动计划，重点支持就业技能公共实训基地建设，加强创业园区和创业孵化基地建设。开发1万个基层公益性岗位，重点用于安排贫困家庭高校毕业生和蒙古语授课高校毕业生就业。继续实施家庭服务业特别培训计划，组织开展千户百强家庭服务企业创建活动。进一步强化公共就业服务，实施就业服务实名制管理和企业空岗报告制度。据统计，全年新增城镇就业25万人以上。

---

①② 《内蒙古自治区2013年国民经济和社会发展统计公报》。

4. 文化、体育、传媒发展实效

2013 年内蒙古自治区积极贯彻落实《自治区关于进一步推进公共文化服务体系惠民工程的实施意见》，积极推进嘎查村文化室、农村小舞台、文化共享工程资源建设等文化惠民建设项目。积极支持赤峰市"红山遗址"、"辽上京遗址"、巴彦淖尔市"阴山岩刻"申报世界文化遗产工作。

2013 年年末全区有艺术事业机构 140 个，从业人员 6430 人；艺术表演团体 107 个，其中乌兰牧骑 74 个。现拥有文化馆 103 座，公共图书馆 114 座，较 2004 年增加了 6 座，博物馆 67 座，档案馆 146 座，已开放各类档案 238 万卷。2013 年年末全区广播综合人口覆盖率 98.3%，较 2004 年提高了 10 个百分点。电视综合人口覆盖率 97.6%。2013 年年末全区有线电视用户 317.95 万户。全年生产故事影片 5 部，蒙语译制片 85 部。自治区和盟市两级全年出版报纸 27033 万份，其中蒙文版 1344 万份；出版各类期刊 2939 万册，其中蒙文版 438 万册；出版图书 5849 万册，其中蒙文版 1177 万册。2013 年全区体育健儿在国内外重大竞赛中获奖牌 115 枚；其中，国外获奖牌 3 枚，国内获奖牌 112 枚。

5. 保障性住房建设实效

随着内蒙古自治区经济发展和人民生活水平的不断提高，内蒙古自治区保障性住房建设也初具规模。根据《国务院办公厅关于保障性安居工程建设和管理的指导意见》、《廉租房住房保障办法》、《公共租赁住房管理办法》规定，内蒙古自治区先后建成了经济适用房、廉租房、公共租赁住房三类保障性安居工程。此外，按照中央文件规定，内蒙古自治区还对城市棚户区、国有工矿棚户区、中央下放煤矿棚户区、国有林区棚户区（危旧房）、国有垦区危旧房五类棚户区进行了改造，极大改善了居民的居住环境和居住条件。"十一五"期间，内蒙古自治区累计建设保障性住房 77 万套，完成各类保障性住房建设投资 689.4 亿元，"十二五"时期，内蒙古自治区政府又加大了对城镇保障性安居工程的建设力度（见表 2-16），安居工程取得了实质性的进展。

表 2-16　内蒙古自治区 2011~2013 年城镇保障性安居工程开工建设及资金情况

单位：套（户）

类型 ＼ 年份	2011	2012	2013
廉租住房	57293	26339	16321
公共租赁住房	46457	41715	24046
经济适用住房	64389	22198	7282
限价商品住房	4500	8197	754

类型＼年份	2011	2012	2013
城市棚户区	163676	125674	84809
国有工矿棚户区	4416	2294	3533
国有林区（场）棚户区（危旧房）	47625	34197	20687
国有垦区危房	7000	18881	20804
中央下放地方煤矿棚户区	10569	11530	0
合计	405925.00	291025.00	178236.00
完成投资（万元）	5440525.00	4703634.00	3501811.00

资料来源：根据内蒙古财政厅、内蒙古社会保险事业管理局调研数据整理得出。

按照中央住房保障制度改革的要求，2013 年内蒙古自治区人民政府颁布了《关于进一步加强和完善城镇保障性住房建设和管理的意见》（以下简称《意见》），《意见》指出，为进一步健全完善内蒙古自治区城镇住房保障体系，有效解决保障性住房建设面临的问题，切实满足中低收入住房困难家庭的基本住房需求，建立健全以公共租赁住房为基本形式的、能够适应不同家庭住房支付能力差异性保障需求，以先租后售、租售并举为特征的保障性住房供应体系。按照《意见》规定，今后内蒙古自治区住房保障将逐步实现公租房与廉租房并轨，通过财政"租补分离、分类补贴"的方式，推动对各类保障性住房的并轨管理。内蒙古自治区住房和城乡建设厅规定各盟市、旗县还可以根据地方实际，把经济适用住房和限价商品房一并纳入公共租赁住房管理，逐步适应不再兴建经济适用住房和限价商品房的形势。今后，凡是符合廉租住房保障条件的低保家庭，其保障性住房租赁补贴由政府承担，其他低收入家庭的房租金额如果超过家庭月收入的30%，超出部分由保障对象所在单位承担；凡是符合经济适用住房、限价商品房购买条件的家庭，将一律改为以公共租赁住房实施保障。

四、内蒙古自治区民生财政发展存在的问题及原因分析

为了客观、全面、科学地反映各地区经济社会发展和民生改善情况，中国统计学会和国家统计局统计科学研究所按照《地区发展与民生指数编制方案》，对各地区发展与民生指数（Development and Life Index，DLI）[1] 进行监测。

---

[1] 地区发展与民生指数评价指标体系包括经济发展、民生改善、社会发展、生态建设、科技创新和公众评价六大方面，共 42 项指标。根据每项评价指标的上、下限阈值对其进行无量纲化，计算各分项评价指标的指数，再根据指标权重合成分类指数和总指数。

测算结果显示，随着经济的发展，如图 2 - 16 所示，2004 ~ 2013 年内蒙古自治区和全国各地区民生指数均呈稳步上升状态，2013 年仅为 40.36，2013 年增至 59.64（见表 2 - 17），内蒙古自治区民生指数略低于东北地区和中部地区，远低于东部地区，仅高于西部地区（内蒙古自治区隶属于西部地区）平均水平。显然，尽管内蒙古地区仅近几年民生状况有很大改善，但与其他经济发达地区仍有较大差距。民生依赖于民生财政，民生状况的差距在一定程度上折射出内蒙古自治区民生财政发展存在的问题。

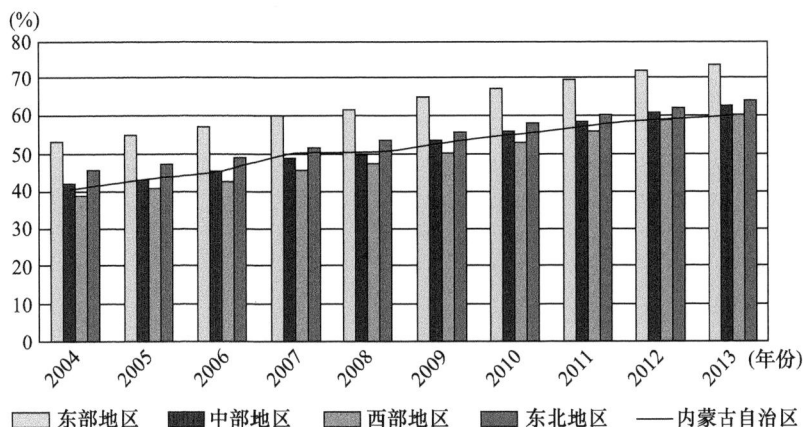

图 2 - 16 2004 ~ 2013 年全国各地区发展与民生指数

表 2 - 17 2004 ~ 2013 年各地区发展与民生指数

年份\地区	2004	2005	2006	2007	2008	2009	2010	2011	2012	2013
东部地区	52.73	54.45	56.90	59.61	61.62	64.49	67.10	69.38	71.57	73.17
中部地区	41.80	43.45	45.54	48.42	50.30	53.19	55.51	58.04	60.35	62.35
西部地区	38.57	40.40	42.10	45.44	47.07	50.05	52.64	55.43	58.22	60.08
东北地区	45.51	46.56	48.68	51.18	53.11	55.63	57.97	60.03	62.04	63.53
内蒙古自治区	40.36	43.15	45.38	50.21	49.67	52.39	54.69	56.85	59.14	59.64

资料来源：国家统计局《2013 年地区发展与民生指数（DLI）统计监测结果》。

五、内蒙古自治区民生财政发展存在的问题

1. 内蒙古自治区民生财政结构失衡

将内蒙古自治区各盟市的民生支出类指标（教育支出、卫生医疗支出、社会保障与就业支出）相加，得出 2007～2013 年各盟市民生财政支出总额，从而根据各地区的财政支出计算出相应的民生支出占比值。如表 2－18 所示，2007～2013 年各盟市民生财政支出差异较大，赤峰市和乌兰察布市民生财政支出占比较高，在多数年份可以达到 0.4，而锡林郭勒盟、鄂尔多斯市和阿拉善盟民生财政支出占比较低，锡林郭勒盟的该指标在 0.3 左右波动，鄂尔多斯市和阿拉善盟的该指标各年份均低于 0.3，2012 年、2013 年阿拉善盟的该指标分别仅为 0.19 和 0.17。

表 2－18　2007～2013 年内蒙古自治区各盟市民生财政占财政支出比例

单位：%

地区 ＼ 年份	2007	2008	2009	2010	2011	2012	2013
呼和浩特市	0.3	0.28	0.29	0.32	0.29	0.29	0.32
包头市	0.34	0.33	0.34	0.33	0.32	0.31	0.29
呼伦贝尔市	0.35	0.37	0.39	0.36	0.36	0.36	0.36
兴安盟	0.37	0.38	0.36	0.35	0.36	0.35	0.38
通辽市	0.35	0.34	0.36	0.35	0.36	0.36	0.35
赤峰市	0.37	0.37	0.39	0.4	0.42	0.4	0.44
锡林郭勒盟	0.31	0.27	0.31	0.3	0.29	0.3	0.31
乌兰察布市	0.39	0.41	0.4	0.37	0.37	0.36	0.4
鄂尔多斯市	0.26	0.27	0.25	0.28	0.25	0.26	0.24
巴彦淖尔市	0.33	0.32	0.34	0.33	0.34	0.33	0.35
乌海市	0.39	0.33	0.4	0.32	0.3	0.27	0.24
阿拉善盟	0.23	0.22	0.22	0.21	0.2	0.19	0.17

资料来源：根据《内蒙古统计年鉴》数据资料计算而得。

各盟市在不同年份民生财政支出占比指标变化也较大，如乌海市 2008 年该指标为 0.33，而到 2013 年仅为 0.24，这说明民生财政支出政策没有有效贯彻，致使民生投入缺乏稳定性。另外，由于宏观经济因素、经济发展与民生发展的矛盾等因素，民生财政支出呈现下降趋势，如阿拉善盟该指标从 2007 年的 0.23 一路下滑至 2013 年的 0.17，显然与民生理念背道而驰。

2. 公共财政民生支出缺乏保障

保障和改善民生是当前及今后一段时期内蒙古自治区财政工作的重中之重，随着内蒙古自治区经济的快速发展，内蒙古自治区对民生投入从总量上来看已经十分巨大，但民生保障方面存在的问题却十分突出，首先是教育投入仍然不足，

2013 年内蒙古自治区教育投入已达 456.87 亿元，但教育支出占 GDP 的比重明显过低，大多数年份都在 3% 以下（见图 2 - 13），这一指标还是 1993 年《中国教育改革和发展纲要》（以下简称《纲要》）提出的，在《纲要》中指出："逐步提高国家财政性教育经费支出占国民生产总值的比例，在本世纪末达到 4%。"而联合国教科文组织在 2000 年就呼吁各国教育支出应该达到 GDP 的 6%，这充分说明内蒙古自治区的教育投入规模较小，教育投入经费明显不足。其次，医疗卫生保障不足，2013 年内蒙古自治区医疗支出只占整个 GDP 的 1.16%，低于同年全国 1.46%，而英国每年安排在医疗卫生方面的支出都占 GDP 的 9% 以上。

3. 城乡民生财政投入差别仍然存在，且差异明显

由于我国长期实行城乡"二元"分割的经济政策，城乡卫生服务不均等现象比较严重，在内蒙古自治区这个经济欠发达地区表现得尤为突出，内蒙古自治区城乡卫生医疗服务、教育与社会保障不均衡现象比较严重，成为制约内蒙古自治区经济发展，造成社会不和谐的一个重要因素。这主要源于民生财政支出在城乡间的差异，从目前内蒙古自治区民生财政支出来看，无论是教育、医疗还是社会保障，在支出标准和规模上城乡差别巨大。

从社会保障制度来看，养老保险制度、医疗保险制度、最低生活保障制度、医疗救助制度等保障项目基本覆盖了城乡居民，然而城乡居民在享受不同制度提供的服务上差异明显。以养老保险制度为例，尽管目前内蒙古自治区已经建立了以行政事业单位人员退休制度、城镇企业职工基本养老保险制度、失地农牧民养老保险和城乡居民养老保险制度为主体的养老保障体系，但是从制度覆盖人群上明显可以看出，不同群体间参加养老保险制度的差异以及享受养老保险待遇水平的差异。现有养老保险制度基本按照公民的身份和职业的差别，自动将人群划分为四大类，其中，行政事业单位人员主要参加行政事业单位人员退休制度，城镇各类企业职工、个体工商户和灵活就业人员主要参加企业职工基本养老保险制度，城镇居民和农牧民主要参加城乡居民养老保险制度，针对被征地农牧民内蒙古自治区还建立了失地农牧民养老保险制度。各项养老保险制度在缴费标准、基本养老金待遇水平、养老金替代率、领取养老金的年龄上存在巨大差别，尤其是基本养老金待遇水平差异巨大。从全国平均水平来看，根据财政部财政科学研究所的研究，2013 年城镇职工基本养老保险月人均养老金近 1900 元，事业单位月人均养老金是企业退休职工的 1.8 倍，机关公务员退休人员养老金水平是企业的 2.1 倍。[1] 从地区水平来看，2013 年，内蒙古自治区调整后的企业退休人员月人均养老金为 1770 元，而城乡居民社会保险月人均养老金为 108 元，其仅仅是企

---

① http://finance.ifeng.com/a/20140827/13011383_0.shtml.

业退休金的 6.1%。事实上，这种城乡间制度上的差异不仅仅体现在养老保险制度中，在医疗保险制度、最低生活保障制度等方面也均不同程度存在。

4. 民生投入缺乏行之有效的监督与制约

财政民生支出总体缺乏统一、规范的监督制约机制：一是预算编制和预算执行状况不够完善，使财政民生支出资金脱离了既有的监督机制，尚未形成统一口径的预算管理机制。各级政府机关在预算执行过程中，存在相当数量的预算外收入与收费收入，这些收入往往用于促进本地经济增长方面，而忽略了本地民生发展。二是制度规范工作严重滞后。国外发达国家早已建立了完善的社会福利法律体系和制度，而内蒙古自治区相应制度体系还未建立，相应制度的缺失使得财政民生支出资金的监督缺乏制度保障，导致政府缺位、越位问题普遍存在。三是监督机制缺失。目前内蒙古自治区还未建立起与财政民生支出相配套的监督制约机制和民生绩效考核体系，大量的财政资源被挪用、挤占，中央转移支付用于民生建设的资金也被用于其他方面。除了监督机制的缺乏，民生绩效考核体系的建立也是一大问题。由于保障民生具有地域性和层次性特点，统一标准的民生考核机制难以建立，考核指标难以量化。另外，已经建立的财政民生支出绩效机制还存在绩效评价规范性和专业性不高等问题，考核指标体系不够完善，评价工作人员的专业性较差，相应能力还须提高等，这些问题都严重影响着民生财政支出资金的有效使用。

六、内蒙古自治区民生财政发展过程中的障碍性因素

通过前面的研究与分析可知，近年来内蒙古自治区财政对民生领域的投入总体规模不断扩大，增长趋势明显，支出结构随着社会需求不断进行调整与优化，为社会民生建设提供了物质保障，在改善民生方面取得了一定的成绩。但是由于内蒙古自治区民生财政相关的理念与体系构建的时间尚短，规模上"量"的增加、支出安排上"幅度"的增减也暴露出一些问题与不足。这些问题的产生实际上说明内蒙古自治区财政民生支出在规模和结构上仍需不断完善，同时也反映出我国现行财政制度与体制中还存在与改善民生、保障民生相背离的障碍。虽然暴露出来的主要问题数量不多，但是涉及范围较广，说明我国财政民生支出的复杂性不是单单用增大投入规模或加大转移支付力度能解决的。对于上述问题必须从更深层的体制、制度、法律等方面入手，结合我国特有国情进行解析，才能剖析财政民生支出规模存在问题的根本原因。

1. 政府职能偏好与民生支出相冲突

政府职能偏好是指政府对在管理社会公共事务过程中所应承担的主要职责或发挥的主要功能具有的倾向性。政府职能偏好对公共产品的供给具有直接影响，

对各类公共产品的偏好差异又反映为对应财政支出规模的差距。具有较强偏好的政府职能对应的公共产品供给及其财政支出规模较大；反之，较弱偏好的政府职能所对应的公共产品供给及其财政支出规模则较小。这种政府职能偏好理论可以在体制上说明我国财政民生支出为何处于长期不足的状况。

改革开放以来，推动经济增长与发展是我国的首要国策，连续30年的高速增长，使我国在一定程度上摆脱了贫穷与落后。如何有效促进经济增长俨然成为各级政府制定政策与制度的出发点和落脚点，可以说我国制度的完善历程就是围绕经济增长这一核心而不断修正的过程。我国政府对经济职能的强偏好使得财政支出大幅度倾向于经济建设与发展，弱化了民生领域的关注与投入，并形成了民生支出与经济增长的对立关系。民生支出项目可以归为准公共产品一列，具有外溢性较差的特点，其外溢性从长远来看对经济社会大有益处，但从眼前来看对拉动经济增长的作用并不显著。所以，各级政府尤其是地方政府由于受到"以GDP政绩为导向"的绩效制度等激励因素影响，对民生支出的偏好较弱，更"自觉"倾向于投资能够带动经济增长的支出项目。政府对民生领域投入的长期不足，使得一部分财政所应承担的民生支出转嫁于公众身上，例如医疗、教育、住房等方面的支出，从而看病难、上学难、住房难等问题成为压在百姓肩上的负担。依据消费与储蓄生命周期假说，消费者将根据效用最大化原则理性分配与使用一生的收入，安排消费与储蓄的比例。当消费者预期养老、看病、住房等问题将会成为未来支出时，就会通过减少现期消费、增加储蓄，这样社会总消费将小于总供给。消费的停滞、内需的减少以及国外需求由于金融危机而大幅度缩小使得我国政府只能通过增加投资维持经济的增长，于是我国陷入了民生支出与政府投资的两难境地。所以，我国财政民生支出不足且长期不足的根源在于我国政府职能对经济增长的强偏好，解决该问题的思路必须从这一层面上入手。

2. 财政分权体制的缺陷不利于促进地方政府对民生的长期投入

我国财政分权体制是我国经济持续增长的重要因素，这种在政治上中央对地方政府保持着高度集中管理权限，而经济上地方政府却被给予了很大的自由权力的制度，加上外部其他制度（如晋升制度）形成了中国特有的地方发展激励机制。在该体制下，地方政府本身拥有很大程度的经济自治权和财力处置权，而政绩的考核与当地经济增长呈现正相关性。这决定了中央政府的政策能够得到地方的良好践行。另外，我国地方官员为了追求升迁等利益，不断通过加大投资或引入外资等手段刺激本地经济增长。有学者发现我国财政分权体制的设计也带来了经济高速增长以外的问题，追求经济的增长而忽略了社会的发展，依靠过度追求投资规模而导致的隐性成本过高，甚至是地方政府间争夺外部资源的恶性竞争现象也时有发生。对经济的投入挤占了对社会发展的投入，尤其是对民生的投入。

除此之外，财政分权体制本身还存在缺陷。中央政府与地方政府之间缺乏明确的支出责任。依据财政分权理论的效率最大化原则，中央政府应负责全国性公共产品的供给，地方则负责地域性公共产品的供给。但是在我国，中央与地方的事权划分并不明确，建立在事权基础上的财权划分亦是如此。在现实中，以上级政府为决策主体的中国特有的事权划分方式，导致上级政府的权力涵盖了对下级政府支出责任的划分。事权划分的不明确以及上级决定下级的政治体制，导致地方政府忽视了财政支出的规划问题①，加上以经济增长为中心的激励机制，地方支出很难建立起长效机制，而长效机制的缺失加大了地方政府财力与职能相匹配的难度。另外，我国地方政府没有自主征税权，财力只能依靠中央的转移支付和其他非正规方式获得，增加了腐败等问题产生的隐患。这一系列问题反映在民生领域中便是地方政府对民生投入的财力难以保障；而即便财力充足，也缺乏建立民生支出长效机制的激励。

因此，形成如下支出运作方式：中央指令下达，地方在有限财力约束下对民生投入，民生投入挤占公共投资，经济增长放缓，地方在财政分权体制激励下加强公共投资，拉动经济增长，民生建设停滞。在经济增长的激励体制和地方财力缺乏的双重制约下，地方政府对民生投入缺乏自动意愿，促进民生发展有失长远性考虑。

3. "双轨制"的存在决定了不合理的民生支出结构

"双轨制"是指我国与民生相关的制度存在着双重标准与规定。财政支出结构是政府施政重点与方向的直接体现，财政支出的合理与否直接由相应的政策制度决定。按用途划分对财政民生支出结构的分析结果显示：财政民生支出结构仍需不断调整与优化，尤其是在社会保障各支出项目的财力分配中，行政机构事业单位离退休经费占据主导地位有失公允，不利于民生的改善。但这种财政资源的配置状况根源在于社会保障制度存在着双重标准：即城镇职工基本养老保险制度与国家公务员养老保险规定。如果社会保障制度破除了这一双轨制问题，那么财政资源便会更多地投向为整个社会增加福利的项目上去。这种双轨制本身是计划经济体制下的产物，其产生于1995年的社会保障改革，新中国成立之初与改革开放前一直实施的是统一标准的退休制度，而开始实践新社会保障制度之后，事业和国家机关单位的退休人员并未列入改革范围之内，于是社会上形成两种养老制度，即事业和国家机关单位退休人员由国家财政拨款，而其他企业和个人由规定缴纳费用共同承担养老支出。双轨制的存在还造成了收入分配不公性，有悖于社会公平原则，与公共财政和民生财政的目标相冲突。

---

① 蔡冬冬. 中国财政分权体制下地方公共物品供给研究 [D]. 辽宁大学博士学位论文, 2007.

4. 法律层面缺乏促进民生支出的强制约束

目前的经济、政治体制的激励机制是立足于本国基本国情而设计的，只有发展经济才能为社会发展创造丰富的物质基础。所以，制约财政民生支出状况的原因除了有关保障民生的其他配套制度机制存在问题，使得经济发展与民生建设陷入了"两难境地"。从重要性来看，还体现在法律层面缺乏强制约束力。法律为政府行为提供了法律基础和制度保障，具有统一性、确定性和强制力等特点。由于在我国有关保障民生、改善民生的相关法律法规尚不健全和完善，导致民生政策在实施的过程中，一些地方政府或部门并没有真正落实财政资源向民生领域的投入，置民生政策内容的规定而不顾，或者敷衍了事，导致了民生建设缺乏长效性和强制性。这不仅违反了中央政府的政策严肃性，更使民众对政府行政能力产生了怀疑。根据公共选择理论，各国政府决策行为对财政支出有着决定性作用。在我国，社会主义市场经济体制是由政府主导和推动的市场经济体制，所以政府决策对我国财政支出行为的发展变化更具有至关重要的作用。为此，必须完善更为科学、民主的决策机制，建立健全决策机制的法律基础与法律保障，积极推进依法行政，严格按照法律条文的规定行使权限与职责，形成行政权力的强制约束。同理，在民生领域，目前我国经济、政治体制内部存在着与民生建设相冲突的机制，加之相关保障民生建设的法律法规还不健全，政府决策机制缺乏法律制约与规范，地方政府及部门一味追求政绩，挖掘本地经济发展的新增长点，忽略了民生建设，财政民生支出并未得到保障，阻碍了民生建设的进一步改善。所以，必须建立健全保障民生建设的法律体系，强化制约各地财政对民生的投入与优化，将各地民生事业成果纳入宪法和预算法中，以实现对行政权力的制约和监督。

5. 有利于民生投入的管理体系缺失

支出管理是指对财政支出事前决策安排、事中使用过程以及事后使用效益反馈的综合管理，其包括支出总量管理、结构管理、效益管理和支出过程管理。但是在财政民生支出过程中，完善的管理体系尚未建立：一是在财政民生支出总量管理方面，政府没有明确的支出规模界定和控制。由于缺乏对民生支出总量的控制，所以无法通过不同的民生支出项目来解决不同民生领域需求不足的问题，无法实现供求均衡，社会与经济发展的协调统一。二是在民生支出结构管理方面，政府通过对财政民生支出结构控制，可以根据自治区自身情况有目的地调整财政支出结构，进而影响经济结构。对财政民生支出各项目控制，直接或间接能够把握本地目前的民生需求，促进地方综合发展，发挥杠杆作用。但是如果无意识管理财政民生支出结构，将会导致地方教育、医疗卫生、社会福利水平、住房方面无法符合本地经济和民众需求，不利于经济长期稳定发展。三是在民生支出效益管理方面，存在民生支出低效率问题。在财政赤字和财政困难的双重背景下，财政民生支出效率问题尚未被重视是财政民生支出难以改进的重要原因。在管理财政民生支出方面，还未引入成本—效益分析技术，使得政府的财政支出活动效率较低，应该加大力度在支出效果上控制支出成效，以提高财政民生支出的使用成效。四是在支出过程中的管理，这主要是指对财政民生支出整个运行过程的控制，如资金安排决策、计划、执行过程等。对这个支出过程进行全面管理与控制，才能使民生建设更为完善。我国一直以来财政支出的整体效率较低，财政民生支出亦是如此，主要是由于我国注重财政收入管理、轻视财政支出管理所导致，所以财政支出管理体系的完善与否也十分重要。

第四节　财政支出计量经济模型运行结果分析

一、地方财政总支出与地方财政总收入以及地方生产总值

当样本数据取值为 2007 年 1 月至 2013 年 12 月时，模型运行的结果：财政总支出对一般预算收入的弹性为 −0.1468，对于地区生产总值的弹性为 0.1201。这说明随着经济的增长，地方财政总支出按自身惯性规律运行之外，显著地依赖于地方财政总收入以及地方生产总值。

地方财政支出（LGE）增量、一般预算收入（LGR）和地区生产总值（GDP）

$$YSSR = -2738636 - 0.1468LGE + 0.1201GDP \qquad (-6.8996)$$
$$(-2.0661) \quad (37.9757)$$

$$R^2 = 0.9975 \quad SSE = 3.24E11 \quad DW = 3.34 \quad P = 0.000006$$

二、一般预算收入与一般公共服务支出

当样本数据取值为 2007 年 1 月至 2013 年 12 月这段区间时，模型运行的结果：一般预算收入对于前一期的一般公共服务支出的依存度为 −1.0013，这表明随着上一期一般公共服务支出的增加，一般预算收入相应减少，但模型显然不是很显著。

当然，由于财政支出分类项目在 2006 年度进行了调整，变量选取时间较短，模型的准确程度会受到一定程度的制约（以下关于财政支出分类项目不再赘述。）

一般公共服务支出（GPS）和一般预算收入（YSSR）

$$YSSR = 74686924 - 1.0013GPS \ (-1) + 0.9601AR \ (1)$$
$$(1.7578) \quad (-3.4761) \quad (34.5974)$$

$$R^2 = 0.9980 \quad SSE = 9.89E+10 \quad DW = 2.25 \quad P = 0.002$$

三、一般财政收入与教育支出

当样本数据取值为 2007 年 1 月至 2013 年 12 月时，模型的运行结果：当期财政一般预算收入与上一期的教育支出的依存度为 3.7283，当教育支出增加的时候，下一期的一般财政预算收入也相应地增加，教育经费支出对于下一期的一般预算收入具有正向作用。在建模过程中，经过数据整理及计算，教育支出的增长率明显低于财政收入增长率及经济增长率，内蒙古自治区对教育的投入力度不足，应增加对教育的支出。

教育支出（ED）与财政一般预算收入（YSSR）

$$YSSR = 1090202 + 3.7283ED(-1)$$
$$(1.9873) \quad (21.0467)$$
$$R^2 = 0.99 \quad SSE = 7.70E+11 \quad DW = 1.35 \quad P = 0.00003$$

四、一般预算收入与科技支出

当样本数据取值为 2007 年 1 月至 2013 年 12 月时，模型的运行结果：一般预算收入显著地依赖于上一期科技支出，其依存度为 58.2137，可以看出科技支出对于下一期的财政一般预算收入有着强烈的影响，随着科技支出的增加，一般预算收入也在以同样的方式逐步增长，这与国家科教兴国战略密切相关。

科技支出（ST）与财政一般预算收入（YSSR）

$$YSSR = 950376.2 + 58.2137ST(-1) - 7.8416MA(1)$$
$$(1.9753) \quad (10.64) \quad (-1.2597)$$
$$R^2 = 0.9988 \quad SSE = 1.00E+11 \quad DW = 1.32 \quad P = 0.00004$$

五、社会保障和就业支出与财政收入

当样本数据取值为 2007 年 1 月至 2013 年 12 月时，模型的运行结果：社会保障和就业支出与财政收入密切相关，其依存度为 3.8353。这说明当社会保障和就业支出增加时，对下一期的一般预算收入具有正效应，增加社会保障和就业的支出，就会相应地增加财政一般预算收入。

社会保障与就业支出（SH）与财政一般预算收入（YSSR）

$$YSSR = 1211044 + 3.8353SB(-1) - 0.9654MA(1)$$
$$(1.08) \quad (10.85) \quad (-4.57)$$
$$R^2 = 0.98 \quad SSE = 1.36E+12 \quad DW = 2.32 \quad P = 0.002$$

六、财政一般预算收入与环境保护支出

当样本数据取值为 2007 年 1 月至 2013 年 12 月时，模型的运行结果：环境保护支出对下一期财政一般收入影响较大，其系数为 16.0704，这说明当期的环境保护支出在不断增加时，下一期的财政一般预算收入也在随之增加，环境保护支出对于一般预算收入具有正效应。

环境保护（HB）与财政一般预算收入（YSSR）

$$YSSR = -3993128 + 16.0704HB(-1) + 0.9993MA(1)$$
$$(-1.78) \qquad (8.53) \qquad\qquad (-1.43)$$
$$R^2 = 0.99 \quad SSE = 1.06E + 12 \quad DW = 2.21 \qquad P = 0.001$$

七、一般公共服务支出、教育支出、科技支出、社会保障和就业支出、环境保护支出与当期财政一般预算收入

当样本数据取值为 2007 年 1 月至 2013 年 12 月时，模型的运行结果：一般预算收入与上一期公共服务支出为负相关关系，其依存度为 -1.4303，而与教育支出、科技支出、社会保障和就业支出、环境保护支出为正相关关系，其依存度分别为 1.3929、5.1539、0.5672、9.2242。

一般公共服务支出（GPS）、教育支出（ED）、科技支出（ST）、社会保障与就业支出（SH）、环境保护（HB）和一般预算收入（YSSR）

$$YSSR = -1.4303GPS(-1) + 1.3929ED(-1) + 5.1539ST(-1) + 0.5672SB(-1) +$$
$$(-2.89) \qquad\qquad (1.98) \qquad\qquad (0.93) \qquad\qquad (1.14)$$
$$9.2242HB(-1)$$
$$(4.45)$$
$$R^2 = 0.99959 \quad SSE = 3.53E + 10 \quad DW = 3.60（样本区间为 2007 \sim 2013 年）$$

八、财政总支出增长率与一般公共服务支出增长率、教育支出增长率、科学技术支出增长率、社会保障和就业支出增长率、环境保护支出增长率

当样本数值取值为 2007 年 1 月至 2013 年 12 月时，模型的运行结果：财政总支出增长率对一般公共服务支出增长率、教育支出增长率、科学技术支出增长率、社会保障和就业支出增长率和环境保护支出增长率的依存度分别为 -0.233、0.351、-0.441、0.170 和 0.684。进一步计算它们的平均增长率之后，可以得到一般公共服务支出增长率、教育支出增长率、科学技术支出增长率、社会保障和就业支出增长率和环境保护支出增长率对于财政总支出增长率的贡献作用分别为 27.60%、30.13%、2.05%、30.01% 和 10.20%。从财政总支出费用类别来看，一般公共服务支出、教育支出以及社会保障和就业支出在财政总支出中的比重较大，而科学技术支出在整个比重中所占比重极其微小。

财政总支出增长率（LGEZZ）与一般公共服务增长率（RGG）、教育支出增长率（RJY）、科技支出增长率（RKJ）、社保就业增长率（RSB）、环境保护支出增长率（RHB）

$$LGEZZ = 0.1763 - 0.2333RGG + 0.3509RJY - 0.4413RKJ + 0.1699RSB + 0.6846RHB$$
$$(7.7448)(-2.1896)(5.2249)(-8.0045)(1.3831)\quad(6.7605)$$

$$R^2 = 0.9927 \quad SSE = 0.0002 \quad DW = 1.37（样本区间为 2007～2013 年）$$

第五节 提高财政支出效率的政策建议

一、完善民生投入保障政策和机制，稳步提高人民生活水平

1. 优化教育支出机制

加大教育支出的投入力度。完善和规范以政府投入为主、多渠道筹措经费的教育投入机制。拓宽筹资渠道，健全教育成本合理分担机制，积极鼓励企业、社会团体和个人捐助教育。从严治教，规范管理，依法行政。加强教育经费管理，不断提高经费使用效益。增加各项教育经费的投入与补助，如农村学校改造、农民工子女的义务教育经费、各类学校的奖学金和助学金等。

加快教育投资法规规章的制定，形成稳定的教育投入机制。除了国家制定的相关法律法规，内蒙古自治区目前在教育投入上缺乏相应的地方性法律，这使得各级政府对教育支出的责任和标准不明确，一定程度上造成了内蒙古自治区教育经费投入不足，抑制了教育事业的发展。加快教育投入法规及其运行机制的构建，将整个教育事业纳入其中，明确省级及省级以下各级政府对各类教育的投入责任和标准，并切实保证教育投入机制的有效运行，实现教育投入的法制化、制度化。

规范支出范围，优化支出结构。要界定地方政府在教育领域的职能范围，以确定地方财政资金的支出范围：一是对义务教育经费的支持主要应由地方政府负责，要努力保证其发展的经费需要；二是对具有较大福利性和公益性的教育投入，应该主要由中央政府采取财政补助的方式进行；三是一些进入市场的企业式的教育机构也应该与财政在经费上分离。

大力促进教育公平。教育公平是社会公平的基础。要完善教育管理体制，理顺政府、学校和社会的关系，共同发展公办与民办教育，建立良好的合作机制；促进地区间与城乡间的教育平衡，应该优先考虑对经济欠发达盟市的农牧区教育

支持，这样会缩小地区间的差距，同时也应该建立横向教育财政转移支付制度，促进各地方政府对教育投入的均等化，提高政府财政资金的透明度和使用效率。另外，要做好教育投入的资源配置，政府不能把城乡教育割裂开来，要把城乡教育作为一个整体来规划，国家在增加教育投入的同时，应改变当前地方负责分级管理的模式，做到义务教育经费的统筹配置，避免由于地区发展的差异，制造教育差距，尽量让教育投入重点向农村倾斜。

2. 完善各项社会保险制度，促进社会保障体系的建立

（1）进一步完善养老保险制度，医疗、工伤、生育保险制度，失业保险制度、社会救济、社会福利以及农村社会保险制度。这些制度都应该包含在社会保障体系当中。如在社会保险方面，应该涉及全体公民，包括企业劳动者、个体户和自由职业者；在社会救助方面，应该加大政府财政对贫困群众的救助力度，放宽救助的条件，提高困难补助标准，进一步完善救助机制，为贫困人口提供最基本的生活保障。

（2）增加政府财政对社会保障的支持力度。做好社会保障资金预算和决算，调整财政支出结构，加大对社会保障的投入力度，进一步提高城镇居民和农牧最低生活保障救济标准，可以通过各种方式筹集资金用来充实人民群众的个人社会保障账户。

（3）拓宽社会保障制度的覆盖面。社会保障的享有对象应该是全体社会成员。通过降低社会保障的门槛，将城镇劳动者、农民工、个体工商户和灵活就业者都纳入社保的对象，同时也要逐步将农村居民纳入社保体系，使内蒙古自治区的社会保障制度覆盖所有的地方。

（4）协调城乡社会保障支出的城乡均衡。首先，民生财政支出应增加对农民社会保障的投入，扩大保障范围和力度，在统筹城乡发展的背景下，要建立一个符合农村实际情况的社会保障体系，实现农村社会保障制度的全覆盖、多层次、多元化、人性化和可持续，提高农民社保补助金的标准。其次，落实农村最低生活保障制度，同时在农村要加快养老院的建设，让老无所依的老人能够享受到社会主义的成果。通过以上措施，确保内蒙古自治区社会保障城乡投入的公平性，进而提升社会保障支出的公平。

3. 优化卫生医疗支出机制

（1）加大政府投入力度。我国医疗卫生费用主要由私人承担，这会给低收入者带来沉重的负担。近年来，内蒙古自治区政府逐年加大了对医疗卫生领域的投入，但总体规模与人民群众所要求的仍有一定的差距。从全体民众"病有所医"的目标出发，财政应加大医疗卫生领域的支出规模，内蒙古自治区政府要建立科学、合理的投入机制，探索政府卫生资金投入的新途径，确保投入效率高、

效果好。

（2）完善覆盖城乡居民的基本卫生保健制度。建立多层次的社会医疗保险制度，如扩大城镇职工医疗保险制度覆盖面；加快推进新型农村合作医疗制度，提高农村合作医疗保障水平；对城市非就业人员、低保人员以及少年儿童，采取政府补助和个人缴费相结合的办法，建立以大病统筹为主的医疗保险；加强城乡医疗救助制度建设等。

（3）加强立法，规范医疗卫生服务机制的建立。要尽快完善立法体系，严格执行法律法规，加强对医疗卫生服务的有效监管；严厉打击一些不法分子为了牟取利益而损害人民群众利益的违法行为，维护医疗卫生行业的秩序。

4. 优化住房保障支出机制

加大对低收入家庭的住房保障支出，可以有效解决城镇低收入家庭的住房困难，直接关系到人民群众的生活质量。在住房商品化的同时，政府应向低收入家庭提供住房补贴或廉租房。我国虽从 1999 年开始就要求地方政府建立城镇最低收入家庭的廉租住房保障制度，但这项工作一直举步维艰。内蒙古自治区政府逐年加大了对住房保障的投入，但相比较低收入家庭的巨大需求，内蒙古自治区政府财政相应要加大住房保障的资金投入，以缓解低收入家庭的住房困难问题。另外，需进一步加强廉租房运作管理机制建设。以财政预算资金为主，多渠道筹集资金，形成稳定规范的住房保障资金来源。同时，要结合当地政府的财政承受能力和居民住房的实际情况，合理确定保障水平，逐步使保障对象扩大到所有有需要的城镇低收入住房困难的家庭。为此，财政应增加对廉租房住房建设的资金投入，以发放租赁补贴为主，实物配租和租金核减为辅。

二、强化民生财政支出监督和绩效考核制度

1. 加强公共民生财政支出监督制度建设

投入民生领域的财政资金应该更有效率，更符合绩效导向。有限的财力决定政府应有重点地统筹保障民生，且随历史阶段的发展不断优化保障重点，在履行其保障民生职能的过程中，充分考虑到经济社会发展阶段及现实生活中的财政可承受力，统筹兼顾，衔接好民生的短期和长期利益。除了来自广大民众的监督外，还需上级政府对县乡政府的具体政策和政策取向进行监督和管理。加强政府资金管理、加大民生资金的检查力度，强化预算监控，严格控制"三公"经费，降低行政成本。深化国库集中支付改革，加强国库资金管理和调度，完善专项资金审批程序。规划财政支出监督方法，在监督上要重视财政支出的过程性和连续性，同时还要强化事前监督和事中监督，不能只注重事后监督，各项财政支出项目只有在事前和事中就有强有力的监督措施保证执行，才能够让这些财政支出项

目真正用于实处，提升财政支出的效率和效果，减少寻租的可能性。完善经济监督体系中各项监督的分工，由于分工的混淆导致各项监督重复，监督效果和效率低下，这就要求要明确各项监督机构的职责范围和监督对象，提高监督的效率。健全财务监督的法律体系，全国人大要出台专门的监督法，各级地方人大要制定针对自己本地区财政监督的法律法规，使财务监督具有一个明确的体系，进而做到各项财务支出监督都有法可依，提高财务监督的权威。

2. 制定完善的民生财政支出绩效考核体系

缺乏明确的绩效考核标准、内容和流程是整个财政监管体系的共有问题，为了强化监督效果，量化考核标准、设计明确的考核指标是关键。在资源有限的前提下，如何最大化利用资源是政府首先要考虑的事情，绩效考核制度是强化支出效率的制度保障。所以，建立完善的民生财政支出绩效考核体系十分必要。

在绩效考核体系中需要注意的是内容上应该涵盖财政民生支出的规模效益、支出部门的行政效益、资金使用单位的支出效率等。[1] 财政民生支出的规模效益包括对财政民生支出总量与经济发展的相适应程度，财政民生支出结构安排是否符合地方需求，财政民生支出项目的使用是否产生相应效果；支出部门的行政效益是指财政部门的支出安排是否有效率，是否符合地方经济发展的短期、中期及长期目标，是否符合预算安排；资金使用单位的支出效率是财政资源投入民生建设的最后环节，在投入的事前、事中、事后是否违背了相关法律与制度，是否能够达成既定目标，是否做到全程监管，投入—产出率是否符合标准等内容。

改善民生需从绩效评估中的指标设计入手，将关系到人民切身利益的内容纳入指标体系中，坚持以民生为核心，进行综合评估，并且不同的地区要因地制宜，体现不同的民生服务侧重点。总体上，这一指标体系应囊括经济发展指标和社会发展指标、人文指标、环境指标等切实反映民生状况的绩效指标，如资源、环境、医疗、公共卫生、教育、就业、社会保障、人民生活等指标。

民生财政支出的绩效考核，应做到科学评估，做到定性与定量分析的有效结合。一方面改良指标设置，改进量化分析的工具和方法，对能够采取定量分析的指标进行科学统计和分析；另一方面要杜绝定性分析的随意性和片面性，实现定性评估的科学化和定性分析的规范化；在此基础上，还应适时地建立独立于政府之外的专业评估机构，以提高评估的权威性和科学性。

3. 构建保障民生的法律体系

在社会主义的法治制度下，对民生财政支出的管理与控制必须实现有法可依、有法必依、执法必严、违法必究。在其他发达国家的相关经验中，法律的完

---

① 陈共. 财政学［M］. 北京：中国人民大学出版社，2009：56－58.

善对各种社会问题的解决起到了关键作用，每个国家都有相应不同的保障社会福利的法律法规，从法律的角度规范与强制政府改善社会福利。以美国为例，除了宪法外，相关民生支出的法律法规包括《社会保障法案》、《国民住房法案》、《健康保险法案》以及关于就业保障的《1993年政府绩效及结果法案》等，为社会民生建设提供了有效的依据。我国要借鉴国外成功经验，不断完善与健全有关保障民生与改善民生的法律法规，内容涵盖社会保障、教育、医疗卫生、就业以及住房保障等层面，及其发展与建设的原则、依据、内容、用途、形式和监督等方面以法律的形式统一规范，打破目前还存在的"双轨制"问题。具体而言，制定《民生保障法》，把保障社会民生的方式、目标、任务、支出主体、资金分配和支出流程及关于民生建设具体内容的相关管理与监督、审计制度等明确以立法的形式进行规范。另外，将中央政府与地方财政民生支出责任通过立法实现明确分工与强制执行。在法规中，转变过去中央政府与地方政府在民生支出问题上的随意性与短期行为，改变过往中央政府政策主导的民生发展模式，实现地方政府财政民生支出的长期性与稳定性。

4. 促进民生财政支出区域均衡发展

在内蒙古自治区民生财政支出结构中，各盟市的综合支出相差较大，这与各个地区的经济发展情况、交通条件、历史文化因素、地理位置密切相关。经济的落后必定会导致财政收入不高，财政收入低也必然会导致当地政府没有足够的财政来保证公共财政的民生支出，投入的相对缺乏会制约西部教育事业、体育事业、民生建设事业的健康发展，这样就会形成一种恶性循环，由于经济落后，当地政府没有能力能够拿出更多的支出来改善这种恶性循环，因此，面对这种情况，一方面自治区政府要调配好全区的资源和资金。在每年的公共财政预算上，内蒙古政府财政在保证各地区持续发展的情况下，应加大对落后地区民生财政支出的关注和投入，调配更多的财政支出投入到一些薄弱环节，加强地区基础性建设，特别是对落后地区教育、医疗卫生和交通运输的建设。另一方面统筹好各地区的发展，在结合各盟市实际情况下鼓励各地区发挥自主能动性，自治区和盟市建设双管齐下，推动民生事业建设的发展，促进各地区的均衡发展。

在医疗卫生等民生支出方面，同样要保障支出的公平性，打破城乡二元机制，统筹城乡民生支出，构建民生财政的基本框架：学有所教，劳有所得，病有所医，老有所养，住有所居，让城乡居民真正能够公平平等地享受我们改革开放的成果。

三、硬化预算约束，加强预算执行管理

按照新预算法要求，年度预算执行中除救灾等应急支出通过动支预备费解决外，各级政府一般不制定新的增加财政支出的政策和措施，也不制定减少财政收入的政策和措施；必须做出并需要进行预算调整的，应当报请同级人大常委会审查批准。加快转移支付预算下达进度。除据实结算等特殊项目外，自治区对盟市、旗县一般性转移支付在自治区人代会批准预算后 30 日内下达，专项转移支付在 60 日内下达。严格控制一般性支出。按照中央和自治区厉行节约的各项要求，严格控制政府性楼堂馆所、财政供养人员以及"三公"经费等一般性支出，将节约的资金用于民生政策落实。

四、扩大政府投资规模，优化政府投资结构

采取财政贴息、参股、以奖代投等方式，充分发挥政府投资的关键作用，加大对保障性安居工程、农业水利、城市管网、战略性新兴产业等重点领域的投入力度。围绕建设绿色农畜产品加工输出基地，落实各项惠农惠牧资金，支持优势特色产业带和生产基地建设。围绕建设清洁能源输出基地、现代煤化工生产示范基地等新兴产业基地，促进创新驱动发展。积极推广运用政府和社会资本合作模式，支持交通、城建、水利等公共基础设施建设。加强生态环境保护和建设。巩固退耕还林、退牧还草成果，适当提高部分项目补助标准。继续实施天然林保护二期工程，完善森林生态效益补偿制度并提高补偿标准。健全草原生态保护补助奖励政策，支持草原生态保护后续产业发展。完善城市污水、垃圾处理以奖代投政策，支持实施节能技术改造、合同能源管理等节能重点工程。

第 三 章

内蒙古自治区财政收入分析

　　本章首先从公共财政预算收入、政府基金预算收入、国有资本经营预算收入及财政专户管理资金收入四个方面对内蒙古自治区财政收入的总体规模展开分析；其次从税收收入、全口径非税收入、转移性收入三方面深入分析财政收入结构；最后运用计量经济分析方法对财政收入规模与结构进行实证分析。通过以上分析得出基本结论有："十一五"、"十二五"期间内蒙古自治区财政收入规模不断扩大，并经历一阶段高速增长之后，随着经济下行压力加大，财政收入增速明显放缓；收入结构趋于优化，但仍不合理，非税收入占比较大、增长幅度表现出极不稳定性，盟市和旗县两级政府高度依赖非税收入；各项税收收入均有大幅增加，营业税的占比最大，近1/3左右，随着营改增的全面推行，将对内蒙古自治区地方税体系产生较大的冲击；财政收入管理日益科学，但仍需要进一步规范。为促进内蒙古自治区财政收入可持续增长、完善财政体制、加强财政收入管理及发展经济是根本和基础。

第一节　财政收入口径说明

随着预算管理的不断规范及财政透明度的提升，财政数据越来越全面且易取得。但是，为完整、清晰地反映政府收支规模和政府职能活动，2006 年我国启动了政府收支分类改革，且在后续几年逐步完善政府收支分类科目的过程中，每年均有或大或小的调整。因而，由于各年的统计口径不完全一致，给财政收支统计分析带来诸多不便，所以在财政收入分析前，财政收入口径的说明是必不可少的。

随着预算体系的建立，财政收入可以按照按预算管理体系和政府收支分类科目分别进行统计分析。

第一类统计口径，按预算管理体系，财政收入则应包括公共财政预算收入、政府基金预算收入、国有资本经营预算收入和社会保险基金预算收入，即四项收入总和。这种统计口径缺少了财政专户管理资金收入，随着 2011 年预算外资金全部纳入预算内管理及财政专户的整顿和取消，这部分收入占财政收入的比重越来越小，但是过去这部分资金的收入占比还是较大的，因此本书在统计全口径收入时，把这部分资金也列入。由于社会保险基金预算收入只是政府代管的社会公众资金，而且其部分预算收入来源于一般公共预算收入的支出安排，因此，从严格意义上讲，不宜将其作为通常意义上的政府财政收入，所以本书没有统计社会保险基金预算收入。

财政收入 = 公共财政预算收入 + 政府基金预算收入 + 国有资本经营预算收入 +

　　　　　财政专户管理资金收入　　　　　　　　　　　　　　　（3 - 1）

第二类统计口径，按政府收支分类科目，财政收入包括税收收入、非税收入、社会保险基金收入、转移性收入、贷款转贷回收本金收入、债务性收入六种收入。

财政收入 = 税收收入 + 非税收入 + 转移性收入 + 债务性收入

　　　　　+ 社会保险基金收入 + 贷款转贷回收本金收入　　　　（3 - 2）

这种统计口径的难点是非税收入，非税收入在理论界和学术界有全口径非税收入和小口径非税收入。小口径非税收入是指公共财政预算收入中的非税收入，全口径非税收入是根据《财政部关于加强政府非税收入管理的通知》（财综〔2004〕53 号）和内蒙古自治区 2008 年颁布的《内蒙古自治区非税收入管理条例》确定①的。根据国家和内蒙古自治区的财政改革实践，全口径非税收入具体

---

① 非税收入是指国家机关、事业单位、代行政府职能的组织，依法利用政府权力、政府信誉、国家资源、国有资产或者提供特定公共服务、准公共服务征收、收取的税收以外的财政资金，包括行政事业性收费；政府性基金；国有资源和国有资产有偿使用收入；国有资本经营收益；罚没收入；彩票公益金；以政府名义接受的捐赠收入；其他非税收入。

情况如下：

2007 年之前，财政资金主要分为预算内和预算外两部分：

全口径非税收入 = 一般预算收入中的非税收入 + 预算外财政专户收入

$$(3-3)$$

2007～2010 年，开始编制政府基金预算：

全口径非税收入 = 一般预算收入中的非税收入 + 政府基金收入

+ 预算外财政专户收入

$$(3-4)$$

2011 年预算外资金绝大多数纳入预算内以后：

全口径非税收入 = 公共财政预算收入中的非税收入 + 政府基金收入

+ 财政专户管理资金收入

$$(3-5)$$

式（3-4）、式（3-5）的计算口径不同，主要原因是 2011 年除教育性收费、彩票发行机构和彩票销售机构的业务费用之外的其他预算外资金全部纳入预算内，即这部分收入直接纳入公共财政预算收入和政府基金预算收入中。

从 2011 年开始内蒙古自治区本级开始编制国有资本经营收入预算，2015 年盟市试点推行该预算编制，公式将变为

全口径非税收入 = 公共财政预算收入中的非税收入 + 政府基金收入

+ 国有资本经营预算收入 + 财政专户管理资金收入

$$(3-6)$$

按照式（3-6）所述的定义及全口径公式，2014 年内蒙古自治区非税收入构成情况如表 3-1 所示，非税收入主要由公共财政预算中的非税收入、政府基金预算收入、国有资本经营预算收入和财政专户管理资金收入四部分组成。

表 3-1 2014 年内蒙古自治区全口径非税收入构成

公共财政预算中的非税收入	政府基金预算收入
行政事业性收费收入	地方教育附加收入
罚没收入	新增建设用地土地有偿使用费收入
国有资本经营收入	地方水利建设基金收入
国有资源（资产）有偿使用收入	残疾人就业保障金收入
其他收入	政府住房基金收入
国有资本经营预算收入	城市公用事业附加收入
利润收入	国有土地收益基金收入
股利、股息收入	农业土地开发资金收入
产权转让收入	国有土地使用权出让收入
清算收入	彩票公益金收入
其他国有资本经营预算收入	城市基础设施配套费收入

续表

财政专户管理资金	车辆通行费
行政事业性收费收入	其他各项政府性基金收入
其他收入	

资料来源：《内蒙古财政年鉴》（2013）。

基于以上的不同统计口径，本书对于内蒙古自治区财政收入运行的统计分析思路：首先是按照第一种统计口径分析财政收入的总体规模及结构分析；其次，重点按照第二种统计口径分别对税收收入、全口径非税收入、转移性收入进行分析，债务性收入在本书的第四章展开分析，本章节不再分析。

第二节　财政收入规模分析

一、财政收入规模分析

2007 年以来，内蒙古自治区政府总收入规模不断扩大。由表 3-2 可知，公共财政预算收入由 2007 年的 492.36 亿元增加到 2013 年 1720.98 亿元，增加近 2.5 倍，占全国地方财政预算收入的比重从 2007 年到 2010 年增加了 0.54 个百分点，2012 年、2013 年稍有下降，但保持在 2.5% 左右；政府基金预算收入规模从 2007 年的 182.86 亿元增加到 2011 年的 822.39 亿元，增加了 3.5 倍，但是 2013 年与 2011 年相比，政府基金预算收入规模下降了 20%；财政专户管理资金收入呈现出先增后降的态势，2010 年达到峰值为 142.72 亿元，2011~2013 年大幅下降，基本保持在 48 亿元左右，这主要是由于 2011 年国家将财政专户的绝大多数资金纳入预算内管理所致；2011 年内蒙古开始独立编制国有资本经营预算，因处于试点期，试点范围较小而且国有企业上缴利润比例较小，国有资本经营预算收入总体规模较小。

表 3-2　2007~2013 年内蒙古自治区财政收入规模及增长率

单位：亿元

收入项目	年份	2007	2008	2009	2010	2011	2012	2013
公共财政预算收入	总额	492.36	650.68	850.86	1069.98	1356.67	1552.75	1720.98
	增长率（%）	43.39	32.15	30.77	25.75	26.79	14.45	10.83
	占全国比重（%）	2.09	2.27	2.61	2.63	2.58	2.54	2.50

收入项目	年份	2007	2008	2009	2010	2011	2012	2013
政府性基金	总额	182.86	277.62	317.39	607.25	822.39	699.17	646.74
预算收入	增长率（%）	—	51.82	14.33	91.32	35.43	-14.98	-7.50
国有资本经	总额	—	—	—	—	2.83	7.29	5.50
营预算收入	增长率（%）	—	—	—	—	—	157.59	-24.55
财政专户管	总额	96.96	107.72	112.06	142.72	48.05	45.01	48.82
理资金收入	增长率（%）	22.13	32.27	14.64	19.83	23.03	10.59	5.99
政府	总额	772.18	1036.02	1280.31	1819.94	2229.94	2304.22	2422.04
收入	增长率（%）	—	34.17	23.58	42.15	22.53	3.33	5.11

资料来源：根据《内蒙古财政年鉴》（2008~2013）整理所得，2013年数据为笔者从内蒙古自治区财税部门调研取得。

二、财政收入增长率分析

从收入增长速度看，"十一五"时期以来，内蒙古自治区总收入增速呈下降趋势。由表3-2和图3-1可知，公共财政预算收入增长率逐年下降，增速降幅明显，与GDP下降趋势基本一致（除2009年财政收入的增长速度明显高于GDP的增速外），但增长率均高于GDP的增长速度。政府性基金预算收入增速无规律可循，而且增长速度不稳定，如2010年的增速为91.32%，2012年则为14.98%的负增长，主要原因是2012年占政府性基金收入约70%的国有土地使用权出让收入大幅下降。财政专户管理资金增长速度表现出的不规则性主要源于2011年预算外资金纳入预算内管理的改革所致。

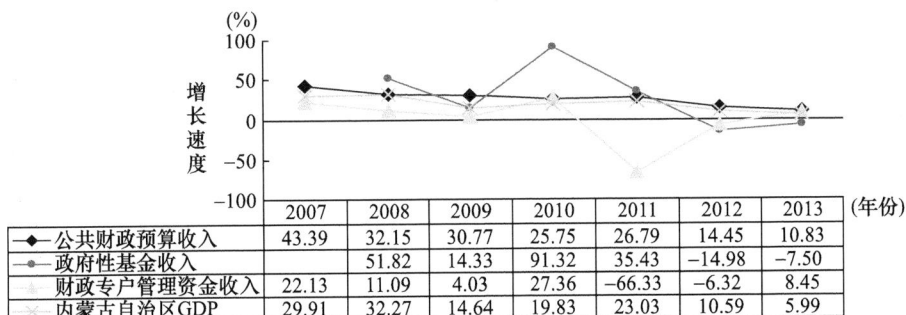

	2007	2008	2009	2010	2011	2012	2013
◆ 公共财政预算收入	43.39	32.15	30.77	25.75	26.79	14.45	10.83
政府性基金收入		51.82	14.33	91.32	35.43	-14.98	-7.50
财政专户管理资金收入	22.13	11.09	4.03	27.36	-66.33	-6.32	8.45
内蒙古自治区GDP	29.91	32.27	14.64	19.83	23.03	10.59	5.99

图3-1 内蒙古自治区财政公共预算总收入增长速度

第三节　财政收入的结构分析

一、税收收入

1. 税收收入的总量分析

公共财政预算收入由税收收入与非税收入两项构成。内蒙古税收收入占公共财政预算收入比重偏低。首先，从公共财政预算收入内部构成上看，由表 3 - 3 可知，2007 ~ 2013 年，内蒙古税收收入占公共财政预算收入的比重维持在 67% ~ 73%，平均占比为 70.8%；与同期全国地方公共财政预算收入分项结构比较，内蒙古税收收入平均占比低于地方税收收入平均占比 8.83 个百分点。其次，从各项收入的增速上看，内蒙古公共财政预算收入中税收收入平均增长率为 23.54%，高于地方税收收入的平均增速 4.71 个百分点。但从 2008 ~ 2013 年的增速变化趋势看，地方税收收入的增长速度也明显放缓，增长速度由 2008 年的 20.79% 下降到 2013 年的 13.89%，下滑幅度近 7 个百分点；与地方财政相比，内蒙古税收收入的增长速度由 2008 年的 33.50% 下降到 2013 年的 8.51%，下滑幅度近 25 个百分点。总之，与全国平均水平相比，内蒙古税收收入占比偏低，内蒙古的公共财政预算收入稳定性相对较差。

表 3 - 3　内蒙古自治区公共财政预算收入分项构成

单位：亿元

预算科目	指标	2007 年	2008 年	2009 年	2010 年	2011 年	2012 年	2013 年	平均
内蒙古自治区公共财政预算收入	总额	492.36	650.68	850.86	1069.98	1356.67	1552.75	1720.98	1099.18
内蒙古自治区税收收入	绝对额	347.91	464.45	576.83	752.81	985.69	1119.87	1215.20	780.39
	增长率(%)		33.50	24.20	30.51	30.93	13.61	8.51	23.54
	占公共财政预算收入比重(%)	70.66	71.38	67.79	70.36	72.66	72.12	70.61	70.80
地方公共财政预算收入	总额	23572.62	28649.79	32602.59	40613.04	52547.11	61078.29	69011.16	44010.66
地方税收收入	绝对额	19252.12	23255.11	26157.43	32701.49	41106.74	47319.08	53890.88	34811.84
	增长率(%)		20.79	12.48	25.02	25.70	15.11	13.89	18.83
	占地方公共财政预算收入比重(%)	81.67	81.17	80.23	80.52	78.23	77.47	78.09	79.63

资料来源：《中国统计年鉴》（2009 ~ 2013）、中国统计局网站。

2. 税收收入的结构分析

从绝对额来看，各税收收入均有大幅增加，增值税、营业税、企业所得税三大主要税种6年中分别增加了107.55亿元、237.78亿元、113.46亿元，其他的税种增幅更加明显，如资源税由16.68亿元增加到70.64亿元，城镇土地使用税由15.44亿元增加到85.52亿元，耕地占用税由3.74亿元增加到89.48亿元（见表3-4）。

表3-4　2007～2013年内蒙古自治区各项税收收入构成和增长率

单位：万元

预算科目		2007年	2008年	2009年	2010年	2011年	2012年	2013年
增值税	总额	788928	1033422	1095639	1359517	1798700	1826838	1864448
	占比（%）	22.68	22.25	18.99	18.06	18.25	16.31	15.34
	增长率（%）	—	30.99	6.02	24.08	32.30	1.56	2.06
营业税	总额	1152259	1347653	1702207	2345705	2836307	3197578	3530235
	占比（%）	33.12	29.02	29.51	31.16	28.77	28.55	29.05
	增长率（%）	—	16.96	26.31	37.80	20.91	12.74	10.40
企业所得税	总额	418011	587981	748124	1016492	1561016	1798497	1552566
	占比（%）	12.02	12.66	12.97	13.50	15.84	16.06	12.78
	增长率（%）	—	40.66	27.24	35.87	53.57	15.21	-13.67
企业所得税退税	总额	—	—	—	3832	0		0
个人所得税	总额	175951	240201	296788	393408	538292	476113	449714
	占比（%）	5.06	5.17	5.15	5.23	5.46	4.25	3.70
	增长率（%）	—	36.52	23.56	32.56	36.83	-11.55	-5.54
固定资产投资方向调节税	总额	686	1873	—	—	8		
	占比（%）	0.02	0.04	0.00	0.00	0.00	0.00	0.00
	增长率（%）	—	173.03	-100.00	—	—	-100.00	—
资源税	总额	166767	220576	275457	368174	568118	681045	706431
	占比（%）	4.79	4.75	4.78	4.89	5.76	6.08	5.81
	增长率（%）	—	32.27	24.88	33.66	54.31	19.88	3.73
城市维护建设税	总额	235883	296385	355506	445859	598743	649390	691734
	占比（%）	6.78	6.38	6.16	5.92	6.07	5.80	5.69
	增长率（%）	—	25.65	19.95	25.42	34.29	8.46	6.52
房产税	总额	107348	125710	156924	184674	233493	266069	318748
	占比（%）	3.09	2.71	2.72	2.45	2.37	2.38	2.62
	增长率（%）	—	17.11	24.83	17.68	26.44	13.95	19.80

续表

预算科目		2007 年	2008 年	2009 年	2010 年	2011 年	2012 年	2013 年
印花税	总额	56054	69385	79981	108206	139109	157573	159860
	占比（%）	1.61	1.49	1.39	1.44	1.41	1.41	1.32
	增长率（%）	—	23.78	15.27	35.29	28.56	13.27	1.45
城镇土地使用税	总额	154449	340544	374005	445815	521432	674702	855164
	占比（%）	4.44	7.33	6.48	5.92	5.29	6.02	7.04
	增长率（%）	—	120.49	9.83	19.20	16.96	29.39	26.75
土地增值税	总额	72772	106024	125519	205577	305705	350007	490391
	占比（%）	2.09	2.28	2.18	2.73	3.10	3.13	4.04
	增长率（%）	—	45.69	18.39	63.78	48.71	14.49	40.11
车船税	总额	13097	31645	49221	62079	78230	109903	129387
	占比（%）	0.38	0.68	0.85	0.82	0.79	0.98	1.06
	增长率（%）	—	141.62	55.54	26.12	26.02	40.49	17.73
耕地占用税	总额	37356	101264	321657	315298	306503	658315	894780
	占比（%）	1.07	2.18	5.58	4.19	3.11	5.88	7.36
	增长率（%）	—	171.08	217.64	-1.98	-2.79	114.78	35.92
契税	总额	97385	139800	180808	279069	369285	349806	505519
	占比（%）	2.80	3.01	3.13	3.71	3.75	3.12	4.16
	增长率（%）	—	43.55	29.33	54.35	32.33	-5.27	44.51
烟叶税	总额	2099	2018	1936	2088	1986	2815	2996
	占比（%）	0.06	0.04	0.03	0.03	0.02	0.03	0.02
	增长率（%）	—	-3.86	-4.06	7.85	-4.89	41.74	6.43
其他税收收入	总额	12	—	4534	—	—	—	0
	占比（%）	0.06	0.04	0.03	0.03	0.02	0.03	0.02
	增长率（%）	—	-100.00	—	-100.00	—	—	—

资料来源：根据《内蒙古财政年鉴》（2008～2013）整理所得，2013 年数据为笔者从内蒙古自治区财税部门调研取得。

从增长率来看，由 2007～2010 年的高速增长转为 2011～2013 年中低速，甚至出现负增长，特别是三大主要税种的增长率明显下降，个人所得税和企业所得税近两年出现明显的负增长，2013 年企业所得税增长率为 -13.67%，个人所得税 2012 年增长率为 -11.55%，2013 年为 -5.54%。而与土地相关的几个小税种则呈现强劲增长势头，以 2013 年为例，契税、耕地占用税、土地增值税、城镇土地使用税的增长率分别为 44.51%、35.92%、40.11%、26.75%（见表 3 - 4）。从内蒙古自治区税收收入增长率可以看出，内蒙古自治区政府收入对"土地财政"的依赖程度不断加深，而大宗税种增长明显乏力，但是随着二线城市房地产的不景气，对"土地财政"的依赖并不是可持续的。

从各税收收入的构成上看，营业税占比最大，基本在 28% 以上，但是随着"营改增"的全面推行，营业税这一主体税种将消失；2007～2013 年，增值税税收收入占比仅次于营业税，但这一占比处于下降的趋势，当然"营改增"后这一比重会有所上升，但不可能太大，因为增值税属于中央与地方的共享税，因而"营改增"对内蒙古自治区的税收收入冲击较大；企业所得税占比保持在 12% 以上；近两年随着个人所得税出现负增长，其占比处于下降趋势，如 2013 年仅占总收入的 3.7%；城镇土地使用税保持在 6% 左右；耕地占用税占比有所增长，由 2007 年的 1.07% 增加到 2013 年的 7.36%，增加了近 6 个百分点（见表 3 - 4）。总体上，2007～2013 年内蒙古自治区税收收入主要收入 45% 来源于增值税和营业税，而增值税增长速度大幅度下降，营业税将改为增值税，经济下行压力加大，稳定内蒙古自治区税收收入持续增长将面临较大的困境。

二、非税收入

1. 总量分析

（1）内蒙古自治区非税收入的规模不断扩大，增长速度下降，见表 3 - 5。

表 3 - 5　2000～2013 年非税收入规模与增长

单位：万元

年份	税收收入	增长速度（%）	全口径非税收入	非税收入增长速度（%）	非税与税收收入比值（%）
2000	777459	—	489561	—	63
2001	811744	4.4	568469	16.1	70
2002	885794	9.1	651452	14.6	73.5
2003	1065414	20.3	807243	23.9	75.8
2004	1440300	35.2	1074509	33.1	74.6
2005	2069822	43.7	1574416	46.5	76.1
2006	2597416	25.5	1630324	3.6	62.8
2007	3479057	33.9	3491391	114.2	100.4
2008	4644481	33.5	5715690	63.7	123.1
2009	5768306	24.2	7034828	23.1	122
2010	7528129	30.5	10671314	51.7	141.8
2011	9856927	30.9	12414139	16.3	125.9

年份	税收收入	增长速度（%）	全口径非税收入	非税收入增长速度（%）	非税与税收收入比值（%）
2012	11198651	13.6	11843557	-4.6	105.8
2013	12139337	8.4	12068445	1.9	99.4
平均	4590203	24	5002523	31	94

资料来源：数据根据《内蒙古财政年鉴》（2000~2012）整理所得，2013年数据为笔者从内蒙古自治区财税部门调研取得。

内蒙古自治区的税收收入与非税收入随着社会经济的发展，有了大幅度的增加。从绝对额上看，如表3-6所示，内蒙古自治区的非税收入从2000年的489561万元增加到2013年的12068445万元，14年翻了近24倍，而税收收入2013年比2000年增加了近15倍。从图3-2可以看出，2007年之前，内蒙古自治区的非税收入低于税收收入，2007年之后非税收入明显高于税收收入，一直到2013年非税收入略低于税收收入。

表3-6　税收收入与非税收入占GDP的比重

年份	税收收入（万元）	税收收入占GDP比重（%）	全口径非税收入（万元）	非税收入占GDP比重（%）	内蒙古自治区GDP（亿元）
2000	777459	5.05	489561	3.18	1539.12
2001	811744	4.74	568469	3.32	1713.81
2002	885794	4.56	651452	3.36	1940.94
2003	1065414	4.46	807243	3.38	2388.38
2004	1440300	4.74	1074509	3.53	3041.07
2005	2069822	5.30	1574416	4.03	3905.03
2006	2597416	5.25	1630324	3.30	4944.25
2007	3479057	5.42	3491391	5.44	6423.18
2008	4644481	5.47	5715690	6.73	8496.2
2009	5768306	5.92	7034828	7.22	9740.25
2010	7528129	6.45	10671314	9.14	11672
2011	9856927	6.86	12414139	8.65	14359.88
2012	11198651	7.05	11843557	7.46	15880.58
2013	12139338	7.21	12068445	7.17	16832.38

资料来源：根据《内蒙古财政年鉴》、《内蒙古统计年鉴》及《中国财政统计年鉴》（2001~2012）整理所得，2013年数据为笔者从内蒙古自治区财税部门调研取得。

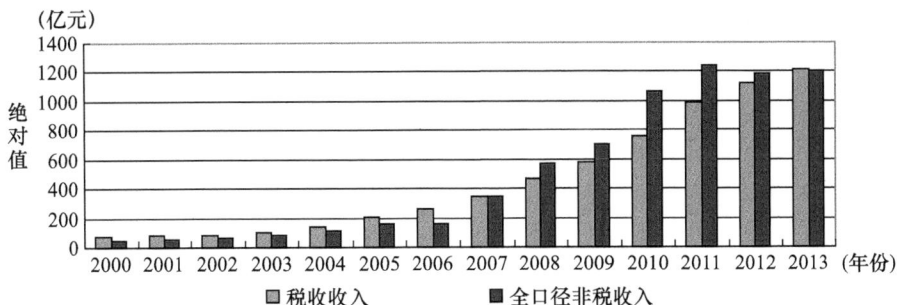

图 3 - 2　2001 ~ 2013 年税收收入与非税收入

资料来源：2000 ~ 2013 年数据根据《内蒙古财政年鉴》整理所得。

从平均增长速度来看，非税收入增长速度很快，以每年平均 31% 的速度在增加，比税收收入平均增速高出 7 个百分点。

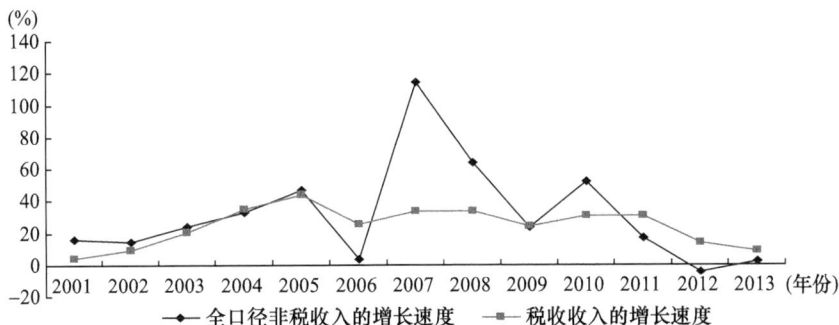

图 3 - 3　2001 ~ 2013 年税收收入与非税收入增长趋势

资料来源：根据《内蒙古财政年鉴》整理所得，2013 年数据为笔者从内蒙古财税部门调研取得。

（2）非税收入涨幅不稳定。从波动幅度看，与税收收入相比，非税收入的波动幅度非常大，2007 年非税收入的增速高达 114.2%（见图 3 - 3）。非税收入波动幅度大，其主要原因在于制度政策的变化。2004 年 7 月 23 日财政部下达《财政部关于加强政府非税收入管理的通知》，2005 年内蒙古自治区出台了《内蒙古自治区非税收入管理暂行办法》（内政字 [2005] 301），2006 年内蒙古自治区下达了关于《规范和加强政府非税收入管理的通知》。2007 年在中央大力整顿和规范税收秩序的背景下，内蒙古自治区加大对非税收入征管力度，全面清理和规范非税收入，坚决取消不合理和不合法的非税收入项目，完善非税收入管理政策和制度：第一，将土地出让收支全部纳入地方政府性基金预算，强化土地出让收支监督管理，进一步加强土地、海域、矿产等资源性收入的征收管理。第二，加强行政事业单位国有资产收益管理，将行政单位和事业单位国有资产有偿使用收入与处置收入等纳入财政非税收入管理，实行"收支两条线"。此外，近两年受经济下行的影响，煤炭价格下跌，导致煤炭价格调节基金大幅减少，非税收入增速下降。2012 年和 2013 年非税收入的增速分别为 -4.6% 和 1.9%。

（3）内蒙古自治区非税收入的宏观负担逐年加重。宏观税负是指一个国家或地区的总体税负水平，一般通过一个国家或一个地区一定时期内政府所取得的收入总量占同期 GDP 的比重来反映。表 3 - 6 数据显示，一方面，内蒙古自治区税收收入占 GDP 的比例从 2000 年的 5.05% 增加到 2013 年的 7.21%，处于上升态势。另一方面，2000 年以来非税收入占 GDP 比重上升，2011 年开始逐年下降。

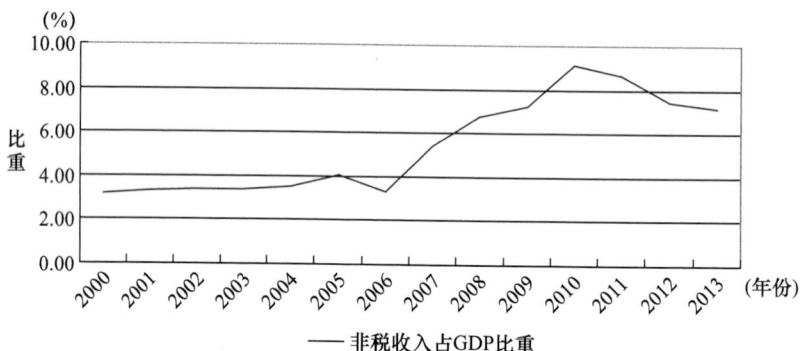

图 3 - 4　2001～2013 年非税收入宏观税负

资料来源：根据《内蒙古财政年鉴》、《内蒙古统计年鉴》整理所得，2013 年数据为笔者从内蒙古自治区财税部门调研取得。

2. 非税收入结构分析

（1）各项非税收入增长速度不稳定。表 3 - 7 数据显示，2007～2013 年，一般公共预算中的各项非税收入增长速度极不稳定，以政府性基金收入为例，2008 年为 157.73%，2009 年其增速下降为 14.33%，2010 年提高到 91.32%，2012 年则出现 14.98% 的负增长。

表 3 - 7　2007～2013 年全口径非税收入各项收入及其增长速度

单位：万元、%

预算科目＼年份	2007	2008	2009	2010	2011	2012	2013
全口径非税收入	3491391	5715690	7034828	10671314	12414139	11843557	12068445
增长速度		63.71	23.08	51.69	16.33	-4.60	1.90

续表

预算科目 \ 年份	2007	2008	2009	2010	2011	2012	2013
一般公共预算的非税收入	1444558	1862283	2740282	3171647	3709774	4328802	5057870
增长速度		28.92	47.15	15.74	16.97	16.69	16.84
政府基金预算收入	1077185	2776222	3173917	6072457	8223875	6991664	6467289
增长速度		157.73	14.33	91.32	35.43	−14.98	−7.50
财政专户管理资金	969648	1077185	1120629	1427210	480490	450142	488177
增长速度		11.09	4.03	27.36	−66.33	−6.32	8.45
国有资本经营收入	—	—	—	—	—	72949	55044
增长速度	—	—	—	—	—	—	−24.54

资料来源:根据《内蒙古财政年鉴》(2007~2012)整理所得,2013年数据为笔者从内蒙古自治区财税部门调研取得。

(2)政府基金占非税收入的"半壁江山"。由表3-8可知,2008年以来内蒙古自治区各项非税收入比例随着经济发展和财政管理改革的推进不断变化。但总体上看,政府性基金占比最大,2008年和2009年占非税收入的比重为45%左右,2010~2013年均在50%以上。政府性基金占非税收入比重较大,因此,政府性基金的变化对非税收入影响较大。政府基金收入主要由国有土地使用权出让收入支撑,国有土地使用权出让收入占政府性基金收入的70%左右。

表3-8 2008~2013年各项非税收入占非税总收入比重

单位:%

预算科目 \ 年份	2008	2009	2010	2011	2012	2013
一般公共预算的非税收入	32.6	39.0	29.7	29.9	36.5	41.9
政府基金预算收入	48.6	45.1	56.9	66.2	59.0	53.6
财政专户管理资金	18.8	15.9	13.4	3.9	3.8	4.0
国有资本经营收入	—	—	—	—	0.6	0.5
全口径非税收入	100	100	100	100	100	100

资料来源:根据《内蒙古财政年鉴》(2008~2012)整理所得,2013年数据为笔者从内蒙古自治区财税部门调研取得。

表3-9　2010~2013年各项政府性基金收入情况

单位：万元

年份 预算科目	2010	2011	2012	2013
政府性基金收入	6072457	8223875	6991664	6467354
地方教育附加收入	76546	183919	202566	201037
新增建设用地土地有偿使用费收入	183384	145160	146091	165773
地方水利建设基金收入	149628	182140	207436	183523
残疾人就业保障金收入	13961	18313	21071	25098
政府住房基金收入	25805	45113	77982	110025
城市公用事业附加收入	11976	17397	33059	27456
国有土地收益基金收入	111400	176045	132633	96128
农业土地开发资金收入	29591	46419	39019	29269
国有土地使用权出让收入	4494733	5738674	4591779	4314275
彩票公益金收入	46606	62273	66056	90561
城市基础设施配套费收入	47745	177045	104555	135299
车辆通行费	118904	155253	183056	204956
其他政府性基金收入	762187	1276124	1186361	883954

资料来源：根据《内蒙古财政年鉴》（2010~2012）整理所得，2013年数据为笔者从内蒙古自治区财税部门调研取得。

（3）国有资源（资产）有偿使用收入可能会成为非税收入新的增长点。一般预算非税收入整个增长速度近5年基本保持在15%左右（见表3-10、表3-11），具体表现如下：

表3-10　公共财政预算中各项非税收入占公共财政预算非税收入比例

单位：%

年份 预算科目	2008	2009	2010	2011	2012	2013
一般预算非税收入	100	100	100	100	100	100
专项收入	38.7	40.1	39.3	39.5	32	30.6
行政事业性收费收入	21.8	15.5	19.6	22.2	26.2	24.6
罚没收入	10.8	8	8.2	8	11.3	8.9
国有资本经营收入	22.3	25.8	18.6	13.8	10.6	11.7
国有资源（资产）有偿使用收入	4.5	7.6	10.6	12.9	15.6	20.8
其他收入	1.9	3.1	3.8	3.6	4.2	3.4

资料来源：根据《内蒙古财政年鉴》（2008~2012）整理所得，2013年数据为笔者从内蒙古自治区财税部门调研取得。

表 3-11　公共财政预算中非税收入的各项收入及其增长速度

单位：万元

预算科目		2008 年	2009 年	2010 年	2011 年	2012 年	2013 年
一般预算非税收入	绝对额	1862283	2740282	3171647	3709774	4328802	5057870
	增长速度（%）		47.1	15.7	17	16.7	16.8
专项收入	绝对额	721142	1097586	1244984	1466961	1386399	1548152
	增长速度（%）	—	52.2	13.4	17.8	-5.5	11.7
行政事业性收费收入	绝对额	406135	425362	620887	823626	1135145	1243695
	增长速度（%）	—	4.7	46	32.7	37.8	9.6
罚没收入	绝对额	200524	219138	258629	296090	490989	448692
	增长速度（%）	—	9.3	18	14.5	65.8	-8.6
国有资本经营收入	绝对额	415549	707123	589245	512220	460204	590800
	增长速度	—	70.2	-16.7	-13.1	-10.2	28.4
国有资源（资产）有偿使用收入	绝对额	83279	206966	336153	478430	675553	1052892
	增长速度（%）	—	148.5	62.4	42.3	41.2	55.9
其他收入	绝对额	35654	84107	121749	132447	180512	173639
	增长速度（%）	—	135.9	44.8	8.8	36.3	-3.8

资料来源：根据《内蒙古财政年鉴》（2008~2012）整理所得，2013 年数据为笔者从内蒙古自治区财税部门调研取得。

第一，行政事业性收费的绝对额一直持续上升，但其增长速度在下降，这与近几年内蒙古自治区大幅取消和降低行政事业性收费的政策有关。

第二，罚没收入额上升，但其增长速度无规律可言。

第三，国有资本经营收入在公共财政预算中的占比，由 2008 年的 22.3% 下降到 2013 年的 11.7%（见表 3-10），而且在 2010 年、2011 年和 2012 年出现了负增长（见表 3-11），2012 年开始在省级试点编制国有资本经营收入预算，这意味着，从 2012 年开始，省级的国有资本经营收入不包括在公共财政预算的非税收入中。

第四，国有资源（资产）有偿使用收入一直处于高速增长，2008~2013 年均保持在 40% 以上，而且国有资源（资产）有偿使用收入在非税收入中的比例是逐年上升的。在公共财政预算中的占比，由 2008 年的 4.5% 上升到 20.8%，随着国有资源和国有资产管理的进一步规范，国有资源（资产）有偿使用收入可能会成为内蒙古自治区非税收入的增长点。

（4）财政专户管理资金在非税收入占比较少。财政专户管理资金在非税总收入中的占比较少，主要原因是2011年预算外资金管理改革之后，预算外绝大部分资金纳入到公共财政预算和政府基金预算中，2011年以来基本维持在4%左右（见表3-8）。

（5）非税收入在各级政府之间的比例关系分析。上述讨论的全口径非税收入包括自治区、盟市、旗县和乡镇4级财政的非税收入。通过对比各级政府2010~2013年非税收入和税收收入（见表3-12），可以看出各级政府之间对非税收入的依赖度。

表3-12　2010~2013年非税收入与税收收入比重的分级比较

单位：%

级次＼年份	2010	2011	2012	2013
全区	141.8	125.9	105.8	99.3
自治区级	148.0	135.1	128.6	107.1
盟市级	417.1	358.6	165.2	201.2
旗县级	106.7	93.6	87.5	74.6
乡镇级	23.4	23.3	16.1	25.2

资料来源：根据《内蒙古财政年鉴》（2010~2012）整理所得，2013年数据为笔者从内蒙古自治区财税部门调研取得。

第一，从自治区本级政府非税收入与税收入比值看，一方面，自治区本级政府对非税收入的依赖度呈下降趋势（除2013年以外，对两种收入依赖度基本相当）；另一方面，自治区本级政府对非税收入的依赖度又高于对税收的依赖度。第二，盟市级政府对非税收入的依赖程度明显高于税收收入，盟市对非税收入的依赖度高于自治区对非税收入的依赖度。第三，与自治区本级政府和盟市级政府相比，旗县级政府对非税收入的依赖度小于税收收入。第四，乡镇政府级对非税收入的依赖度最小，非税收入仅为税收收入的20%左右。

从非税收入在内蒙古自治区各级次之间的分成比例分析，每年各级政府占非税收入的比重变化不大，其中，旗县级政府占47.3%，盟市级政府占30.1%，自治区本级政府占21.6%，乡镇级政府为0.9%（见图3-5）。因此，非税收入主要集中在盟市和旗县两级政府。

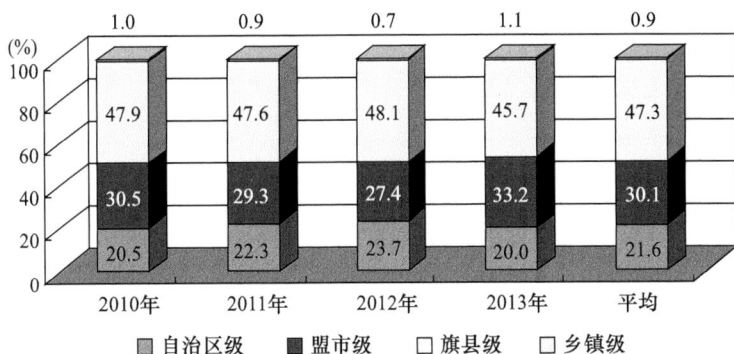

图 3 – 5　2010 ～ 2013 年非税收入分级次

资料来源：根据《内蒙古财政年鉴》（2012）整理所得，2013 年数据为笔者从内蒙古自治区财税部门调研取得。

三、转移性收入

按照《2015 年政府收支分类科目表》，转移性收入包括中央对地方的返还性收入、一般性转移支付、专项转移性收入和政府基金转移收入，上年结余收入、调入资金、债券转贷收入和接收其他地区援助收入。本书重点分析中央对地方的转移性收入。

1. 中央财政对自治区的转移支付总量和结构分析

从规模上看，中央财政对内蒙古自治区的财政转移支付总体规模是不断扩大的，从 2007 年的 657.24 亿元增长到了 2013 年的 1780.06 亿元，增长规模十分显著。从增长速度上看，增速是逐年下降的，从 2007 年的 34.28% 下降到 2013 年的 1.79%。从转移收入的结构上看，返还性收入占比较小，而且这一比重由 2007 年的 10.27% 下降到 2014 年的 7.32%，而一般性转移支付收入与专项转移支付收入的占比平均在 40% 以上，总体上看前者的占比大于后者。但是，总体转移支付的结构很不合理，主要表现为专项转移支付比重太大。

表 3 – 13　中央对内蒙古财政转移支付收入

单位：万元

年份		2007	2008	2009	2010	2011	2012	2013
转移支付总额	总额	657.24	785.15	1023.20	1155.40	1569.26	1748.74	1780.06
	增长率（%）	34.28	19.46	30.32	12.92	35.82	11.44	1.79

续表

年份		2007	2008	2009	2010	2011	2012	2013
返还性收入	总额	67.47	72.72	118.64	123.23	129.59	130.24	130.29
	占比（%）	10.27	9.26	11.60	10.67	8.26	7.45	7.32
	增长率（%）	8.00	7.78	63.14	3.87	5.16	0.50	0.04
一般性转移支付收入	总额	337.04	385.55	471.59	557.71	729.46	849.12	938.07
	占比（%）	51.28	49.11	46.09	48.27	46.48	48.56	52.70
	增长率（%）	37.01	14.39	22.32	18.26	30.80	16.40	10.48
专项转移支付收入	总额	252.73	326.87	432.96	474.46	710.21	769.38	711.70
	占比（%）	38.45	41.63	42.31	41.06	45.26	44.00	39.98
	增长率（%）	39.65	29.34	32.46	9.59	49.69	8.33	-7.50

资料来源：根据《内蒙古财政年鉴》（2008～2013）计算所得。

当资金极其匮乏及管理极其不规范的情况下，专项性资金才能体现出专款专用的特殊优势，而如今财政管理日益科学规范，专项资金的弊端日益凸显，严重影响了资金的使用效率。

2. 可用财力分析

由表 3-14 可知，内蒙古自治区可用财力规模不断增加，从 2007 年的 1148.10 亿元增加到 2013 年的 3492.34 亿元，增加了 2 倍，但增长速度下降较快，由 2008 年的 24.89% 下降到 2013 年的 5.84%，下降的主要原因：上级补助收入规模逐年增加，但增长速度下降较快，由 2008 年 19.46% 的增长速度下降为 2013 年的 1.79%，下降了近 18 个百分点。

表 3-14　内蒙古自治区可用财力分析

单位：亿元

预算科目	年份	2007	2008	2009	2010	2011	2012	2013
公共财政预算收入	总额	492.36	650.68	850.86	1069.98	1356.67	1552.75	1720.98
	增长率（%）	—	32.15	30.77	25.75	26.79	14.45	10.83
上级补助收入	总额	657.24	785.15	1023.20	1155.40	1569.26	1748.74	1780.06
	增长率（%）	—	19.46	30.32	12.92	35.82	11.44	1.79
上解上级支出	总额	1.50	1.92	2.15	2.14	2.49	1.77	8.70
	增长率（%）	—	28.00	11.98	0.00	16.35	-28.91	391.52

预算科目	年份	2007	2008	2009	2010	2011	2012	2013
可用财力	总额	1148.10	1433.90	1871.91	2223.24	2923.44	3299.72	3492.34
	增长率（%）	—	24.89	30.55	18.77	31.49	12.87	5.84

备注：地方可用财力＝内蒙古自治区公共财政预算本年收入＋中央补助收入－上解中央支出

资料来源：根据《内蒙古财政年鉴》（2007～2013）整理所得，2013年数据为笔者从内蒙古自治区财税部门调研取得。

从图3-6可用财力构成来看，公共财政预算收入占可用财力比重低于上级补助收入占可用财力比重，但比较历年数据可知，上级补助收入所占比重逐年减小，而公共财政预算收入所占比重则逐年增加。

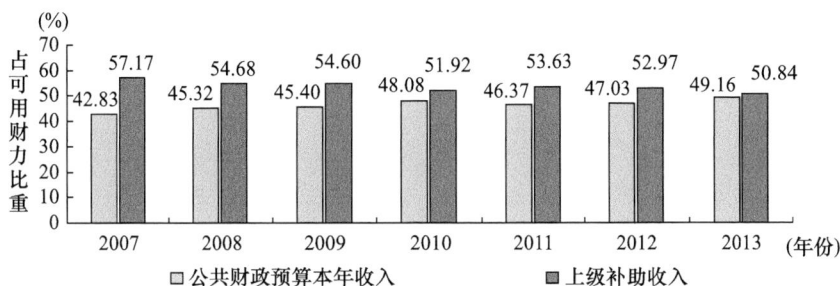

图3-6　内蒙古自治区可用财力构成

资料来源：根据《内蒙古财政年鉴》（2007～2013）整理所得，2013年数据为笔者从内蒙古自治区财税部门调研取得。

四、内蒙古自治区财政收入运行情况分析

第一，从财政收入的总体规模上来看，2004年以来内蒙古自治区财政收入规模大幅度增加，几乎所有的收入全部纳入预算管理，财政收入分类更加科学，财政收入征管水平提升。

第二，从增长速度上来看，内蒙古自治区各项财政收入经历几年高速增长后，2011年作为一个拐点，2011年后开始逐年下降，不同的收入呈现出不同的下降程度，政府性基金跌幅最为明显。

第三，从财政收入结构上来看：①与全国平均水平相比，内蒙古自治区税收收入占财政收入比重偏小，主体税种缺失，"营改增"对内蒙古自治区地方税收

收入冲击较大，与土地相关的小税种在税收收入构成中所占比例较大。②全口径非税收入占比大，对内蒙古自治区财力的贡献度高于税收收入的贡献度，政府性基金占据了非税收入的"半壁江山"，而政府性基金则主要由国有土地使用权出让收入和煤炭价格调节基金来支撑，随着煤炭价格下跌和房地产的不景气，政府性基金收入出现明显的负增长；国有资源（资产）有偿使用收入和国有资本经营收入可能会成为未来内蒙古自治区非税收入新的增长点，非税收入在地方四级政府分成中，盟市和旗县级政府对非税收入的依赖度太大。③中央对地方的补助收入在内蒙古自治区可用财力中的比重下降，而且专项转移性收入比重较大，严重影响了内蒙古自治区财力均等化效应和资金的使用效益。

总体来看，2007～2013 年内蒙古自治区实现了财政收入的稳增长，但收入结构不合理，对"土地"依赖较大，随着经济下行的影响，结构性问题日益突出，另外，国家结构性减税、全面清理和整顿非税收入项目等政策对"十三五"时期内蒙古自治区财政收入的可持续增长带来前所未有的挑战。

第四节　财政收入计量经济模型运行结果分析

本部分用经济计量方法对内蒙古自治区财政收入规模与结构进行了实证分析，研究了从 1997 年至 2013 年内蒙古自治区财政收入占全区生产总值比重的变化情况及影响财政收入的各种因素指标。财政收入规模与社会再生产和人民生活密切相关，关系国民经济的发展和社会稳定，显示政府履职的财力保障。因此，财政收入规模与构成结构一直是决策者和学者关注的焦点。本书用经济计量方法对财政收入规模与结构进行了实证分析。财政收入总量或规模，是指财政收入的总水平，通常用绝对数如财政收入总额，或相对数如财政收入占国内生产总值的比重来表示。财政收入总量或规模是衡量国家财力和政府履职能力的重要指标。

一、财政总收入与税收总收入的关系分析

当样本取值为 1997 年到 2013 年这段期间时，模型的运行结果：当年财政收入除了较上一年惯性增长 2.68% 外，财政收入对当季税收总收入的增量依存度为 1.0717。根据模型的运行结果，当年财政总收入增量对当年税收总收入增量的依存度基本在 1 上下波动，符合人们的预期。

模型 1　财政总收入（MM1）与税收总收入增量（DMM4）之间的关系方程：

$$MM1 = 1.0268457236 \times MM1(-1) + 1.07173250344 \times DMM4$$
$$\qquad (61.28) \qquad\qquad\qquad (10.58)$$

$R^2 = 0.9979$　SSE = 27704.28　DW = 2.1811（DW 值在 2 左右，模型良好，不存在明显的序列相关性）

当样本取值为 1997 年到 2013 年这段期间时，选择适当的误差修正模型（ECM）并进行实证运行，结果是：财政广义总收入与税收广义总收入的长期弹性为 1.1082，短期弹性为 1.0767。自治区财政总收入目前主要包括税收收入和非税收入。由于经济的发展，在税收收入增加的同时，其他各项收入也同时增加，因此，无论是短期弹性还是长期弹性都略微超过 1。但总的来看，当季财政广义总收入增量对当季税收广义总收入增量的依存度基本在 1 上下波动，符合人们的预期。通过平稳性检验可知财政广义总收入和税收广义总收入均为一阶单整。

模型 2　税收广义总收入（LMM4 = lnMM4）增量与财政广义总收入（LMM1 = lnMM1）增量之间的关系方程：

$$DLMM1 = 0.0606403011973 \times ECM(-1) + 1.07666255427 \times DLMM4$$
$$(0.23) \qquad\qquad\qquad\qquad (9.03)$$

$R^2 = 0.5006$　SSE = 0.14　DW = 2.3853

二、税收总收入与国内生产总值关系分析

当样本取值为 1997 年到 2013 年这段期间时，模型的运行结果：当年税收总收入较上一年惯性减少 1.87%，税收总收入广义增量对国内生产总值增量的依存度为 0.1517，这意味着随着省内生产总值增量的增加，税收总收入也随之增加，税收总收入与国内生产总值的增长是同步的，符合人们的预期。

模型 3　税收总收入（MM4）广义增量与国内生产总值（LL62）增量之间的关系方程：

$$MM4 = 0.982248520155 \times MM4(-1) + 0.15176317539 \times DLL62$$
$$(49.46) \qquad\qquad\qquad\qquad (10.53)$$

$R^2 = 0.9974$　SSE = 21313.38　DW = 1.3737

DW 值有问题，小于 1.5，可能存在严重的序列自相关，但等式右端存在滞后因变量，所以不考虑 DW 值。

当样本取值为 1997 年到 2013 年这段期间的数据时，选择适当的误差修正模型（ECM）并进行实证运行，结果如下：税收广义总收入与国内广义生产总值的长期弹性为 1.1780，短期弹性为 1.1833。税收收入弹性是反映税收收入增长与国内生产总值增长之间相互关系的指标，它说明税收收入对经济增长的反映程度，税收收入弹性增长是多种因素综合作用而成。通过平稳性检验可知，财政广义总收入和税收广义总收入均为一阶单整。以上两个模型都描述了税收收入与国内生产总值的关系，由于模型选择的不同，得出的结果不尽相同。

模型 4 税收广义总收入（LMM4）增量与国内广义生产总值（LLL62 = lnLL62）增量之间的关系方程：

$$DLMM4 = -0.067593819312 \times ECM(-1) + 1.183264664 \times DLLL62$$

$$(-0.24) \qquad\qquad (15.74)$$

$$R^2 = 0.7820 \quad SSE = 0.0385 \quad DW = 2.0491$$

三、增值税收入增量除按自身惯性规律运行外，显著依赖于工业总产值增量和批发零售业总额增量

模型 5 增值税收入增量（DMM5）与工业总产值（LL1）增量、批发零售业总额（LL44）增量之间的关系方程：

$$DMM5 = 0.00707186108907 \times (DLL1 + DLL44)$$

$$(6.70)$$

$$R^2 = 0.5153 \quad SSE = 756.9130 \quad DW = 1.7610$$

$$DMM5 = 0.00755761326367 \times DLL1$$

$$(7.1527)$$

$$R^2 = 0.5648 \quad SSE = 679.6046 \quad DW = 1.6763$$

$$DMM5 = 0.0760134560256 \times DLL44$$

$$(2.4651)$$

$$R^2 = -0.6556 \quad SSE = 2585.450 \quad DW = 2.0326$$

当样本取值为 2003 年到 2013 年这段期间时，模型的运行结果：当年增值税收入增量对工业总产值增量的依存度为 0.0076，对批发零售业总额增量的依存度为 0.076。由于这段时间内经历了增值税征收政策从生产型转为消费型，征收的对象有一定调整，并且增值税数据样本比较少，因此，本方程中的运行结果可能会存在一定程度的失真。

模型 6 增值税收入（MM5）与最终消费（LL70）、居民消费价格指数（LL121）之间的关系方程：

$$MM5 = 0.0299127796093 \times LL70 + 3.34262277821 \times LL121 - 349.295188941$$

$$(28.5764) \qquad\qquad (2.9795) \qquad\qquad (-3.0809)$$

$$R^2 = 0.9904 \quad SSE = 583.27363700 \quad DW = 1.1491$$

DW 值虽然小于 1.5，但经过 Q 检验和 LM 检验得到序列结果并不存在严重的自相关。

（样本区间为 1999 年到 2013 年）

模型 7 增值税收入增量（DMM5）与最终消费增量（DLL70）之间的关系

方程：

DMM5 = 0.0291430877276 × DLL70 − 0.344323768997

　　　　　（3.24）　　　　　　　　　（−0.08）

R^2 = 0.4473　SSE = 1179.894　DW = 1.8062

由于我国税制改革的逐步实施，尤其是"营改增"的实行，增值税已扩大税基，由生产领域征收扩大到消费领域征收，为此建立模型5和模型6。从这两个模型拟合的结果来看：平均而言，100元的最终消费会带来2.99元的增值税收入；或者最终消费的增量每增长100元，增值税收入会增加2.91元。总的来说，不考虑消费领域征收增值税的难度和成本的变化，增值税由生产领域征收转为消费领域征收后，增值税收入有所增加。

（1）营业税收入增量除按自身惯性规律运行，显著地依赖于第三产业增加值中的房地产业增加值及交通、仓储和邮政业增加值。

当样本取值为2002~2013年这段期间时，模型运行的结果：当年营业税收入的增长惯性为51.03%；其对第三产业增加值中房地产业增加值的依存度为0.0806，对交通、仓储和邮政业增加值的依存度为0.1042，这表明，我国实行房地产业宏观调控和改革后营业税收入增量主要依赖于交通、仓储和邮政业，而不再主要依赖于房地产业。

模型8　营业税收入（MM6）和第三产业增加值中的房地产业增加值（DLL68），交通、仓储和邮政业增加值（DLL89）与零售物价指数（LL120）之间的关系方程：

MM6 = 0.510384182169 × MM6(−1) + 0.0806431143087 × DLL68 +

　　　　（3.06）　　　　　　　　　　　　（1.06）

0.104195243482 × DLL89

　　　（2.58）

R^2 = 0.9935　SSE = 796.0843　DW = 2.1467

（样本区间为2002~2013年）

MM6 = 0.558889804214 × MM6(−1) + 0.0475500398966 × DLL68 +

　　　　（3.32）　　　　　　　　　　　　（0.60）

0.0978757259381 × DLL89 + 0.0701715251099 × LL120

　　　（2.46）　　　　　　　　　　（1.17）

R^2 = 0.9946　SSE = 666.3412　DW = 2.3978

当样本取值为2002~2013年这段期间时，模型运行的结果：当年营业税收入的增长惯性为55.89%；其对第三产业增加值中房地产业增加值的依存度为0.0475，对交通、仓储和邮政业增加值的依存度为0.0979，这表明我国实行房地产业宏观调控和改革后营业税收入增量主要依赖于交通、仓储和邮政业，而不再主要依赖于房地产业。

（2）税收总收入增长率显著地依赖于国内生产总值增长率。

模型9 税收总收入增长率（RMM4）与国内生产总值增长率（RLL62）之间的关系方程：

$$RMM4 = -0.0415209416081 + 1.40318964639 \times RLL62$$
$$(-1.08) \qquad\qquad (7.28)$$

$$R^2 = 0.7796 \quad SSE = 0.0642 \quad DW = 2.3931$$

当样本取值为1997~2013年这段期间时，模型运行的结果：税收总收入增长率对自治区生产总值增长率的依存度为1.403，同时，根据统计年鉴的数据，自治区税收总收入增长率很多年份已高于区内生产总值的增长率，这是一个必须引起重视的问题。2002~2011年，除2006年税收总收入增长率低于自治区生产总值增长率2%外，其他年份均大幅度超过自治区生产总值增长率，直至2012年和2013年这一比例才开始回归正常。近年基本无税源流失现象，但是对经济增长最有利的状态是国民收入与税收同比例增长，若税收过多，甚至远远高于国民收入的增长速度，就会对经济产生一系列的负面影响，如果能够通过税收收入政策刺激经济，拉动内蒙古自治区经济的自身发展，将是有益而无害的选择。

第五节　内蒙古自治区财政收入可持续增长对策分析

一、完善财政体制

在合理划分中央与地方事权与支出责任的同时，应进一步理顺中央与地方的收入划分，加强主体税种的培育，加大对内蒙古自治区转移支付的力度，特别要加大一般转移支付比重。通过费改税，逐步建立起以税为主，少量的、必要的政府收费为辅的财政收入新格局。

二、加强财政收入的征收管理

一是各级税收与非税执收和征管部门建立与相关经济指标变化情况相衔接的考核体系，保证财政收入依法、及时、足额上缴国库。二是切实加强税收征管，做到依法征收、应收尽收，不收过头税，严防财政"空转"。三是严格减免税收管理，不得违反法律法规的规定和超越权限多征、提前征收或者减征、免征、缓征应征税款。四是加强非税收入管理。一方面，清理取消不合法、不合理收费，促进经济平稳、较快发展；另一方面，加强资产资源管理，培育新的收入增长点。①

三、建立财政资金统筹使用机制

推进财政资金统筹使用，避免资金使用"碎片化"，盘活各领域"沉睡"的财政资金，把"零钱"化为"整钱"，统筹用于发展急需的重点领域和优先保障民生支出，增加资金有效供给，是创新宏观调控方式的重要内容，也是用足、用活积极财政政策的关键举措。

四、经济发展是财政收入持续增长的根本

财政收入源于经济的发展水平，只有通过稳定内蒙古自治区经济增长速度，调整经济结构，转变经济发展方式，深化改革促进经济发展，才能从根本上实现地方财政收入的可持续的、稳步的提高。

---

① 国有资产资源有偿使用收入和国有资本经营预算收入增长势头良好，随着国有资产管理水平的不断提升，国有企业利润上缴比例的不断扩大，这两部分收入可能会成为财政收入稳定的财源。

第 四 章

内蒙古自治区地方政府债务分析

目前，地方政府的债务问题已引起国内外广泛关注。地方政府债务问题事关经济社会持续健康发展。2014 年 8 月 31 日，全国人大常委会审议通过的预算法修正案赋予了省级地方政府发行债券融资的权力，为地方政府负债开了"前门"，地方政府举债的法律主体地位得以确认。随后，国务院印发了《关于加强地方政府性债务管理的意见》，为地方政府的债务治理画出了路线图，标志着我国"借、用、还"相统一的地方政府性债务管理机制建设全面启动。

内蒙古自治区为加强全区地方政府性债务管理，促进自治区经济持续健康发展，根据党的十八大，十八届三中全会、四中全会、五中全会和《国务院关于加强地方政府性债务管理的意见》（国发〔2014〕43 号）精神及有关法律法规规定，结合内蒙古自治区实际对地方政府债务发展态势和自治区举债融资机制规范及财政金融风险防范，构建地方政府债务管理整理制度框架进行了有益的探索。近年来，由于地方政府承担大量保增长等财政支出任务，短期财政收支、长期基础设施建设、城镇化建设等资金压力巨大，地方债成为地方政府筹集资金、履行公共管理职责的重要手段。内蒙古自治区地方政府把本地区经济的高速发展作为首要任务，将大量资金投向基础设施建设和公共服务领域，致使地方政府性债务猛增。地方债的发行、流通、使用、偿还，涉及中央与地方政府，地方政府之间以及政府各部门之间的行政、法律关系，由于我国的政治制度以及现阶段的经济社会发展水平，处理地方政府债券的发行及监管问题，与其他国家存在较大差异，因而探索分析内蒙古自治区地方债发行及监管中的公共管理规律，有利于实现地方政府性债务管理显性化，化解现阶段地方政府潜在财政金融危机，维护内蒙古自治区经济社会稳定，实现协调和可持续发展。

第一节　地方政府债务的历史背景与融资平台的发展历程

一、融资平台初始雏形期（1980～1994年）

改革开放以来，通过贷款募集资金用于修建公路、桥梁是地方政府融资的先例。广东省率先推行"贷款修路、收费还钱"政策，集资贷款进行基础设施建设，这种模式成为地方政府融资平台的前身；1988年交通部颁布的《贷款修建高等级公路和大型公路桥梁、隧道收取车辆通行费规定》在规范此类贷款的同时，也使此类模式在全国范围内展开。

二、融资平台初步成型期（1994～1997年）

1994年的分税制改革使得财权上收，事权下放，地方政府财权与事权的不匹配造成了地方资金需求的巨大缺口，而1994年颁布的《中华人民共和国预算法》（以下简称《预算法》）和《贷款通则》决定了地方政府既无权发债，又无法直接向商业银行进行贷款。为规避法律制度的限制，地方政府融资平台应运而生。地方政府融资平台在拉动内需、整合资源方面发挥了应有的作用，很大程度上保证了各级地方政府投资项目的顺利实施，维持了经济平稳发展，但其引致的地方政府债务开始扩张。

三、融资平台快速推行期（1997～2008年）

1997年亚洲金融危机爆发，中国政府出台了一系列以刺激经济为目的的积极财政政策，地方政府融资平台在应对危机的过程中得以迅速推行；为配套中央政府救市，地方政府在发债权限受到《预算法》限制的情况下不得不将目光转向融资平台，开始更多地依赖地方融资平台筹集资金。可见，地方政府债务扩张与宏观财政政策的扩张紧密联系，在1997年积极财政政策刺激下，基础项目建设大幅扩张，随后在政策的允许下，融资平台数量快速增加，城投债规模迅速扩大。发债主体一直受到法规的关注，《预算法》虽然禁止地方政府发债，但无论是其本身的修正案或是相关的指导意见，都不断尝试着改变发债主体，从城投债平台发债到财政部代发地方政府债，均受政策推进所影响。

四、融资平台集中井喷期（2008～2013年）

2008年可以视为我国地方政府融资平台集中爆发的井喷期。2008年由美国次贷危机引起的世界性的金融危机爆发，由于担忧金融危机对中国经济的负面影响，中央政府迅速出台四万亿元的经济刺激计划，四万亿资金总额中大部分是由地方政府自行筹集，导致地方融资平台迅猛发展。地方政府一窝蜂地开始进行基础设施建设，使得地方债务总额达到新高。2009年财政部尝试使用中央代理发行地方政府债券等手段来解决地方政府投资资金不足的问题。

2009~2011年，中央每年代理发行地方政府债券2000亿元，但这对于地方政府的需求而言只是杯水车薪。2011年10月20日，财政部发布了《2011年地方政府自行发债试点办法》（以下简称《办法》）。《办法》规定，上海市、浙江省、广东省、深圳市四个省（市）成为首批地方政府自行发债的试点省（市）。

五、融资平台告别历史舞台（2014年至今）

2014年试点范围扩大至十省市，不再仅仅局限于发达地区，明确了中央政府下放发债权意愿。地方政府自行发债试点创新了地方政府融资机制，为地方政府投资开辟了新的资金来源渠道。2014年8月31日，《预算法》修订获得通过，新的预算法赋予地方政府依法适度举债融资权限，从法律上首次允许地方政府举债。2014年10月2日，国务院办公厅下发《国务院关于加强地方政府性债务管理的意见》，加快建立规范的地方政府举债融资机制，从地方政府债务自发自还试点开始，加速形成全面的地方政府融资体系。中国特色的地方政府融资平台告别历史舞台，对于规范地方政府性债务管理，防范化解局部风险具有重要意义。

第二节　内蒙古自治区地方政府债务规模分析

内蒙古自治区地处祖国北疆，抢抓机遇，开拓进取，经济社会发展取得巨大成就，2007~2014年，内蒙古自治区国民经济年均增长率为13.85%，城镇固定资产累计完成投资81487.69亿元，年均增长23.05%（见表4-1），同期，地方政府财政收支不平衡问题更加突出，财政赤字压力愈加严重，地方政府性债务规模随着经济社会发展逐年增长。2009年和2010年，为了应对国际金融危机的严峻挑战，我国出台四万亿元的经济刺激计划，通过大规模政府投入的带动作用，实现了国民经济平稳增长，较为迅速地摆脱了危机的冲击，对推动全球经济复苏发挥了积极作用。在此过程中，我国地方政府性债务规模快速攀升，内蒙古自治区地方政府性债务规模也不断增大。据2013年内蒙古自治区本级预算执行和其他财政收支的审计工作报告数据，截至2013年6月末，全区政府性债务总额为4542.07亿元。其中政府负有偿还责任的债务为3391.98亿元，政府负有担保责任的债务为867.27亿元，政府可能承担救助责任的债务为282.82亿元。从债务构成来看，自治区本级债务总额为636.42亿元，占14%；12个盟市本级债务总额为 1537.52 亿元，占 33.9%；102 个旗县本级债务总额为 2287.5 亿元，占 50.3%；768 个乡镇债务总额为 80.63 亿元，占 1.8%。从债务来源来看，银行贷款 1860.74 亿元，占债务总额的 41%；应付未付款项 1074.75 亿元，占债务总额的 23.7%。从债务使用情况来看，92% 的债务资金投向了市政建设、交通运输、保障性住房等基础性、公益性领域。全区政府负有偿还责任的债务率为 68.39%（债务率＝年末债务余额/当年综合财力），低于 100% 警戒线，债务风险总体可控。内蒙古自治区地方政府债务规模分析表明：一是盟市、旗县政府负有偿还责任的债务增长较快，2013 年 6 月底比 2010 年年底分别增长 32.4% 和 23.1%。二是部分地区债务负担较重，风险较大。政府负有偿还责任的债务率高于 100% 的有 4 个盟市、29 个旗县、97 个乡镇。三是部分地区和单位违规融资、违规使用政府性债务资金。

表 4 - 1　内蒙古自治区 GDP 及城镇固定资产投资总额及增长率（2007 ~ 2014 年）

单位：亿元

年份	GDP	GDP 增长率（%）	城镇固定资产投资总额	城镇固定资产投资增长率（%）	财政收支差额
2007	6018.81	19	4286.87	29.60	-248.28
2008	7761.8	17.20	5448.91	27.10	-348.17
2009	9725.78	16.90	7270.21	33.20	-547.01
2010	11655	14.90	8741.35	19.10	-542.34
2011	14246.11	14.30	10612.4	21.50	-727.4
2012	15988.34	11.70	12731.35	20.20	-928.71
2013	16832.38	9	15026.25	18.10	-1023.73
2014	17769.5	7.80	17370.35	15.60	-2041

资料来源：2007 ~ 2014 年《内蒙古国民经济和社会发展统计公报》。

一、政府债务存量规模较大

2010 年至 2013 年 6 月底，内蒙古自治区政府债务总量由 2841.70 亿元增加至 4542.07 亿元，增长 59.84%。其中，直接债务由 1978.30 亿元增至 3391.98 亿元，增长 71.46%；或有债务由 863.40 亿元增至 1150.09 亿元，增长 33.20%。直接债务总量增速高于或有债务总量 38.26 个百分点（见表 4 - 2）。

表 4 - 2　内蒙古自治区政府债务规模情况（2010～2013 年）

单位：亿元

时间	合计		直接负债		或有负债			
	债务总额	增长率（%）	负有偿还责任债务	增长率（%）	负有担保责任债务	增长率（%）	可能承担救助责任债务	增长率（%）
2010 年年底	2841.70	—	1978.30	—	760.60	—	102.80	—
2012 年年底	4077.74	43.50	3070.26	55.20	761.07	0.06	246.41	139.70
2013 年 6 月	4542.07	11.39	3391.98	10.48	867.27	13.95	282.82	14.78

资料来源：根据《内蒙古统计年鉴》（2013）和《2013 年内蒙古本级预算执行和其他财政收支的审计工作报告》。

二、政府债务总量增长速度较快

从规模绝对数来看，2010～2012 年，内蒙古自治区政府债务总量增速为43.50%，比同期 GDP 和社会各项贷款余额增速 36.06%、42.49% 分别高 7.44 个和 1.01 个百分点，略低于地方财政收入增速 0.18 个百分点。从规模相对数来看，政府债务占 GDP 比重由 24.35% 提高至 25.68%，提高了 1.33 个百分点。政府债务占全社会贷款余额比重由 35.88% 提高至 36.14%，提高了 0.26 个百分点。地方财政收入占 GDP 比重由 14.90% 提高至 15.70%，提高了 0.8 个百分点。全社会贷款余额占 GDP 比重由 67.85% 提高至 71.06%，提高了 3.21 个百分点。由此可知，近年来，内蒙古自治区政府性债务规模扩张速度快于同期 GDP 和财政收入增速（见表 4 - 3）。

表 4 - 3　内蒙古自治区政府债务与主要经济指标比较（2010～2013 年）

单位：亿元

年份	生产总值	地方财政收入	地方财政总收入/GDP（%）	各项贷款余额合计	各项贷款余额/GDP（%）	政府债务总量	政府债务总量/GDP（%）	政府债务/全社会贷款余额（%）
2010	11672.00	1738.14	14.90	7919.5	67.85	2841.70	24.35	35.88
2012	15880.58	2497.28	15.70	11284.2	71.06	4077.74	25.68	36.14
2013	16832.38	2658.42	15.79	12944.2	76.90	4542.07	26.98	35.09
2010～2012 年增长率（%）	36.06	43.68		42.49		43.50		

资料来源：根据《内蒙古统计年鉴》（2013）和《2013 年内蒙古自治区政府性债务审计结果》计算。由于 2013 年政府债务总量为截至 2013 年 6 月底的总量，因此政府债务与主要经济指标对比指标选取 2010～2012 年对比。

三、内蒙古自治区地方政府债务规模估计

我国地方政府债务由于存在统计口径复杂、债务分散、数据敏感、隐性债务等问题，使得数据往往难以获取。对于内蒙古自治区地方政府债务数据也存在同样问题，但是地方债数据对于地方政府债务风险化解、地方自主发债、投资者进行投资决策及学术研究具有重要意义，很多专家通过建立计量经济模型对地方政府债务进行估算和预测。

从总体估计水平来看，内蒙古自治区地方政府性债务余额在 2000 年时只有176.95 亿元，到 2012 年已增加到 3493.08 亿元，2013 年 6 月审计数据为3391.98 亿元①，同比有所下降，地方政府性债务规模在 2005 年和 2009 年经历了两次放量攀升。2009 年新增银行贷款大量流向地方政府投融资平台，导致地方政府性债务规模迅速扩张，增速高达 90%。从 2010 年开始，由于公益性项目贷款平稳收缩平台贷款，债务增速回落，2013 年首次出现债务规模下降（见图 4-1）。

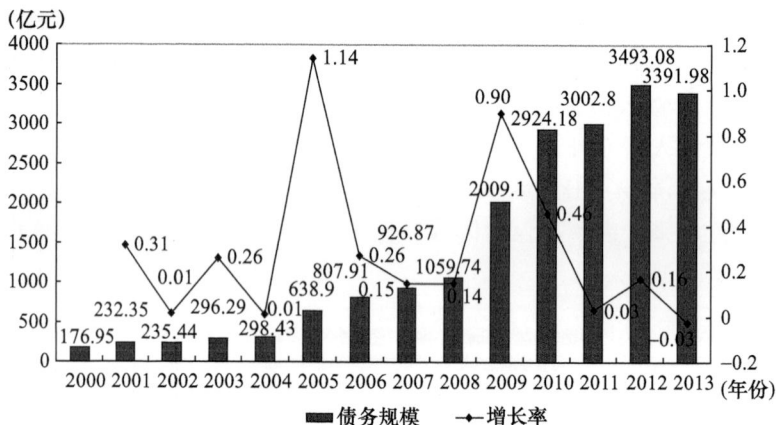

图 4-1　内蒙古自治区地方政府性债务规模及增长率（2000~2013 年）

第三节　内蒙古自治区地方政府债务结构分析

为了更好地了解内蒙古自治区地方政府性债务的基本情况，我们分别从不同角度对地方政府性债务的构成进行分析。

---

①　由于 2012 年与 2013 年统计口径不一致，所以只考虑 2013 年负有偿还责任的债务。

一、债务构成结构

2010~2012 年，内蒙古自治区政府直接负债占全部负债比重由 69.62% 提高至 75.29%，提高 5.67 个百分点；或有负债占全部债务比重由 30.38% 下降至 24.71%，降低 5.67 个百分点。其中负有担保责任的债务占全部债务比重由 26.77% 下降至 18.66%，降低 8.11 个百分点。可能承担救助责任的债务占全部债务比重由 3.62% 提高至 6.04%，提高 2.42 个百分点（见表 4 - 4）。截至 2013 年 6 月，政府直接债务、或有债务、负有担保责任的债务、可能承担救助责任的债务占全部债务总量的比重分别为 74.68%、25.32%、19.09% 和 6.23%。这表明直接债务比例提高，或有债务比例下降的趋势进一步加强。

表 4 - 4　内蒙古自治区地方政府债务构成（2010~2013 年）

单位：亿元

时间	政府直接负债		政府或有负债					合计
	负有偿还责任债务		小计	其中：政府负有担保责任债务		其中：可能承担救助责任债务		
	绝对量	比重（%）		绝对量	比重（%）	绝对量	比重（%）	绝对总量
2010 年年底	1978.30	69.62	863.40	760.60	26.77	102.80	3.62	2841.7
2012 年年底	3070.26	75.29	1007.48	761.07	18.66	246.41	6.04	4077.74
2013 年 6 月底	3391.98	74.68	1150.09	867.27	19.09	282.82	6.23	4542.07

资料来源：根据《内蒙古统计年鉴》（2013）和《2013 年内蒙古自治区政府性债务审计结果》计算。

二、政府级次结构

从债务的级次构成来看，2010 年年底至 2013 年 6 月底，内蒙古自治区本级债务总额从 561.2 亿元增加至 636.42 亿元，增长率为 13.40%。其中截至 2013 年 6 月底，自治区本级、12 个盟市本级、102 个旗县本级、768 个乡镇四级政府，债务总量分别为 636.42 亿元、1537.52 亿元、2287.50 亿元、80.63 亿元，所占债务总量比重分别为 14.01%、33.85%、50.36%、1.78%，其中旗县本级债务占比最高；直接债务分别为 3.89 亿元、1139.76 亿元、2170.49 亿元、77.84 亿元，所占直接债务总量比重分别为 0.11%、33.60%、63.99%、2.29%，其中旗县本级直接债务占比最高；或有债务分别为 632.53 亿元、397.76 亿元、117.01 亿元、2.79 亿元，所占或有债务总量比重分别为 55.00%、34.59%、10.17%、0.24%，其中自治区本级或有债务占比最高（见表 4 - 5）。旗县级政府债务余额的规模占到一半以上，这在一定程度上说明了旗县级财政的债务依存度比较高。

表 4 - 5　内蒙古自治区地方各级政府性债务规模情况（2013 年 6 月底）

单位：亿元

政府级次	各级债务合计		政府直接负债		或有负债					
			负有偿还责任的债务		小计		负有担保责任的债务		可能承担救助责任的债务	
	绝对量	比重（%）	绝对量	比重（%）	绝对量	比重（%）	绝对量	比重（%）	绝对量	比重（%）
自治区本级	636.42	14.01	3.89	0.11	632.53	55.00	582.46	67.16	50.07	17.70
12 个盟市本级	1537.52	33.85	1139.76	33.60	397.76	34.59	218.07	25.14	179.69	63.54
102 个旗县本级	2287.50	50.36	2170.49	63.99	117.01	10.17	64.01	7.38	53	18.74
768 个乡镇	80.63	1.78	77.84	2.29	2.79	0.24	2.73	0.31	0.06	0.02
全区合计	4542.07	100	3391.98	100	1150.09	100	867.27	100	282.82	100

资料来源：根据《2013 年 8 月内蒙古自治区地方政府性债务的审计结果》计算。

三、举债主体结构

从举债主体来看，截至 2013 年 6 月，政府部门和机构、融资平台公司和经费补助事业单位是政府负有偿还责任债务的主要举债主体，债务余额分别为 1525.65 亿元、878.27 亿元和 739.85 亿元（见表 4 - 6）。融资平台公司债务所占比重为 25.89%，相比全国融资平台公司债务所占比重 37.44% 略低一些，这说明内蒙古自治区财政投融资对投融资平台公司的依赖程度低于全国平均水平。

表 4 - 6　内蒙古自治区地方政府债务举债主体情况（2013 年 6 月底）

单位：亿元

举债主体类别	政府负有偿还责任的债务	政府或有债务	
		政府负有担保责任的债务	政府可能承担一定救助责任的债务
政府部门和机构	1525.65	644.64	0
融资平台公司	878.27	28.59	87.6
经费补助事业单位	739.85	29.54	126.41
国有独资或控股企业	174.75	137.16	46.9
其他单位	58.61	25.15	0

续表

举债主体类别	政府负有偿还责任的债务	政府或有债务	
		政府负有担保责任的债务	政府可能承担一定救助责任的债务
公用事业单位	10.9	2.18	19.79
自收自支事业单位	3.95	0.01	2.12
合计	3391.98	867.27	282.82

资料来源：根据《2013 年 8 月内蒙古自治区地方政府性债务的审计结果》计算。

四、融资来源结构

从融资结构来看，应付未付款项、银行贷款、其他单位和个人借款、发行债券是政府债务的主要筹资渠道。在债务总量层面，四者合计为 3773.02 亿元，占全部债务总量的 76.03%，信托融资，垫资施工、延期付款，建设—移交（BT）等六项合计为 769.05 亿元，占比仅为 15.50%；在直接债务层面，四者合计为 2738.12 亿元，占全部债务总量的 72.77%，其他七项合计为 653.86 亿元，占比仅为 17.38%；在或有债务层面，四者合计为 1034.90 亿元，占全部债务总量的 86.26%，其他七项合计为 115.19 亿元，占比仅为 9.60%（见表 4 - 7）。银行贷款 996.55 亿元成为举债资金的主要来源。

表 4 - 7　内蒙古自治区政府性债务资金来源情况（2013 年 6 月底）

单位：亿元

举债资金来源	政府负有偿还责任的债务	政府或有债务	
		政府负有担保责任的债务	政府可能承担一定救助责任的债务
应付未付款项	997.95	8.04	68.76
银行贷款	996.55	755.06	109.13
其他单位和个人借款	373.11	26.33	17.87
发行债券	370.51	20.22	29.49
其中：地方政府债券	200.78	2.22	0
企业债券	169.71	18	29.49
短期融资券	0.02	0	0
信托融资	214.62	5.23	4.04
垫资施工、延期付款	182.37	0	16.38

续表

举债资金来源	政府负有偿还责任的债务	政府或有债务	
		政府负有担保责任的债务	政府可能承担一定救助责任的债务
建设—移交	112.58	0	5.67
证券、保险业和其他金融机构融资	55.34	0.74	1.11
国债、外债等财政转贷	53.47	49.18	0
融资租赁	27.72	2.47	18.71
集资	7.76	0	11.66
合计	3391.98	867.27	282.82

资料来源：根据《2013年8月内蒙古自治区地方政府性债务的审计结果》计算。

五、资金投向结构

从2013年债务形态和资金投向来看，在已支出的政府负有偿还责任的债务3127.28亿元中，主要用于市政建设、科教文卫、土地收储、保障性住房、交通运输、农林水利、生态建设和环境保护等基础性、公益性项目的支出2765.54亿元，占88.43%（见表4－8）。结合目前内蒙古自治区财政投融资的资金使用方向，可知财政投融资是形成内蒙古自治区地方性债务的主要原因。在政府直接负债总额中，市政建设和教科文卫支出合计1612.89亿元，占比为51.57%，土地收储、保障性住房、交通运输建设、农林水利建设、生态建设和环境保护合计1152.65亿元，占比为36.86%；在政府或有债务总额中，交通运输建设、市政建设和教科文卫支出合计973.12亿元，占比为89.57%，其中，交通运输建设支出643.35亿元，占比最高为59.22%。在债务总额中，交通运输建设、市政建设和教科文卫支出合计2825.29亿元，占比为67.00%（见表4－8）。

表4－8　内蒙古自治区政府性债务余额支出情况（2013年6月底）

单位：亿元

债务支出投向类别	政府负有偿还责任的债务	政府或有债务	
		政府负有担保责任的债务	政府可能承担一定救助责任的债务
市政建设	1205.12	74.85	100.71
科教文卫	407.77	27.83	126.28
土地收储	296.24	0.00	10.84

续表

债务支出投向类别	政府负有偿还责任的债务	政府或有债务	
		政府负有担保责任的债务	政府可能承担一定救助责任的债务
保障性住房	294.64	4.43	8.20
交通运输设施建设	237.28	629.28	14.17
农林水利建设	166.41	8.60	9.95
生态建设和环境保护	158.08	4.40	0.00
工业和能源	28.84	11.14	0.00
其他	332.90	49.66	6.15
合计	3127.28	810.19	276.30

资料来源：根据《2013年8月内蒙古自治区地方政府性债务的审计结果》计算。

六、偿债期限结构

影响地方政府举债规模的因素很多，偿债能力是其中重要的影响因素之一。偿债能力决定举债规模，偿债能力取决于一定时期地方政府的经济发展水平。经济发展水平越高，债务的承受力也就越强。从未来偿债年度来看，2013年7月至12月、2014年到期需偿还的政府负有偿还责任的债务分别占46.65%（已偿付）和14.29%，2015年、2016年和2017年到期需偿还的分别占13.27%、8.08%和6.22%，2018年及以后到期需偿还的占11.49%（见表4-9）。2014年到2015年是偿债高峰期，这两年要偿还的债务占未来近20年到期债务的27.56%，所以这两年的还本付息的压力比较大。加之土地出让金的下滑，从而使地方政府在这两年面临较严重的债务负担和资金压力。

表4-9　内蒙古自治区政府性债务余额未来偿债情况（2013年6月底）

单位：亿元

偿债日期	政府负有偿还责任的债务	比重（%）	政府或有债务	
			政府负有担保责任的债务	政府可能承担一定救助责任的债务
2013年7~12月	1582.25	46.65	59.44	116.72
2014年	484.74	14.29	56.78	35.47
2015年	450.1	13.27	63.45	32.54

续表

偿债日期	政府负有偿还责任的债务	比重（%）	政府或有债务	
			政府负有担保责任的债务	政府可能承担一定救助责任的债务
2016 年	274.24	8.08	67.81	27.83
2017 年	210.94	6.22	55.49	22.99
2018 年及以后	389.71	11.49	564.3	47.27
合计	3391.98	100	867.27	282.82

资料来源：根据《2013 年 8 月内蒙古自治区地方政府性债务的审计结果》计算。

第四节　内蒙古自治区地方政府债务风险分析

2013 年中央经济工作会议指出，着力防控债务风险。要把控制和化解地方政府性债务风险作为经济工作的重要任务，把短期应对措施和长期制度建设结合起来，做好化解地方政府性债务风险各项工作。加强源头规范，把地方政府性债务分门别类纳入全口径预算管理，严格政府举债程序。所谓地方政府债务风险，是指地方政府债务在各种不确定因素的影响下，对包括其自身在内的社会经济各方面造成损失的可能性。不仅包括地方政府难以履行其偿债责任的可能性，还包括由其引起的使经济、社会的稳定与发展受到损害的可能性。地方政府债务的存在和不断膨胀，对财政运行、国民经济和社会稳定具有十分消极的影响，容易诱发各种经济社会危机。"十二五"以来，内蒙古自治区政府性债务规模持续扩张，债务结构性问题凸显，潜在的风险进一步增加，对地方经济社会持续稳定发展构成一定影响。如何防范和化解政府性债务风险，已成为新时期改革和发展的重要议题。

一、地方政府债务风险的一般分析

中国经济导报社与北京世经未来投资咨询有限公司联合发布的《2010 年地方政府信用评级报告》从宏观经济环境、地区经济发展状况、地方财政收支状况和地方债务状况等方面，对全国（除港、澳、台外）31 个省级政府的信用能力进行评级。我国本币主权信用等级为 AAA，因而最高的政府信用等级也为 AAA。采用三等十级制来标记地区政府信用等级。一等为投资级，二等为投机级，三等为倒闭级。从第一等到第三等风险逐渐加大，还款付息能力逐渐减弱。《2010 年地方政府信用评级报告》显示，在各省综合信用评级中，内蒙古自治区属于投资级 BBB。总体而言，从宏观经济形势与政策、区域经济发展状况和地方财政收支状况来看，内蒙古自治区具有投资价值，但需面临一定的政府违约风险。

1. 地方政府债务的规模风险

债务总量规模相对较大。从规模绝对数来看，2010～2012 年，内蒙古自治区政府债务总量增速为 43.50%，比同期 GDP 和社会各项贷款余额增速 36.06%、42.49% 分别高 7.44 个和 1.01 个百分点，略低于地方财政收入增速 0.18 个百分点。从规模相对数来看，政府债务占 GDP 比重由 24.35% 提高至 25.68%，提高了 1.33 个百分点。政府债务占全社会贷款余额比重由 35.88% 提高至 36.14%，提高了 0.26 个百分点。地方财政收入占 GDP 比重由 14.90% 提高至 15.70%，提高了 0.8 个百分点。全社会贷款余额占 GDP 比重由 67.85% 提高至 71.06%，提高了 3.21 个百分点。由此可知，近年来内蒙古自治区政府性债务规模扩张速度快于同期 GDP 和财政收入增速。

2. 地方政府债务的结构风险

地方政府债务的结构风险主要是指各类地方政府债务状况所显示的隐患。具体有以下几个方面：首先，直接显性债务风险。由于缺乏直接融资手段，地方政府过度依赖对外借款，融资结构失衡，融资风险加大。另外，地方以"多元化融资"的名义举借的债务，在运作过程中往往在财政监督之外，风险也较大。其次，或有债务风险和隐性债务风险。或有债务和隐性债务所包含的内容十分广泛，主要有社会保障资金缺口、农村合作基金会金融风险转嫁、粮食采购和流通中的积累亏损、地方政府担保问题等。近年来，地方政府的或有债务和隐性债务规模在不断扩大，而在一般的财政预算、债务统计中，几乎都不包括这部分债务，甚至很多地方政府在进行决策时也不考虑这些债务。实际上，随着某些条件的出现或某些或有事件的发生，这些或有债务和隐性债务将不断直接化、显性化，其可能造成的风险损失不容忽视。最后，县乡政府债务风险。从地方政府的级次上看，县乡两级财政债务风险，尤其是乡镇级政府的债务风险尤为突出。内蒙古自治区旗县级政府债务余额的规模占到全区债务总额一半以上，一定程度上说明了旗县级财政的债务依存度比较高。从债务偿还期限来看，短期债务偿还压力较大，截至 2013 年 6 月，政府及其部门和融资平台公司借债合计占全部债务总量的 69.68%，且短期偿债压力较大，2014～2017 年偿还的债务占全部债务的 39.24%。债务负担不均衡，市县政府负债压力大，2013 年盟市和旗县政府负债占比分别为 33.85% 和 50.36%，二者合计 84.21%。随着企业债、公司债、中期票据等融资工具增多，融资成本大幅增加，政府偿债能力与偿付义务间的期限错配程度加剧，导致政府债务偿还压力增大。

3. 地方政府债务的效率风险

地方政府债务的效率风险一方面是指由于债务资金的使用效率不高，可能使偿债资金不能从债务资金的投资项目中有效获得的风险；另一方面是指由于债务资金的管理效率不高可能造成的不利于债务资金有效使用的风险。从目前内蒙古自治区债务使用和管理水平来看，效率风险很大。

4. 地方政府债务的外部风险

从政府债务与经济发展保持均衡总体来看，除个别地区债务偿还压力较大，债务率、当期偿还率较高外，当前大部分地区政府性债务尚处在政府财力可承受范围之内，政府债务与地区经济社会发展大体保持均衡态势，短期内引发大范围系统性财政经济风险的可能性较低。一是 2010～2012 年全区政府债务率分别为 24.35%、25.68%、26.98%，均低于 60% 的国际警戒标准。全口径政府总债务率为 77.18%，低于 100% 的国际警戒标准。二是内蒙古自治区资源储量丰富，工业基础良好，产业结构日趋合理，经济增长引擎动力较足，偿还债务的经济基础坚实，抗风险能力较强。三是财政赤字依存度较低。2013 年，内蒙古自治区财政赤字依存度保持在 0.73 左右，财政赤字占税收比重大体处于 1.47 左右，财政自给度由 0.42 提高到 0.72，财政自给能力提高和财政收入质量改进增强了风险缓释能力。四是内蒙古自治区政府性债务融资主要对象是市县两级政府及其融资平台公司，借款来源主要是银行贷款，风控渠道较为集中，债务风险传染能力较低，短期内不易引发财政支付危机。

二、内蒙古自治区地方政府性债务预警分析

实行规模控制与风险预警是世界各国管理地方政府债务较为普遍的手段。规模控制主要是约束作为借款方的地方政府，风险预警是对债务规模超过一定指标值的预先警示。根据《内蒙古自治区政府性债务管理暂行办法》规定的监测指标，我们对内蒙古自治区截至 2012 年的地方政府性债务余额及偿债情况对照有关监测指标进行了分析，从监测指标反映的情况来看，政府负债率、财政债务率和财政偿债率三项指标全部超过警戒线。其中，政府负债率这一说明地方经济总规模对政府债务承载能力的指标超过警戒线 11.8%，这在一定程度上说明地方经济增长对政府举债的依赖程度较大；财政债务率反映地方政府通过动用当期财政收入满足偿债需求的能力，这一指标超过警戒线 38.6%，地方政府动用当年全部的可支配财力尚不能偿还全部债务；财政偿债率显示当期有 1/3 强的财政收入用于偿还债务本息。总体来看，截至 2012 年年底，内蒙古自治区地方政府性债务规模超过了各项监测指标控制的警戒线，面临较大的风险。

表 4-10　2012 年内蒙古自治区地方政府性债务监测指标

单位：亿元

项目 单位	债务 余额	当年还本 付息额	地区生产 总值（GDP）	可用 财力	负债率 （%）	财政债 务率（%）	财政偿 债率（%）
全区合计	3493.8	876.13	15988.34	2519.68	21.8	138.6	34.8
省本级	628.66	108.14		502.33		125.1	21.5
呼和浩特市	236.53	86.82	2475.57	217.33	9.6	108.8	39.9
包头市	318.19	69.43	3409.54	231.69	9.3	137.3	30.0
呼伦贝尔市	128.53	21.22	1335.82	195.57	9.6	65.7	10.9
兴安盟	106.70	16.37	385.16	85.27	27.7	125.1	19.2
通辽市	151.64	13.47	1691.85	177.69	9.0	85.3	7.6
赤峰市	247.98	32.44	1569.35	202.61	15.8	122.3	16.0
锡林郭勒盟	128.50	21.79	820.20	107.49	15.7	119.5	20.3
乌兰察布市	75.63	46.05	781.17	146.88	9.7	51.5	31.4
鄂尔多斯市	1226.92	387.43	3656.80	422.22	33.6	290.6	91.8
巴彦淖尔市	122.54	22.64	813.33	112.64	15.1	108.8	20.1
乌海市	79.55	37.50	562.56	68.66	14.1	115.9	54.6
阿拉善盟	41.72	12.83	454.76	49.31	9.2	84.6	26.0

资料来源：根据相关资料整理而得。

表 4-11　2012 年内蒙古自治区地方政府性债务预警分析

单位：%

债务监测指标	公式	实际值	警戒线	实际值 - 警戒线
政府负债率	债务余额/地区生产总值	21.8	10	+11.8
财政债务率	债务余额/可支配财力	138.6	100	+38.6
财政偿债率	还本付息额/可支配财力	34.8	15	+19.8

资料来源：根据相关资料整理而得。

表 4-12　2012 年内蒙古自治区分盟市地方政府性债务预警分析

债务监测指标	低于警戒线	超过警戒线
政府负债率	呼和浩特市、包头市、呼伦贝尔市、通辽市、乌兰察布市、阿拉善盟	鄂尔多斯市、巴彦淖尔市、乌海市、锡林郭勒盟、赤峰市、兴安盟
财政债务率	呼伦贝尔市、通辽市、乌兰察布市、阿拉善盟	呼和浩特市、包头市、鄂尔多斯市、巴彦淖尔市、乌海市、锡林郭勒盟、赤峰市、兴安盟

续表

债务监测指标	低于警戒线	超过警戒线
财政偿债率	呼伦贝尔市、通辽市	呼和浩特市、包头市、鄂尔多斯市、巴彦淖尔市、乌兰察布市、锡林郭勒盟、赤峰市、兴安盟、乌海市、阿拉善盟

资料来源：根据相关资料整理而得。

从各盟市的情况来看，就政府负债率而言，呼和浩特市、包头市、呼伦贝尔、通辽市、乌兰察布市、阿拉善盟6个盟市的政府负债率低于警戒线，其他6个盟市超出警戒线，其中鄂尔多斯市的政府负债率高达33.6%；财政债务率的情况是呼伦贝尔市、通辽市、乌兰察布市、阿拉善盟四个盟市低于警戒线，其他盟市全部超出警戒线，鄂尔多斯市更是高达290.6%；财政偿债率这一指标的监测结果显示，只有呼伦贝尔市和通辽市低于警戒线，其他盟市全部超出警戒线，最高是鄂尔多斯市，高达91.8%。

第五节　内蒙古自治区地方政府债券违约风险的测度

一、信用风险评价的方法

信用风险评价在资本市场上很早就被提出，经济学家们也提出了很多相关的方法和模型。大致可以分为以下几类：

（1）5C要素分析法。5C要素分析法是资本市场上对借款人信用风险分析的一种方法。它主要是通过对每一个考察的要素量化、评分，确定借款人的信用等级。5C要素包括道德品质（Character）、还款能力（Capacity）、资本实力（Capital）、担保（Collateral）和经营环境条件（Condition）这些要素。不同的金融机构有不同的要素指标。有的机构注重5W要素，包括借款人（Who）、借款用途（Why）、还款期限（When）、担保物（What）及如何还款（How）。还有的是5P要素，有个人因素（Personal）、借款目的（Purpose）、偿还（Payment）、保障（Protection）和前景（Perspective）。

（2）财务比率分析法。财务指标一直是分析借款人的重要参考。财务比率法是将各类财务指标作为一个整体，全面地反映借款人的信用状况。具有代表性的就是杜邦分析法和沃尔比重评分法。前者是将净资产利润率作为核心，具有先创性地将净资产利润率分解为不同层次的指标，用来判断借款人的财务状况。与它不同的是，后者先是设定一些财务指标，并分别给各指标分数权重，然后通过与标准比率或行业平均比率比较，确定各指标得分以及总体累计得分，以此来判断借款人的信用等级。

（3）多变量统计方法。多变量统计方法主要是以财务比率为重要指标，运用统计的方法而建立起来的标准模型。其主要包括多元判别分析法、Logit 模型、非参数法和数学规划法。其中多元判别分析法要求服从正态分布以及等协方差的特征，并且不同组样本存在重叠时多元判别分析法和 Logit 分析容易产生误判。由于现实样本具有不能都满足正态分布等现实意义，所以，非参数法和数学规划法成为了研究的方向。

非参数法主要的分析方法是聚类分析。聚类分析是模拟了自然界的"物以类聚，人以群分"的现象，将不同的变量进行分类，用聚类变量描述对象的特征。它假定每一类都有一个中心，代表所有属于该类的都应该拥有的共性，将与中心最相似的变量归为一类。这在信用风险评价中，可将不同贷款人分类，债权人可以对不同的债务人采取不同的贷款策略。而数学规划方法是运用数学规划方法解决信用 N 类分类的问题，建立规划方程，来完成对信用风险的预测。

（4）人工智能方法。随着计算机和其他学科的发展，人工智能的分析方法也产生了。主要包括信用评估专家系统、神经网络评估系统和粗糙集方法。信用评估专家系统是运用计算机技术，将专家的信用评估经验编入程序，用计算机来进行信用评估。神经网络评估系统是借鉴生理学上的人脑神经网络的知识，模拟出的一种信息处理系统，不要求样本数据服从某一分布，具有非线性映射能力和泛化能力，所以具有比较高的预测精度。与前两种不同的是，粗糙集方法可以有效地分析不精确、不一致、不完整等各种随机、不确定信息，其核心是从近似空间中导出的上近似算子和下近似算子，从而制定出粗糙集代数系统，来判断信用风险。

（5）以资本市场理论为基础的计量模型。由于资本市场的不断发展，金融工具的不断创新，相关的信用风险也就变得越来越复杂。所以，一系列新的信用风险衡量方法出现了。主要包括 Credit Metrics、CreditRisk +、KMV 模型、Credit-Portfolio View 方法。这些模型和方法都是基于一定的资本市场理论来确定借款人的信用风险的可能性。其中 KMV 模型就是以期权定价理论为基础，通过企业净资产市值和负债规模来计算借款人的预期违约距离和违约概率，判断信用风险的可能性。

通过对各种方法和模型的优缺点进行系统的分析和对比，并考虑对政府债务研究的适用性，本书选择 KMV 模型对地方政府债务风险进行评价与测度。

二、KMV 模型的技术说明

（1）KMV 模型基本思想的构建和计算过程。KMV 模型也称为信用风险的期权定价模型，主要是为了计算公司的预期违约概率 EDF（Expected Default Frequency），所以又被称作 EDF 模型。该模型认为，企业对外借取债务，就相当于把企业的所有权先让渡给债权人。如果债务到期时，企业的净资产市值超过债务，就可以从债权人手中赎回所有权，债权人就可以获得利息和收回本金；如果企业的净资产市值低于到期债务总额，企业就会违约，即债权人遭受损失。

从期权定价理论的角度来看，上述二者的损益是等价的（Merton，1974）。公司的债务可以看作是以公司资产为基础的一种看涨期权。具体来讲是，对于一个上市公司来说，假设它有股权和负债，在债务到期时，如果公司的净资产小于债务，资不抵债，股东就会放弃公司的所有权，出现违约现象；若净资产大于到期的债务，只要出售一定的股票就可以偿还债务，不会违约。对于上市公司股东来说，净资产收益状况和以该公司股票为标的的欧式看涨期权的损益状况是一样的，执行价格是到期的债务。所以，对于买方期权来说，如果股票的市值大于到期的债务，就属于价内期权，否则就不会执行该期权。

从图 4-2 的看涨期权关系中可以看出，如果公司净资产市值 OA 小于作为执行价格的负债额 OB 时，公司股东不会执行该期权，决定违约，最大损失为他所持有公司的股票市值 P。只有当 OA 大于 OB 时，才会执行该期权，偿还到期的债务。

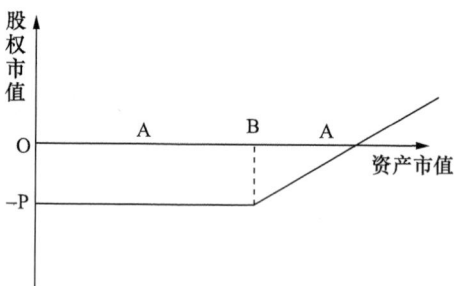

图 4-2　看涨期权关系

从上文的分析中可知，计算出公司的未来股票价格是很重要的。假如已知公司负债额和期限，资产的现值及资产市值的波动性，就可以运用 Black-Scholes 期权定价公式或者比较一般的期权定价公式求出公司的股票价格。KMV 模型是在 Black-Scholes 的期权定价模型的基础上做了一定的创新。其中 Black-Scholes 模型可以表示为：

$$\begin{cases} 期权价值 = f(\overline{S}, \ \overline{X}, \ \overline{r}, \ \overline{\sigma_s}, \ \overline{\tau}) \\ 贷款违约选择权价值 = f(V, \ \overline{B}, \ \overline{r}, \ \sigma_v, \ \overline{\tau}) \end{cases} \tag{4-1}$$

其中，S 为股票价格，X 为期权执行价格，V 为企业资产价格，B 为债务金额，r 为无风险利率，σ_s 和 σ_v 分别为企业股权价值和资产市值的波动率，τ 为股票看跌期权到期日或贷款期限（或称违约期限）。上述两等式中，变量符号上方加短横线的表示该变量可以从市场上直接观测到的。KMV 模型的创新之处是站在借款企业股东的角度分析贷款问题，运用企业的股权市值与资产市值之间的关系和企业的股权市值波动率与资产市值波动率之间的关系模型，求出企业的资产市值 V 和资产市值变动率 σ_v，进而再求出公司的 EDF。

KMV 模型推导 EDF 主要分为三个步骤：第一步，从公司股票的市场价值（S）、股价的波动性（σ_s）及负债的金额（B）估计出公司的市场价格（V）及其波动率（σ_v）。第二步，设计公司的违约点 DPT 以及计算违约距离 DD。其中，违约距离是指从公司的预期未来价值到违约点之间的距离是标准差的多少倍。第三步，估计 EDF。这一步要根据公司的违约的历史数据来确定。以下是具体的模型解释：

第一步，公司的市场价格 V 与其波动率的 σ_v 估计。

正如上文所述，公司的市场价格（V）及其波动率（σ_v）是无法观测到的，需要通过模型来计算。KMV 公司在期权定价公式中使用的是 Vasicek – Kealhofer 模型，而 VK 模型属于 KMV 公司的商业秘密没有公布。但是，我们通过选取合适的模型也能计算出 V 与 σ_v。

根据 Black – Scholes 期权定价公式模型，可以得到以下表达式：

$$E = VN(d_1) - De^{-rt}N(d_2) = f(V, \sigma_v, r, D, t) \tag{4-2}$$

其中，E 为公司股权市场价值，D 为公司负债的账面价值，V 为公司资产市场价值，t 为债务偿还期限，r 为无风险借入或贷出利率，N（d）为标准累积正态分布函数，它依据 d_1、d_2 计算而得。

其中 d_1、d_2 分别为：

$$d_1 = \frac{\ln\left(\dfrac{V}{D}\right) + \left(r + \dfrac{1}{z}\sigma_v^2\right)t}{\sigma_v\sqrt{t}} \tag{4-3}$$

$$d_2 = d_1 - \sigma_v\sqrt{t} \tag{4-4}$$

式（4-2）中有两个未知数——公司的市场价格（V）及其波动率（σ_v），对等式两边求导后再由伊藤引理可得到如下公式：

$$\sigma_E = \frac{N(d_1)V\sigma_v}{E} = g(V, \sigma_v, r, D, t) \tag{4-5}$$

将已知的变量代入式（4-2）、式（4-5）中，联立两式，就可以求出公司的市场价格 V 及其波动率。

第二步，设计公司的违约点 DPT 以及计算违约距离 DD。

正如上文所述，当公司资产预期市场价值低于债务账面价值时，就会发生违约事件。其中，从理论上讲，到期的债务账面价值就是违约点 DPT，只要公司预期的资产收益大于 DPT，就不会发生违约。但是，债务总额中的长期债务可以对公司的偿债压力起到缓解的作用。KMV 公司通过对大量的历史数据进行分析，发现公司的违约点 DPT 一般处在公司净资产市值大于等于流动负债与 50% 的长期负债之和处。这属于 KMV 公司的商业秘密，并没有对其做出解释。

有了违约点以后，就可以计算违约距离 DD。违约距离就是指公司的资产市场价值到 DPT 的距离。当 DD 数值越来越大，公司的资产市场价值就离 DPT 越来越远，违约的可能性就越小；反之，违约的可能性就越大。当 DD 数值为负，公司将会违约。如图 4 - 3 所示。

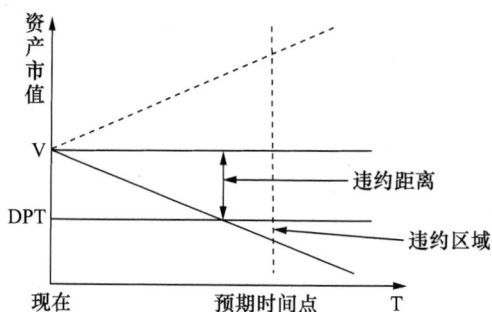

图 4 - 3　理论违约距离与违约概率图解

从图 4 - 3 可以看出，公司在预期的时间点上，净资产市值低于 DPT 的部分为违约区域，资产预期期望值 V 到 DPT 的距离为违约距离，当预期的净资产市值低于 DPT，就到了违约区域，公司就会违约。具体的计算模型如下：

$$DD = \frac{E(V) - DPT}{E(V)\sigma_v} \tag{4-6}$$

其中，E（V）为预期净资产市值，σ_v 为资产波动率，DD 是违约距离，DPT 为违约点。

第三步，估计 EDF。

有了第二步违约距离的计算，只要已知资产市值的概率分布就可以计算违约概率 EDF。通常我们假定公司资产市值服从正态分布或者对数正态分布。

公司的违约概率就是公司资产市值低于债务的概率（Merton，1974）。则，违约概率为：

$$EDF = P_t = P(V_t \leqslant D_t \mid V_0 = V) = P(\ln V_t \leqslant \ln D_t \mid V_0 = V) \tag{4-7}$$

其中，P_t 为公司的违约概率，V_0 是公司资产初始价值，V_t 是公司资产当前价值，D_t 为公司债务当前价值。

T 时刻公司资产的市场价值为:

$$\ln V_t = \ln V_0 + \left(\mu - \frac{\sigma^2}{2}\right)t + \sigma\sqrt{t}\varepsilon \tag{4-8}$$

其中，μ 为期望净资产回报率，σ 为资产的波动率。

结合式（4-7）、式（4-8）可得公司的违约概率为:

$$P_t = P\left(-\frac{\ln\dfrac{V}{D} + \left(\mu - \dfrac{\sigma^2}{2}\right)t}{\sigma\sqrt{t}} \geq \varepsilon\right) \tag{4-9}$$

在 Black - Scholes 模型中假定，公司资产预期收益率的随机变量服从标准正态分布，$\varepsilon \sim N$（0，1），公司的违约概率根据累积正态分布可知为:

$$P_t = N\left(-\frac{\ln\dfrac{V}{D} + \left(\mu - \dfrac{\sigma^2}{2}\right)t}{\sigma\sqrt{t}}\right) = N\ (-DD) \tag{4-10}$$

由于违约距离为资产市值到违约点的距离，所以，可求出:

$$DD = \frac{\ln\dfrac{V}{D} + \left(\mu - \dfrac{\sigma^2}{2}\right)t}{\sigma\sqrt{t}} \tag{4-11}$$

这样求出的 EDF 是理论上的 EDF，EDF 还有一种类型，就是经验的 EDF。KMV 公司选择的是后者。理论上的 EDF 认为违约距离为 4 个标准差公司的违约概率几乎为零，但从现实中看，这样的公司也会经常发生违约。由于 KMV 公司拥有大规模的历史违约数据，它可以将 DD 转化为每一个公司的经验违约概率，从而来评价公司的信用风险。这样，经验的 EDF 就成了 DD 的函数。同时，经过了对不同类别的公司的违约距离与违约概率之间的关系测算，KMV 公司发现了稳定的函数关系。违约距离与违约概率之间的关系如图 4-4 所示。

从图 4-4 中也可以看出，EDF 随着 DD 的增大而逐渐变小。

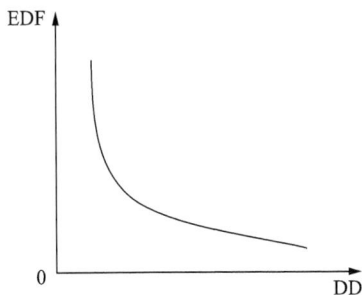

图 4-4　违约距离（DD）与期望违约概率（EDF）关系

违约概率的计算公式如下：

$$EDF = \frac{年初违约距离为 4 个标准差的公司一年内出现违约的公司数量}{年初违约距离为 4 个标准差的公司总数}$$

$$(4 - 12)$$

从式（4 - 12）中可以看到，经验的 EDF 需要大规模的数据。由于我国关于地方政府信用违约相关的统计资料不完全，所以本文计算的是理论的 EDF。

当然模型也存在一些缺陷。从上文可以看出，预测违约概率主要是依靠上市公司的股票价格，这将对模型的精确性大打折扣。因为，在股票市场上，价格与价值的背离是经常发生的，所以这对公司的价值预测的准确性将会下降。并且，模型在计算违约概率的过程中，假设了公司资产价值服从正态分布，这与现实不符，并不是所有公司的资产价值都服从正态分布。在债务结构上，KMV 模型也没有充分的分析。KMV 模型属于一种静态分析模型，并没有把公司的偿还顺序等考虑进来。

（2）KMV 模型在地方债中的应用。类似于企业，地方政府也可以举债。影响地方政府债务发行规模的主要因素是地方政府的财政收支。相对于 KMV 模型在企业中的应用，KMV 模型在地方债中的应用可以将企业的净资产价格替换为地方政府的财政收入。当地方政府债务到期时，若财政收入大于到期的债务额时，地方政府不会发生违约现象；若到期的债务额大于财政收入时，地方政府违约的可能性很大。如图 4 - 5 所示，违约距离为财政收入的均值到违约点的距离，违约距离越大，违约的可能性越大。图中的阴影部分是预期时间点的期望违约概率。

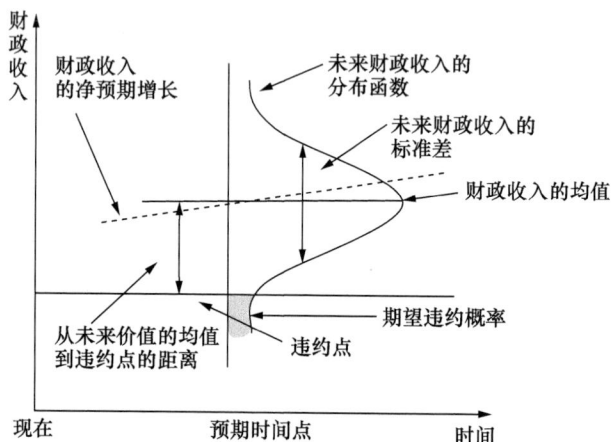

图 4 - 5　地方政府债券信用风险模型

由于地方政府在偿还债务时，必须先保障地方政府能够正常地运转，所以和企业债务到期时的净资产市值相对应的是地方财政收入的担保。因此，模型需要确定一定比例的财政收入作为到期债券的担保。

综上所述，本章借鉴韩立岩（2003）的方法，构建以下地方政府债券信用风险度量的模型：

$$FR_t = f(Z_t) \tag{4-13}$$

其中，FR_t 为 t 时刻地方财政收入，Z_t 为随机变量，f（x）为特定函数。

当地方债券到 T 期时，到期债券规模为 B_T，如果此时地方财政收入 FR_t 小于到期债券规模 B_T，即 $FR_t < B_T$，则将会发生地方政府信用违约事件。

本文假设地方财政收入服从几何布朗运动过程，即

$$\frac{dFR_t}{FR_t} = \mu dt + \sigma dZ_t \tag{4-14}$$

其中，FR_t 为地方政府第 t 期的财政收入，dFR_t 为地方财政收入的变动量，dZ_t 为标准几何布朗运动增量，μ 为地方财政收入瞬时增长率，σ 为地方财政收入的波动率。令 t = 0 时，$FR_0 = FR$，则当 t > 0 时，由式（4 - 2）地方财政收入可以表示为：

$$FR_t = FR\exp\left\{\left(\mu - \frac{1}{2}\sigma^2\right)t + \sigma\sqrt{t}Z_t\right\} \tag{4-15}$$

其中，Z_t 服从标准正态分布，则地方财政收入服从对数正态分布，由其性质可知相应的均值和方差分别为：

$$E\left[\ln FR_t\right] = \ln FR + \mu t - \frac{1}{2}\sigma^2 t \tag{4-16}$$

$$Var\left[\ln FR_t\right] = \sigma^2 t \tag{4-17}$$

$$\mu = \frac{\dfrac{1}{n-1}\sum_{i=1}^{n-1}\ln\dfrac{FR_{i+1}}{FR_i} + \dfrac{1}{2}\sigma^2 t}{t} \tag{4-18}$$

$$\sigma = \sqrt{\frac{\dfrac{1}{n-2}\sum_{i=1}^{n-1}\left(\ln\dfrac{FR_{i+1}}{FR_i} - \dfrac{1}{n-1}\sum_{i=1}^{n-1}\ln\dfrac{FR_{i+1}}{FR_i}\right)^2}{t}} \tag{4-19}$$

由于地方财政收入的对数服从正态分布，所以地方债券违约距离与违约概率分别为：

$$DD = \frac{\ln\dfrac{FR_T}{B_T} + \mu T - \dfrac{1}{2}\sigma^2 T}{\sigma\sqrt{T}} \tag{4-20}$$

$$P = N(-DD) \tag{4-21}$$

其中，N（·）为标准正态分布函数。模型表示当到期债务规模越接近于财政收入，债券的违约距离就越小，违约概率就越大。

三、实证分析

本书选择以内蒙古自治区为例，对自治区级地方政府债券的违约风险进行测度。伴随着经济发展进入新常态，内蒙古自治区的财政收支状况不容乐观。近几年，内蒙古自治区财政总收入和本级政府性基金预算收入都未完成年度预算，本级政府性基金预算还有所减少。一是因为"营改增"的推进，导致地方政府税收收入进一步萎缩；二是因为近几年煤炭价格的下降，煤炭企业连年亏损，导致相关的税收减少和煤炭价格调节基金短收。再加上完善民生投入保障机制的刚性需求，导致内蒙古自治区财政缺口进一步扩大，这使得偿还到期债务资金的来源充满不确定性。由此可见，对内蒙古自治区政府债券的风险进行评估，以及测算安全的发债规模是很有必要的。

（1）ARIMA 模型预测财政收入。从地方政府的角度来说，在发行地方债券时应该首先考虑的是未来的偿债能力。面对内蒙古自治区弱财政和民生支出的刚性增长，准确预测财政收入就变得十分重要。本书采用 1949～2014 年内蒙古财政收入预测 2015～2017 年内蒙古财政收入 Y。由于财政收入是时间序列数据，所以先对其取对数进行单位根检验，运行 Eviews 7.0 软件，结果如下。

从表 4-13 中可以看出，该序列 t 检验统计值明显高于 1%、5%、10% 三个显著水平下的临界值，这说明内蒙古财政收入对数时间序列是非平稳序列。本文继续在单位根检验中对该序列的一阶差分进行检验，Eviews 7.0 软件运行结果如下：

表 4-13　内蒙古自治区财政收入对数时间序列的 ADF 检验结果

Augmented Dickey – Fuller Unit Root Test on LNY

Null Hypothesis：LNY has a unit root

Exogenous：Constant

Lag Length：0（Automatic – based on SIC，maxlag = 10）

		t – Statistic	Prob. *
Augmented Dickey – Fuller test statistic		– 1. 220111	0. 6609
Test critical values	1% level	– 3. 534868	
	5% level	– 2. 906923	
	10% level	– 2. 591006	

从表 4 – 14 中很明显可以看出，一阶差分后的序列 t 检验值 – 11. 39362，小于 1%、5%、10% 三个显著水平下的临界值，表明一阶差分序列不存在单位根，是平稳序列。即财政收入序列是一阶单整，ARIMA 模型的 d 值为 1。接着就是确定 p 值和 q 值。

表 4 – 14　内蒙古自治区财政收入对数一阶差分时间序列的 ADF 检验结果

Augmented Dickey – Fuller Unit Root Test on DLNY

Null Hypothesis：DLNY has a unit root

Exogenous：Constant

Lag Length：0（Automatic – based on SIC，maxlag = 10）

		t – Statistic	Prob. *
Augmented Dickey – Fuller test statistic		– 11. 39362	0. 0000
Test critical values	1% level	– 3. 536587	
	5% level	– 2. 907660	
	10% level	– 2. 591396	

根据表 4 – 15，结合图形本文尝试从 AR（2）、ARMA（1，2）和 ARMA（1，1）中来选择最合适的模型。本书选用 AIC、SC 两准则作为模型选择的标准，三个模型中，两大准则越小的模型越理想。以下是三个模型的 AIC、SC 值：

表 4 – 15　三个模型的 AIC、SC 值

模型	AIC 值	SC 值
AR（2）	0. 225673	0. 327727
ARMA（1，2）	0. 313755	0. 414552
ARMA（1，1）	0. 114038	0. 215235

从表 4 – 15 中，可以看出模型 ARMA（1，1）的 AIC、SC 值是三个模型中最小的，所以，选择 ARMA（1，1）为对数一阶差分序列的预测模型。通过 Eviews 7.0 软件，回归的 ARMA（1，1）模型如下：

$$LnY_t = 0. 129105 + 0. 142551LnY_{t-1} + 0. 857449LnY_{t-2} + e_t + 0. 984773e_{t-1}$$

$$(4 – 22)$$

确定模型和参数后，就要对拟合模型的适应性进行检验，通过判断模型残差是否为白噪声序列来检验拟合模型的适应性。本书通过模型残差相关图 Q 统计量和 P 值来判断残差序列是否为白噪声序列。通过 Eviews 7.0 软件运行结果如下：

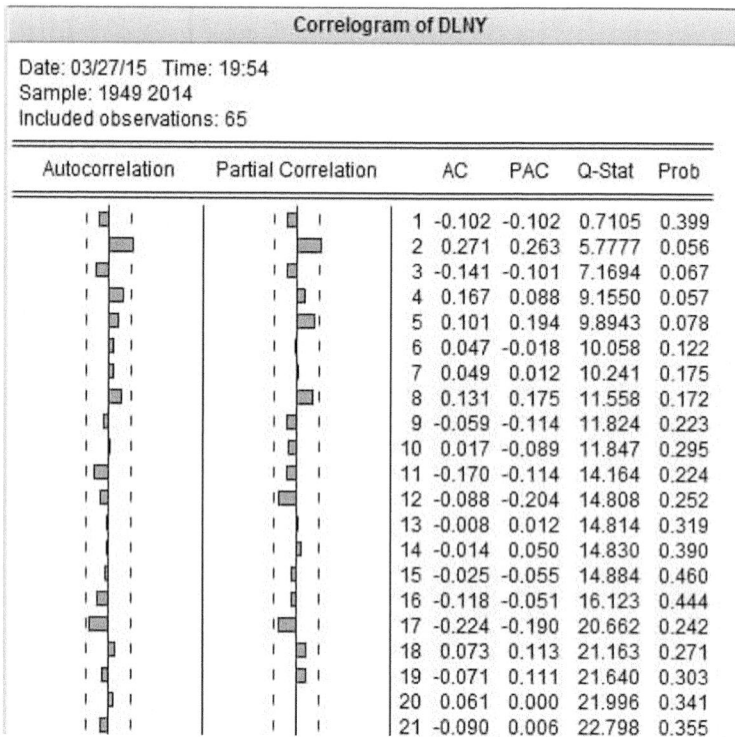

```
                        Correlogram of DLNY

Date: 03/27/15  Time: 19:54
Sample: 1949 2014
Included observations: 65

 Autocorrelation    Partial Correlation      AC     PAC    Q-Stat   Prob

                                         1  -0.102  -0.102   0.7105  0.399
                                         2   0.271   0.263   5.7777  0.056
                                         3  -0.141  -0.101   7.1694  0.067
                                         4   0.167   0.088   9.1550  0.057
                                         5   0.101   0.194   9.8943  0.078
                                         6   0.047  -0.018  10.058   0.122
                                         7   0.049   0.012  10.241   0.175
                                         8   0.131   0.175  11.558   0.172
                                         9  -0.059  -0.114  11.824   0.223
                                        10   0.017  -0.089  11.847   0.295
                                        11  -0.170  -0.114  14.164   0.224
                                        12  -0.088  -0.204  14.808   0.252
                                        13  -0.008   0.012  14.814   0.319
                                        14  -0.014   0.050  14.830   0.390
                                        15  -0.025  -0.055  14.884   0.460
                                        16  -0.118  -0.051  16.123   0.444
                                        17  -0.224  -0.190  20.662   0.242
                                        18   0.073   0.113  21.163   0.271
                                        19  -0.071   0.111  21.640   0.303
                                        20   0.061   0.000  21.996   0.341
                                        21  -0.090   0.006  22.798   0.355
```

图 4 - 6　dln（Y）的自相关偏自相关图

由图 4 - 6 可知，p 值都大于 0.05，因此该序列的残差序列为白噪声序列。则用该模型，可预测得 2015 ~ 2017 年内蒙古地方财政收入分别为 2097.159 亿元、2386.218 亿元和 2715.013 亿元。

（2）担保收入的确定。并不是所有的财政收入都可以用来偿还到期债券的利息和本金，绝大部分的财政收入要用来保障政府的基本职能。在财政收入担保的比例上，不同的学者有不同的看法。韩立岩（2003）是将一个阶段的地方财政支出的均值作为近几年的自发财政支出，扣除自发财政支出后的财政收入作为到期债权的担保，其中，自发性财政支出是财政支出回归模型的常数项。李腊生（2013）和茹涛（2009）是将基本建设拨款、企业技术改造投资设为可用于担保的地方财政收入。本书在确定担保收入的时候，是将一般公共服务、公共安全、教育、文化、社会保障和就业、医疗卫生和城乡社区服务这些刚性支出从财政收入中扣除。由于财政返还性收入和一般转移支付也是对刚性支出的一种保证，所以在确定担保收入的时候，先用刚性支出扣除返还性收入和一般转移支付，然后再与财政收入作比较，作为在财政收入中的担保比例。本书结合 2009 年到 2013

Correlogram of RESID

Date: 03/27/15　Time: 20:02
Sample: 1949 2014
Included observations: 64

Autocorrelation	Partial Correlation		AC	PAC	Q-Stat	Prob
		1	-0.007	-0.007	0.0035	0.952
		2	0.100	0.100	0.6905	0.708
		3	0.014	0.015	0.7037	0.872
		4	0.052	0.043	0.8957	0.925
		5	0.191	0.191	3.4976	0.624
		6	0.022	0.018	3.5331	0.740
		7	0.093	0.060	4.1793	0.759
		8	0.167	0.171	6.2857	0.615
		9	-0.229	-0.274	10.328	0.325
		10	-0.083	-0.177	10.867	0.368
		11	-0.049	-0.019	11.059	0.438
		12	-0.004	-0.048	11.060	0.524
		13	0.036	0.002	11.168	0.597
		14	-0.104	0.011	12.078	0.600
		15	0.058	0.104	12.364	0.651
		16	-0.300	-0.300	20.286	0.208
		17	-0.214	-0.173	24.409	0.109
		18	0.092	0.189	25.193	0.120
		19	0.134	0.190	26.866	0.108
		20	-0.071	-0.170	27.357	0.126
		21	-0.018	0.107	27.388	0.158
		22	-0.125	0.009	28.966	0.146

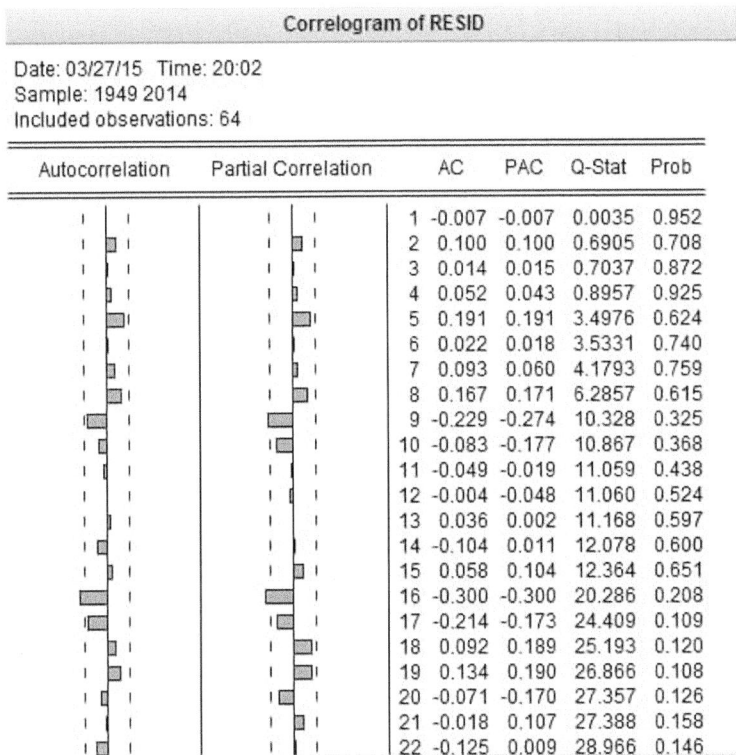

图 4 - 7　残差自相关偏自相关图

年的上述几项数据，并对这几年的财政刚性支出与财政收入的比值取均值为 68%，则 2015 ~ 2017 年内蒙古自治区担保收入为财政收入的 32%，即 671.091 亿元、763.5898 亿元和 868.8041 亿元。

（3）财政收入增长率的均值 μ 与标准差 σ 值的确定。把财政收入数据代入式（4 - 18）和式（4 - 19）中，通过 Mathcad 软件，可得到 2015 年、2016 年和 2017 年的均值 μ 与标准差 σ 的值如表 4 - 16 所示。

表 4 - 16　2015 ~ 2017 年内蒙古自治区财政收入增长率的均值 μ 与标准差 σ 值

年份	2015	2016	2017
σ	0.355866	0.353174	0.350543
μ	0.218675	0.217329	0.216022

（4）到期债务 B_t 测算。正如上文所述，地方政府融资渠道比较复杂，所以，地方政府债务数据不容易统计。由于内蒙古政府 2014 年公布了《内蒙古自治区

政府性债务审计结果》，所以可以得到截至 2013 年 6 月底内蒙古自治区政府债务的账面余额。从审计结果中，也可以清楚地了解债务余额在 2015～2017 年的清偿情况。但是，2013 年 7 月到 2014 年年底内蒙古自治区的负债数据就无法得到。上文也提到，地方政府的未来融资渠道的重点是地方政府债券，所以，本书假设，内蒙古自治区在 2013 年 7 月到 2014 年年底期间只通过政府性债券融资。债券的到期债务的计算公式如下：

$$B_t = \sum_{i=1}^{t-1} r_i MV_i + (1 + r_t) MV_t \qquad (4-23)$$

其中，r_i 为第 i 期未到期债券债务的利率，MV_i 为第 i 期未到期债券债务，r_t 为 t 时刻到期债券债务的利率，MV_t 为 t 时刻到期债券债务。

由式（4-23）可知，在计算债券到期债务时，利率、债务额和期限结构是重要的变量。由于《内蒙古自治区政府性债务审计结果》已统计截至 2013 年 6 月底债务未来清偿情况，所以，现在只需对 2013 年 7 月到 2014 年年底的债券债务进行统计。在这段时间内，中央代内蒙古自治区发行的地方政府债券额度具体如表 4-17 所示。

表 4-17 2013 年、2014 年中央代内蒙古自治区发行的地方政府债券

年份	2013		2014		
期限结构	三年期	五年期	三年期	五年期	七年期
发债规模（亿元）	56	55	50	50	25
票面利率（%）	4.34	4.45	4.14	4.15	4.12

资料来源：中华人民共和国财政部网站。

从《内蒙古自治区政府性债务审计结果》可知，截至 2013 年 6 月底债务未来清偿情况如表 4-18 所示。

表 4-18 2013 年 6 月底政府性债务余额 2015～2017 年偿债情况

偿债年份	2015	2016	2017
偿债规模（亿元）	546.04	369.88	289.42

资料来源：《内蒙古自治区政府性债务审计结果》。

所以，2015～2017 年内蒙古自治区到期债务 B_t 如表 4-19 所示。

表 4-19 2015～2017 年内蒙古自治区到期债务规模

年份	2015	2016	2017
到期债务（亿元）	556.0929	435.9329	347.0425

（5）内蒙古自治区地方债风险的评估。根据上文所计算的 2015～2017 年内蒙古自治区到期债务、财政收入增长率的均值 μ 与标准差 σ 值和担保收入的值代入式（4－20）和式（4－21）中，通过 Mathcad 软件的计算，可以得到相应的违约距离和违约概率。

关于合适违约概率的选择，本书参考标准普尔 BBB 或者穆迪 Baa3 对债券的预期安全违约概率的规定，将我国发行的地方债券的违约概率也保持在 0.5% 之内，即违约概率在 0.5% 以下时，可以保障债权人利益，防止地方政府出现信用违约风险。从表 4－20 中可以看到，2015～2017 年的违约距离逐渐增大，违约概率逐渐减小。2015 年和 2016 年的违约距离分别为 0.964757 和 2.025929，违约概率都大于 0.5%，表明存在违约风险。并且，2015 年的违约概率达到 16.73334，说明违约风险很大。2017 年的违约距离为 3.058832，违约概率为 0.111101，小于 0.5，说明债务风险比较小，不会出现违约现象。

表 4－20　内蒙古自治区 2015～2017 年债务的违约距离和违约概率

年份	2015	2016	2017
违约距离	0.964757	2.025929	3.058832
违约概率（%）	16.73334	2.138603	0.111101

（6）预测违约概率以及安全发债规模。由于新《预算法》中规定，地方政府以后主要的融资渠道为地方政府债券，所以，只要分析内蒙古自治区的发债规模，就可以度量违约风险。地方政府债券从 2009 年开始每年都在发行，且最近几年都连年递增（见表 4－21），则每年都要偿还一定的到期债务。为了分析的方便，则将每年的偿还额定为每年的发债规模（韩立岩，2005）。把上文中预测的 2015～2017 年内蒙古地方财政收入以及 μ、σ 值代入式（4－20）、式（4－21），通过 Mathcad 软件连续的试算，可以得到 2015～2017 年内蒙古自治区三年期、五年期和七年期债券不同发债规模下的违约距离和违约概率，从中找出 2015～2017 年内蒙古自治区不同期限债券的安全的发债规模。

表 4－21　内蒙古自治区 2010～2014 年真实发债规模

年份	发债规模（亿元）		
	三年期	五年期	七年期
2010	41	18	0
2011	29	30	0

年份	发债规模（亿元）		
	三年期	五年期	七年期
2012	42	43	0
2013	56	55	0
2014	50	50	25

资料来源：中华人民共和国财政部网站。

表4-22 内蒙古自治区2015年不同发债规模下的违约距离和违约概率

B/FR （%）	发债规模 （亿元）	违约距离			违约概率（%）		
		3	5	7	3	5	7
3.20	67.11	4.49	3.87	3.60	0.00	0.01	0.02
6.40	134.22	3.37	3.00	2.86	0.04	0.14	0.21
8.38	175.83	2.93	2.66	2.58	0.17	0.39	0.50
8.96	187.91	2.82	2.58	2.51	0.24	0.50	0.61
10.40	218.10	2.58	2.39	2.35	0.50	0.85	0.94
12.80	268.44	2.24	2.13	2.13	1.25	1.67	1.67
25.60	536.87	1.12	1.26	1.39	13.18	10.45	8.20

表4-23 内蒙古自治区2016年不同发债规模下的违约距离和违约概率

B/FR （%）	发债规模 （亿元）	违约距离			违约概率（%）		
		3	5	7	3	5	7
3.20	76.36	4.52	3.90	3.63	0.00	0.00	0.01
6.40	152.72	3.39	3.02	2.88	0.03	0.13	0.20
8.51	203.11	2.92	2.66	2.58	0.17	0.39	0.50
9.06	216.10	2.82	2.58	2.51	0.24	0.50	0.60
10.53	251.22	2.58	2.39	2.35	0.50	0.85	0.94
12.80	305.44	2.26	2.14	2.14	1.20	1.61	1.61
25.60	610.87	1.12	1.26	1.40	13.03	10.32	8.08

从表4-22、表4-23、表4-24中可以看到，当内蒙古自治区2015～2017年三年期债券的发债规模分别为67.11亿元、76.36亿元和86.88亿元时，违约概率为0，表明不存在违约风险；当发债规模分别为218.10亿元、251.22亿元和288.44亿元时，占2015～2017年财政收入分别为10.40%、10.53%和

10.62%，违约概率为0.5%，达到了安全规模；当发债规模继续增大时，违约距离逐渐减小，违约概率不断增大，违约风险也越来越大。同样的，当内蒙古自治区2015～2017年五年期债券的发债规模分别为187.91亿元、216.10亿元和249.35亿元时，占2015～2017年财政收入分别为8.96%、9.06%和9.18%，达到了安全发债规模。并且，当内蒙古自治区2015～2017年七年期债券的发债规模分别为175.83亿元、203.11亿元、234.58亿元时，占2015～2017年财政收入分别为8.38%、8.51%和8.64%，达到了安全发债规模。

表4-24　内蒙古自治区2017年不同发债规模下的违约距离和违约概率

B/FR（%）	发债规模（亿元）	违约距离			违约概率（%）		
		3	5	7	3	5	7
3.20	86.88	4.56	3.92	3.65	0.00	0.00	0.01
6.40	173.76	3.41	3.04	2.90	0.03	0.12	0.19
8.64	234.58	2.92	2.66	2.58	0.17	0.39	0.50
9.18	249.35	2.82	2.58	2.51	0.24	0.50	0.60
10.62	288.44	2.58	2.39	2.36	0.50	0.84	0.92
12.80	347.52	2.27	2.16	2.15	1.15	1.56	1.56
25.60	695.04	1.13	1.27	1.41	12.90	10.19	7.97

四、结论

地方政府债券有着不可忽视的违约风险，从实证研究结果可以看到，发债规模越大，债务的违约风险也就越强，所以，在地方政府的发债规模上的控制，对防范违约风险会有很大的作用。从《内蒙古自治区政府性债务审计结果》中可以看出，内蒙古自治区在2013～2015年是政府债务余额重要款期，偿债压力比较大，2015年和2016年相对于2017年而言，到期还债的规模很大。本文通过KMV模型测度出，2015年和2016年的债务违约风险比较大，所以，对风险的防范将变得十分重要。

将违约概率控制在0.5%之内，内蒙古自治区就达到了安全的发债规模。由此可见，内蒙古自治区三年期债券发债规模控制在当年财政收入的10.40%之内，五年期债券控制在8.96%之内，七年期债券控制在8.38%之内，不会产生信用风险。

第六节　完善内蒙古自治区地方政府债务管理的举措

按照国家相关政策要求，完善债务规模控制、预算管理、存量化解、风险监控、配套制度等各项工作。

一、加快建立规范的地方政府举债融资机制

1. 按规定权限，依法适度举债

经国务院批准，自治区人民政府可以适度举借债务。各盟行政公署、市人民政府、各旗县（市、区）人民政府确需举债的，由自治区人民政府代为举借。政府债务只能通过政府及其部门举借，不得通过企事业单位举借。

2. 建立规范的举债融资机制

各级人民政府举债采取地方政府债券方式筹集资金。没有收益的公益性事业发展确需政府举借一般债务的，通过发行一般债券融资，主要以一般公共预算收入偿还；有一定收益的公益性事业发展需政府举借专项债务的，通过发行专项债券融资，以对应的政府性基金或该项目专项收入偿还。

3. 推广使用政府与社会资本合作模式

鼓励社会资本通过特许经营等方式，参与城市基础设施等有一定收益的公益性事业投资和运营。要重点关注城市基础设施和公用事业领域，优先选择定价机制透明、有稳定现金流的项目，如城市供水、供暖、供气、污水和垃圾处理、保障性安居工程、地下综合管廊、轨道交通、医疗和养老服务设施等，积极稳妥推进政府与社会资本合作模式试点项目。

4. 加强政府或有债务监管

剥离融资平台公司政府融资职能，融资平台公司不得新增政府债务。各级人民政府新发生或有债务，要严格限定在依法担保的范围内，并根据担保合同依法承担相关责任。各级人民政府要加强对或有债务的统计分析和风险防控，做好相关监管工作。

二、对全区地方政府债务实行规模控制与预算管理

1. 对全区地方政府债务实行规模控制

对全区地方政府债务规模实行限额管理，各级人民政府举借债务不得突破批准的限额。全区地方政府一般债务和专项债务规模纳入限额管理，由自治区人民政府在国务院批准的限额内确定。

2. 严格政府举债程序和限定资金用途

在自治区人民政府确定的限额内，各盟行政公署、市人民政府在自治区批准

的分盟市限额内举借债务，必须报本级人大或其常委会批准或备案。在政府债务限额内，根据自治区确定的年度债务资金使用方向和重点，各盟市、自治区各有关部门编制本地区、本部门债务资金项目使用计划，报自治区财政厅审核汇总后，由自治区财政厅组织地方政府债券发行筹集债务资金。

3. 将全区政府债务分门别类纳入全口径预算管理

各级人民政府要将当年举借的一般债务、专项债务收支分别纳入一般公共预算、政府性基金预算；存量债务还本付息支出，或有债务确需政府或其部门依法承担偿债责任的偿债资金，对政府与社会资本合作模式项目的财政补贴，对承担公益性项目企事业单位的财政补贴、资本金注入等，按资金性质分别纳入一般公共预算、政府性基金预算。将政府或有债务纳入预算监管范围，以预算报表备注或附表方式向同级人大报告。要根据债务支出一般具有跨财政年度的特点，积极推行编制三年债务规划。未列入年度预算的债务项目，不得进行项目招投标和开工建设。

三、控制和化解地方政府性债务风险

1. 建立地方政府性债务风险预警机制

完善各级人民政府债务档案建设工作，强化风险意识，测算一般债务率、专项债务率、新增债务率、偿债率、逾期债务率及综合债务率等指标，参考国际通用的债务风险和信用评级指标，建立适合内蒙古自治区特点的地方债务风险预警指标体系和联网信息数据库，对债务规模、结构和安全性进行动态监测和评估，实时监测债务风险。

2. 建立债务风险应急处置机制

各地区要制定债务风险应急处置预案，建立责任追究机制。出现偿债困难时，要通过控制项目规模、压缩公用经费支出和处置存量资产等方式，多渠道筹集资金偿还债务。在难以自行偿还债务时，要及时上报，本级人民政府和上级人民政府要启动债务风险应急处置预案和责任追究机制，切实化解债务风险，并追究相关人员责任。

3. 严肃财经纪律

各级人民政府及其有关部门要建立对违法违规融资、违规使用政府债务资金和违规担保的惩罚机制，加大对地方政府性债务管理的监督检查力度。各级人民政府及其所属部门、机构和事业单位不得违反《中华人民共和国预算法》举借债务，不得以支持公益性事业发展名义举借债务用于经常性支出或楼堂馆所建设，不得挪用债务资金或改变既定资金用途；对企业的注资、财政补贴等行为必须依法合规，不得违反《中华人民共和国担保法》为任何单位和个人以任何方式提供担保；不得违规干预金融机构等正常经营活动，不得强制金融机构等提供

政府性融资。各地区要进一步规范土地出让管理，坚决制止违法违规出让土地及融资行为。

四、完善配套制度

1. 完善债务报告和公开制度

各部门按规定定期向同级财政部门报送债务信息，各级财政部门要认真审查债务数据，加强动态监控，及时向本级人民政府和上级财政部门报送汇总信息以及发现的新情况、新问题。加快建立权责发生制的政府综合财务报告制度，全面反映政府资产负债情况。

建立政府性债务公开制度，加强政府信用体系建设。各地区财政部门要在本地区政府网站公开政府性债务总体情况，各部门要公开本部门债务情况和项目建设情况，自觉接受社会监督。

2. 建立考核问责机制

把政府性债务作为一个硬指标纳入政绩考核。综合考虑各地区经济发展、资产负债等情况，从债务综合水平、债务管理制度建设和债务诚信等方面进一步细化债务管理工作考核指标。对于脱离实际过度举债、违法违规举债或担保、违规使用债务资金、恶意逃废债务等行为，要追究有关人员责任。

把债务项目绩效评价作为财政绩效评价的重要内容。从资金投向、规范使用、基础条件改善、社会效益、还债信用等方面合理设定指标，定期向社会公开项目绩效评价情况，并建立项目绩效评价结果与部门及其所属地区后续债券安排挂钩机制。

3. 建立政府债务协调机制

财政部门作为地方政府性债务归口管理部门，要完善债务管理制度，充实债务管理力量，做好债务规模控制、债券发行、预算管理、统计分析和风险监控等工作。同时要在明确各部门分工的基础上，加强与发展改革部门、审计部门、监察部门等部门的沟通协调，妥善处理存量债务和在建项目后续融资，实现对地方政府债务的综合管理。

根据上述分析，内蒙古自治区地方政府性债务风险压力总体可控，要多管齐下、疏堵结合，从制度建设、体制机制和政策管理等方面入手，缓解地方政府性债务风险压力。转变经济发展方式，保持合理增长速度，为缓解地方政府性债务风险压力提供良好外部条件；加快政府职能转变、降低民间资本进入门槛，从源头降低地方政府性债务风险压力；深化财政体制改革、建立中央与地方债务风险合理分担机制，整体提高政府应对债务风险压力的能力；有效构建地方政府性债务风险预警和防范机制；进一步提高财政管理水平，为防控地方政府性债务风险提供技术支撑。

第 五 章

内蒙古自治区盟市财政发展分析

在发展"中蒙俄经济走廊"的战略背景下，内蒙古自治区各盟市抓住发展的契机，加强贸易发展，促进经济迈上一个新的台阶。内蒙古自治区共有12个盟市，根据经济发展布局可划分为蒙东地区、蒙中地区和蒙西地区三个区域，本文在分析过程中通过对东、中、西三个区域的产业结构、基础设施建设、财政运行状况的比较与分析，指出内蒙古区域经济发展不均衡的现状，蒙中地区以呼、包、鄂为首的经济三角对内蒙古自治区的经济发展贡献最大，蒙西地区次之，发展落后的是蒙东地区。同时本文还运用计量分析方法对内蒙古区域经济发展差距的相关因素进行分析，得出影响内蒙古区域经济发展的主要因素有人均居民可支配收入、第二产业占GDP比重、人均固定资产投资完成额三种。缩小区域经济发展差距的财政对策主要有调结构促进资源合理配置；加大政府扶持力度以及对东西部地区的财政补贴力度，协调区域经济的可持续发展。

第一节 内蒙古自治区盟市经济发展现状及特征

一、内蒙古自治区 12 盟市经济发展现状

内蒙古自治区位于中国北部边疆，由东北向西南斜伸，呈狭长形，东西直线距离 2400 公里，南北跨度 1700 公里，横跨东北、华北、西北三大区；土地总面积 118.3 万平方公里，占全国总面积的 12.3%，在全国各省、市、自治区中列第三位。东南西与 8 省区毗邻，北与蒙古国、俄罗斯接壤，国境线长 4200 公里。内蒙古自治区总面积达到 118.3 平方千米，占我国国土面积的 12.3%。向西达97°12′E，向东达 126°04′E，横跨经度 28°52′；向北达 53°23′N，向南达 37°24′N，纵越纬度 15°59′。其地理空间的外形可以概括为东西延展的跨度较大，南北紧缩的跨度较小。

内蒙古自治区幅员辽阔，现设有呼和浩特市、包头市、乌海市、赤峰市、鄂尔多斯市、通辽市、呼伦贝尔市、兴安盟、锡林郭勒盟、乌兰察布市、巴彦淖尔市和阿拉善盟，共计 12 盟市，但是由于历史发展、资源禀赋、自然条件、人口、政策等因素影响，内蒙古自治区各盟市的经济发展水平存在很大的差异，区域经济发展水平呈现出不平衡的状态。改革开放以来内蒙古自治区的经济飞速发展，尤其是近几年的经济增长幅度连续居全国首位，举世瞩目。

内蒙古自治区从经济发展布局出发，可分为三个区域：蒙东地区，包括呼伦贝尔市、兴安盟、赤峰市、锡林郭勒盟、通辽市，"呼包鄂经济圈"以中部地区为主，蒙西地区主要包括阿拉善盟、巴彦淖尔市、乌海市。

表 5 – 1 内蒙古自治区 12 盟市按经济区域划分

	蒙东	蒙中	蒙西
城市	赤峰市 通辽市 呼伦贝尔市 锡林郭勒盟 兴安盟	呼和浩特市 鄂尔多斯市 包头市 乌兰察布市	阿拉善盟 巴彦淖尔市 乌海市

资料来源：通过《内蒙古统计年鉴》（2013）整理得出。

在实施"一带一路"战略的背景下，内蒙古自治区要抓住经济发展的契机，发挥好联通俄蒙的区位优势，利用内蒙古自治区矿产业、林业、农业、畜牧业生

产和技术的比较优势，加强与俄蒙在矿业、林业、农业、畜牧业等方面的开发与合作。加强中俄、中蒙的边境经贸往来、地区合作、文化的密切交流，已构筑起的策克、甘其毛都、二连浩特、满洲里等19个口岸继续向北全方位地开放，将内蒙古自治区建设成为向北开放的桥头堡。通过开放消化过剩的产能，促进转型升级，为内蒙古自治区经济带来强劲的增长动力。在内蒙古自治区落实"8337"发展思路的同时，推进"一带一路"建设方面的良好开局，全力推进基础设施互联互通、经贸合作、人文交流等6类29个重点项目的建设，把建设"草原丝绸之路"作为向北开放的新动力。

全区国民经济保持了持续快速增长，无论是经济总量，还是人均水平都大幅度提高，经济实力明显增强，在全国的地位和影响力也明显提高。内蒙古自治区GDP增速继续保持自2002年以来连续7年全国第一，人均GDP居全国第8位。2010年GDP高达11672亿元，跻身"万亿俱乐部"行列。内蒙古地区的综合竞争力在全国范围内也位居前十名，领先于西部地区其他省级行政区①。虽然内蒙古自治区的经济发展势头良好，但是其各区域间的经济发展差距也在逐渐扩大。

中国社会科学院发布的《中国省域经济竞争力发展报告（2009~2010)》蓝皮书指出，内蒙古自治区的综合竞争力位于省级行政区排行前十名，在西部地区独占鳌头。"十一五"期间，内蒙古自治区生产总值年均增长率约为17.6%，与"十五"期间的增长率相比，增长了大约0.5个百分点；工业生产总值增长速度一直居高不下，2012年第二产业增加值达到5618.40亿元，与2011年相比，增长了约18.8%；2012年建筑业总值增加至747.39亿元，与2011年相比，增长了近14.1%；2012年农作物种植面积达到约700.26万公顷，与2011年相比，增加了约7.46万公顷。煤炭、电力等传统能源产业快速发展，2012年，内蒙古自治区全区的煤炭总产量为10.6亿吨，占全国煤炭产量的28.96%；煤炭外运6.55亿吨以上，占全国跨省区煤炭交易量的40%，成为全国第一大煤炭生产和输出省区；发电量3341.44亿千瓦时，外送电量1337亿千瓦时，占全国跨省送电量的18.5%，位居全国第一。

在现阶段，内蒙古自治区的区域经济发展大致表现为，"呼包鄂"金三角组成的中部地区经济发展水平最高，东部、西部欠发达，西部的人均水平较东部好一些，大体上可以表述为"中部突起、两翼滞后"。从理论上来讲，区域内各地区之间存在一定的经济落差与梯度有利于各种生产要素的流动与资源的最优配置，也能促使整个区域综合经济实力的增强。然而，如果一个区域内的经济发展差距过大，整个区域经济持续增长也会受到很大的阻力，甚至可能将单纯的经济

---

① 《内蒙古财政年鉴》(2012)。

问题上升为社会矛盾，最终出现两极分化的现象，从而对社会的稳定秩序产生不利的影响。因此，弄清楚内蒙古自治区现阶段区域经济发展存在差距的状况，探究引致内蒙古自治区各区域经济差距产生的因素，根据其影响因素找出这种差距产生的原因，并提出协调整体经济发展水平的一些建议，具有较高的学术价值。

改革开放以来，内蒙古自治区区域经济差距的情况有很大的变化，每个时期都有其区域经济差距的特点。1979 年的改革开放为经济发展提供了很好的发展条件，但因为发展基础相对薄弱，内蒙古自治区经济发展水平相对比较低，各旗、县、市区的经济发展水平高低相差不多。这种状况一直持续到了 1985 年左右，由于东部地区接近东北老工业基地，其建筑业、运输业等生产值迅速增加，虽然包头市也建立了较完整的重型汽车生产体系，但毕竟只是微小的一部分，并不能带动整个西部地区的经济增长，此时内蒙古自治区区域经济差距表现为东（呼伦贝尔市、兴安盟、赤峰市、锡林郭勒盟、通辽市）、西（乌兰察布市、包头市、呼和浩特市、鄂尔多斯市、乌海市、巴彦淖尔市、阿拉善盟）两个大区域之间的差距，东部地区的经济发展水平比西部地区要高。后来随着西部大开发、京津冀经济圈等区域规划陆续开始实施，内蒙古自治区在这些政策的带动下开始探索区域经济的发展，其中呼和浩特市、包头市、鄂尔多斯市依托资源优势和有力的政策支持，迅速崛起，东部地区的发展速度相对"呼包鄂"较慢，到 1995 年左右，整个内蒙古自治区区域经济差距基本显现出中、西、东三个区域的差距形式，中部发展水平最高，东部次之，西部较落后。

从中、东、西三大区域基本形成到现在，国家不断出台各种经济发展政策，给内蒙古自治区区域经济发展创造了较好的环境。中部地区利用其自然资源禀赋与地理位置优越的优势，加上工业基础雄厚与良好的政策条件，经济飞速增长，渐渐形成一个"增长极"。西部地区不断进行产业的优化升级，近年来注重第二产业的发展，实现了经济的快速增长，其中阿拉善盟利用其毗邻中部"增长极"的区位优势，积极参与中部经济圈的经济发展，乌海市作为煤炭开发的重要基地，正在不断完善其在区域中中心城市的引擎功能。相比之下，东部地区的经济发展则比较落后，增长率也不高，与其他两个区域的绝对经济差距在逐渐拉大。

总体上来看，内蒙古自治区的区域经济发展遵循着"东西互补、内外互动"的指导原则，充分发挥了区位资源的比较优势来实现区域间的合理分工。但是这种非均衡的发展策略通过"回流效应"和"扩散效应"，更加剧了区域间经济发展的不平衡，中部地区越发发达，东部、西部地区跟不上其发展的脚步，使得区域经济的可持续性发展受到了很大的影响。鄂尔多斯一体化发展，辐射带动内蒙古西部地区率先发展。加大内蒙古东部地区开发开放力度，进一步融入东北及渤海经济区，主动承接辐射带动和产业转移。优化兴安、赤峰、锡林郭勒等地区的水煤资源配置，有序发展煤电、煤化工、有色金属加工、装备制造、农畜产品深加工等产业。支持革命老区、少数民族聚居区、边境地区、贫困地区的加快发展，对集中连片特殊困难地区实施扶贫攻坚。在加大对东部地区支持力度的同时，建立自治区内部对口帮扶机制，引导西部地区在资金、技术、人才、管理等方面加强对东部地区的帮扶。统筹内蒙古自治区东西部地区发展，加快构建沿黄河、沿交通干线经济带，合理布局生产力，着力提升能源、新型化工、装备制造等产业水平，增强区域实力和竞争力。

近年来，内蒙古自治区东部盟市抓住国家西部大开发和振兴东北老工业基地的机遇，主动做好与东北地区的对接工作，积极走新型工业化道路，深化改革，扩大开放，努力实现国民经济的快速发展，特别是向北开放中取得新突破，不断扩大与俄蒙的经济技术合作与交流，促进东部盟市的经济发展。进入"十二五"以来，东部盟市经济保持较快发展势头，已初步成为支撑全区经济发展新的增长极。

本书在进行分析的过程中，按照内蒙古自治区十二盟市的经济区域和行政区域相结合的方式，将锡林郭勒盟从东部地区划分至中部地区来分析，因为锡林郭勒盟的地理范围既有一部分属于中部地区，还有一部分属于东部地区，但从整体上看还是属于中部地区的范围更大一些，因此将其划分至中部地区更有利于后续的数据整理和分析。

表 5-2　内蒙古自治区 12 盟市按经济区域划分

	蒙东	蒙中	蒙西
城市	赤峰市 通辽市 呼伦贝尔市 兴安盟	呼和浩特市 鄂尔多斯市 包头市 乌兰察布市 锡林郭勒盟	阿拉善盟 巴彦淖尔市 乌海市

1. 人均国内生产总值概括

内蒙古自治区中、东、西各区域人均 GDP 的发展变化过程，在这三大区域之间存在较大差距。中部地区一直领先其他两个地区，西部地区次于中部地区，而且后来也一直跟进中部地区增长的脚步，东部地区人均 GDP 增长较平稳，后来与其他两个地区的实际差距越来越大，但相对来讲，差距的比例没有太大的改变。

2013 年，呼和浩特市人均国内生产总值为 90941 元，包头市为 124586 元，鄂尔多斯市为 196728 元。中部地区的"金三角"仍然为自治区经济发展的中坚支柱。西部地区的盟市人均国内生产总值：乌兰察布市为 39215 元，巴彦淖尔市为 49996 元，乌海市为 104420 元，阿拉善盟为 185757 元。而东部盟市的人均国内生产总值：呼伦贝尔市为 56470 元，兴安盟为 25629 元，通辽市为 56955 元，赤峰市为 39126 元，锡林郭勒盟为 86790 元。近十年来内蒙古自治区 12 盟市人均国内生产总值如表 5 – 3 所示。

表 5 – 3　内蒙古自治区 12 盟市人均国内生产总值

单位：元

地区＼年份	2004	2005	2006	2007	2008	2009	2010	2011	2012	2013
呼和浩特市	20321	29049	34710	42015	49606	61108	65518	75266	83906	90941
包头市	23817	35086	41334	51564	70004	84979	93441	112372	118320	124586
呼伦贝尔市	9598	11971	14628	18687	23413	28881	36552	45039	52649	56470
兴安盟	6119	7513	7912	8947	11166	13498	16203	19458	23944	25629
通辽市	8940	10616	13354	18952	25402	31147	37489	46166	54019	56955
赤峰市	6522	7894	9751	13470	17242	21037	24967	31121	36070	39126
锡林郭勒盟	13739	17093	21328	28691	38569	47019	57727	67584	79105	86790
乌兰察布市	8352	10592	13215	16077	20359	23489	26459	32281	36525	39215
鄂尔多斯市	23500	40169	53166	75021	102128	134361	138109	163014	182680	196728
巴彦淖尔市	10349	12560	16045	19644	25237	29384	36048	43118	47012	49996
乌海市	20081	27272	32598	40130	50036	64147	73801	89830	97617	104420
阿拉善盟	22464	30587	40372	51616	83047	110311	133058	168078	179608	185757

通过表 5 – 3 根据本章内蒙古自治区 12 盟市的区域划分可以得出内蒙古自治区东部、中部、西部人均生产总值的特点如表 5 – 4 所示。

表 5 – 4　内蒙古自治区东中西三大区域人均 GDP 平均水平

单位：元

年份＼地区	东部	中部	西部
2004	31179	89729	52894
2005	37994	131989	70419
2006	45645	163752	89015
2007	60056	213368	111391
2008	77223	280666	158320

续表

年份 \ 地区	东部	中部	西部
2009	94563	350956	203842
2010	115211	381254	242907
2011	141785	450517	301026
2012	166682	500536	324237
2013	178180	538259	340173

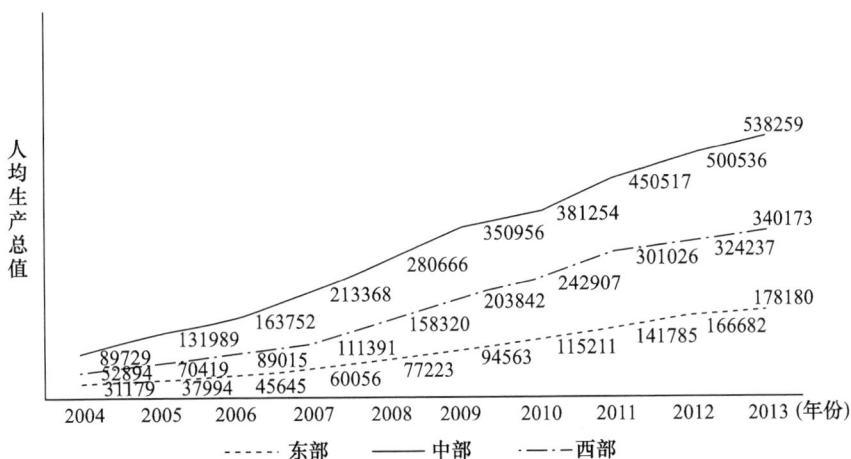

图5-1 内蒙古自治区东部、中部、西部人均生产总值趋势

从图5-1和表5-4数据可以分析出，内蒙古自治区的中部、东部、西部三个区域人均GDP呈现的特征是中部地区最高，其次是西部和东部。通过近几年的数据分析可以看出，内蒙古自治区东部、中部、西部三个区域的经济增长率整体都是呈现先增大后减小的态势，也可以看出东部地区的增长速度一直都较其他两个地区平稳一些；中部地区开始增长率不断变大，2005年达到最快，后来不断减小；西部地区同中部地区类似，开始逐年加速，到2007年达到一个顶峰，然后增长速度开始呈现下降的趋势。

从整体上来讲，近年来内蒙古自治区的经济发展良好，增长速度很快，尤其是西部地区的经济增长速度非常快，2007~2010年达到一个小高峰，中部地区的经济发展一直领先于另外的两个区域。虽然中部、西部地区近两年增长速度有所减慢，增长率已经略低于东部地区，但由于基数大，绝对的差异仍在扩大。这一现象说明，"良好的经济基础在地区经济的发展中具有积极的推进作用，换言之，经济发达程度相对较高的地区拥有诸多比较优势，能够为助推其经济进一步发展贡献力量"，经济欠发达的地区，例如，内蒙古自治区西部地区通过发达地区的带动，加上自身不断努力，也可以有很高的经济增长率，由此跟上发达地区经济发展的脚步。该结论与赫希曼的经济非均衡增长理论关于区域间差距的相关理论相符合。

2. 产业结构的差异

为直接地反映不同区域间同种产业的差距，本书利用三次产业增加值作为度量方法，分析内蒙古自治区中部、东部、西部三个区域的三次产业差距情况。具体分析 2005 ~ 2012 年内蒙古自治区中部、东部、西部三个区域第一产业增加值的变化情况如表 5 - 5 所示。

表 5 - 5　内蒙古自治区中部、东部、西部三大区域第一产业增加值平均水平

单位：%

年份 \ 地区	东部	中部	西部
2005	27. 27	23. 17	7. 16
2006	85. 63	25. 76	3. 55
2007	76. 08	58. 07	19. 34
2008	23. 73	10. 12	7. 95
2009	97. 98	57. 81	21. 46
2010	111. 40	74. 15	21. 34
2011	91. 56	47. 18	14. 21
2012	77. 86	48. 03	9. 57
2013	80. 3	50. 2	12. 1

就第一产业增加值平均水平而言，内蒙古自治区中部、东部、西部三个区域间差距呈现不同的变化趋势。其中，东部地区与中部、西部地区间第一产业增加值平均水平的差距逐年增大，一直领先于中部、西部地区，中部地区第二，西部地区最后。东部地区的第一产业增加值一直保持高速增长，在 2008 ~ 2009 年时出现一个缓和，后又有了更高的增长速度；中部地区一直维持一个较为缓和的增长速度，第一产业的生产值逐年保持增长；西部地区第一产业生产值基本与中部地区保持同比增长，增速较缓和，如表 5 - 5 所示。

内蒙古自治区中部、东部、西部三个区域第二产业增加值的变化情况见表 5 - 6。2005 年之后，中部地区第二产业增加值以较高的速度增长，与东部、

西部地区的差距逐年增大，其差距增幅较为明显，且有进一步扩大的趋势。

表5-6　内蒙古自治区中部、东部、西部三大区域第二产业增加值平均水平

单位:%

年份 \ 地区	东部	中部	西部
2005	126. 19	362. 53	77. 83
2006	256. 97	463. 24	92. 30
2007	311. 53	858. 97	155. 29
2008	291. 42	707. 67	161. 31
2009	367. 98	650. 49	181. 74
2010	507. 17	965. 6	221. 29
2011	470. 14	445. 87	70. 51
2012	517. 79	251. 34	43. 73
2013	598. 5	307. 6	69. 3

内蒙古自治区中部、东部、西部三个区域第三产业增加值的变化情况见表5-7。中部地区的第三产业增加值平均水平与东部、西部地区的差距保持逐年增大，尤其是2002年以后，其差距增幅更是呈扩大的态势。东部地区第三产业增加值平均水平始终保持大于西部地区，2006年前二者差距无明显增加，其后二者差距有增大态势。

表5-7　内蒙古自治区中部、东部、西部三大区域第三产业增加值平均水平

单位:%

年份 \ 地区	东部	中部	西部
2005	87. 79	238. 42	24. 56
2006	119. 33	460. 78	30. 55
2007	137. 42	430. 66	43. 26
2008	204. 95	732. 81	35. 97
2009	120. 61	462. 28	31. 20
2010	180. 08	618. 8	51. 11
2011	154. 38	642. 62	61. 97
2012	247. 49	599. 27	59. 19
2013	306. 3	625. 6	60. 3

资料来源：根据《内蒙古统计年鉴》整理得出。

总体而言，2000～2014 年，内蒙古自治区中部、东部、西部三个区域的三次产业之间的差值均呈现上升的趋势，中部地区第二产业、第三产业增加值的增长显著，与东部、西部地区的绝对差距不断增大；东部地区的第一产业增加值与其他两者相比一直处于领先地位。因此，内蒙古自治区三个区域的三次产业之间差距随时间推移而增大，东部地区相对于中部、西部地区而言，第一产业更有优势，经济相对发达地区的第二产业、第三产业相对于经济欠发达地区的发展较好，在生产总值中所占的比重较高。由此也可以看出，产业结构合理与否和经济发展状况息息相关，现在经济的发展水平主要取决于第二产业、第三产业的发达程度。

3. 基础设施建设的差异

基础设施包括一个地区的公路、铁道等设施，基础设施的建设情况对一个区域的经济发展起着不可忽视的作用，俗话说"要致富，先修路"，由此也可知加强基础设施建设对于实现经济的快速发展是至关重要的。罗森斯坦认为，发展中国家要想摆脱贫困就必须发展工业，要使工业发展得好，首先必须在基础设施建设方面加大资本的投入力度。一个区域基础设施建设情况直接影响该区域经济增长状况。本节选择内蒙古自治区中部、东部、西部地区的固定资产投资额来代表该区域基础设施建设的投资力度与基础设施建设的完备情况。

表 5-8　内蒙古自治区中部、东部、西部三大区域人均固定资产投资额

单位：万元

年份 \ 地区	东部	中部	西部
2004	5108400	12640000	2859500
2005	6463672	16305877	3009801
2006	8069990	21302636	3435467
2007	10731770	27629971	4351251
2008	14437895	34168160	5566363
2009	18697618	45678836	8661904
2010	23262838	54848136	9783251
2011	32050414	63812594	11156768
2012	39531007	76730319	12881518
2013	47391084	90094063	15233133

资料来源：通过《内蒙古统计年鉴》整理得出。

图 5-2 为内蒙古自治区中部、东部、西部三个区域人均固定资产投资额的

变化趋势。可以看出，中部地区的人均固定资产投资额大于东部、西部两个地区；西部地区的人均固定资产投资额一直略低于东部地区，两者大概同比例增长，2009 年西部地区有一个小的波动，但不是很明显，2010 年又回归原状态。2011 年内蒙古自治区的基础设施建设以中部地区为最好，其次是西部地区，东部地区暂居最后，由此可以得出，就经济发展的基础设施建设支持力度而言，中部地区投入力度最大。

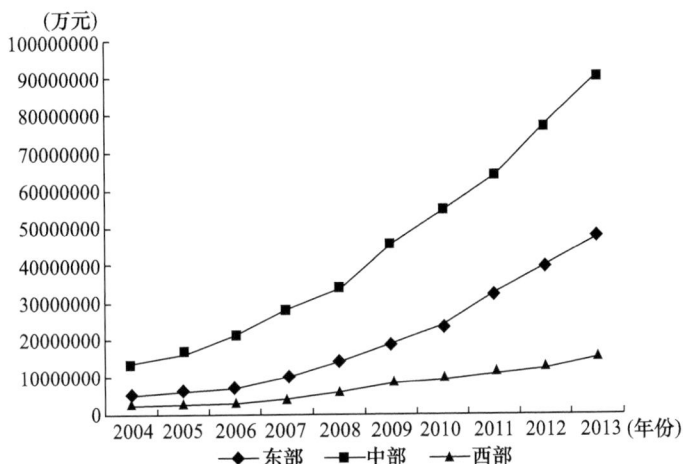

图 5-2　内蒙古自治区中部、东部、西部三大区域人均固定资产投资额折线图

4. 各盟市金融比例

作为经济发展的命脉，金融业的强度直接决定了整个地区的经济发展水平。表 5-9 为各盟市金融机构的人民币存款能力。

表 5-9　内蒙古自治区 2013 年各盟市金融机构人民币存、贷款余额

单位：万元

地区	金融机构存款	金融机构贷款
呼和浩特市	4289.05	2738.97
包头市	2326.59	1629.00
呼伦贝尔市	1111.07	618.59
兴安盟	355.23	268.58
通辽市	699.35	703.00
赤峰市	1267.64	860.72

续表

地区	金融机构存款	金融机构贷款
锡林郭勒盟	517.82	528.16
乌兰察布市	654.67	432.07
鄂尔多斯市	2325.69	2368.56
巴彦淖尔市	589.18	491.28
乌海市	587.33	474.98
阿拉善盟	225.20	218.37
总量	14948	11332

资料来源：通过《内蒙古统计年鉴》整理得出。

通过表5-9可以看出，各盟市之间金融机构存贷款所反映的金融产业发展十分不均衡，在12个盟市中，金融产业的三巨头就是以"呼包鄂"为首的黄金经济圈，占60%。

通过内蒙古自治区统计年鉴中各盟市经济发展数据可以看出，各盟市之间的教育资源分布不均，同时各盟市产品生产的品种也不均衡，各盟市的农业结构也存在巨大差异，呼和浩特市、包头市和锡林郭勒盟是以畜牧业为主的农业产业，呼伦贝尔市、兴安盟、通辽市、赤峰市是以农业为主的农业生产，而乌兰察布市、鄂尔多斯市、巴彦淖尔市和乌海市以农业和畜牧业的产业发展为主。

二、内蒙古自治区12盟市经济发展特征

学术界关于区域经济差距方面的指标可以概括如下：各区域的经济增长总值、经济增长速度、经济结构等方面的差异。基于分析的全面性与数据的可得性等，本书以GDP总量、GDP增长率、第二产业占GDP的比重、居民人均收入作为测算指标，统计内蒙古自治区12个盟市2004~2013年上述指标的相关数据，通过对上述统计指标的计量统计，对内蒙古自治区各盟市经济发展水平的差距进行分析。

1. 中部地区经济发展较快

中部地区经济发展较快，其中呼和浩特市作为自治区首府，有着明显的金融与人力资本优势；包头市矿产资源丰富，工业发达，其中白云鄂博大型铁矿是世界罕见的以铁、稀土、铌为主的多金属共生矿，其稀土储量居世界首位，铌储量居全国首位，世界第二位；鄂尔多斯市具有丰富的无机化工原料资源。探明天然气储量6000万吨，食盐1000万吨，芒硝70亿吨，其纯度、结晶度为国内外所罕见。

2013 年，呼和浩特市财政收入迈上新台阶，突破了 300 亿元大关，完成了 360 亿元。呼和浩特市继续支持产业结构优化，积极筹措资金，落实市政府确定的重大投资决策，坚持以惠民生作为重要事件，保证财政支出结构的优化调整，进一步提高财政管理科学化、精细化水平，大力支持首府社会事业的健康发展。

在各盟市综合得分中，鄂尔多斯市近几年遥遥领先，其所具有的综合经济实力也在其他城市之上，甚至是在呼和浩特市和包头市之上，其主要原因是鄂尔多斯市蕴含着大量的煤炭，由此而产生了煤炭产业的发展，也给以前十分落后的该地区一个迅速发展的机会，其发展速度不光在内蒙古自治区领先，在全国也是个奇迹，一度被大家称为西部的"小香港"。

呼和浩特市、包头市的综合经济实力相对较强。包头市是一个具有发展历史的老城市，其经济技术基础较好，而且它又是改革开放后优先发展的工业城市，还有它所处地理位置的优越性都使它迅速成为内蒙古自治区综合经济实力最强的一个城市。

包头市地方财政收入 2013 年完成 345 亿元，对于重点项目继续大力支持，同时保证财政规模不断提高，重点支持"三农三牧"事业发展，城乡一体化进行迈出了新的步伐，全面落实各项惠民补贴政策，促进城乡居民收入实现新提高。

这三个城市中呼和浩特市是首都城市，具有首府优势，包头市是以钢铁和稀土为主的工业城市，鄂尔多斯市是以煤炭为主的能源城市，这三个城市主要特点是经济总量大，经济质量相对比较高，社会经济发展水平和城市生活环境等方面指标在内蒙古自治区领先。而鄂尔多斯市作为 21 世纪后迅速崛起的能源开发的新型城市具有赶超呼和浩特市和包头市的势头，社会经济发展水平和增长潜力基本不相上下。只是鄂尔多斯市由于历史发展原因在一些软实力指标方面具有较大差距，制约了鄂尔多斯市综合经济实力、城市经济的集聚和扩散功能进一步发挥。

乌兰察布市 2012 年财政收入完成了 66.14 亿元。该市全力支持和促进全市经济平稳增长，大力支持和服务"三农"，扶持社会公共事业健康发展，同时深化和完成各项财政改革落实到位，着力保障和改善民生建设。

锡林郭勒盟矿藏资源十分丰富，自然储存条件好，现已发现的矿种达 50 余种。其中煤炭储量 947 亿吨，探明储量 722 亿吨。包括无烟煤 2800 多万吨，烟煤 3.5 亿吨，褐煤 690 多亿吨；金属矿已探明储量的品种包括钨、铜、铅、锌、锡、金等。

2012 年锡林郭勒盟财政收入为 130.9 亿元。本市落实惠农惠牧工作，促进农牧业发展，保证重点财政支出项目落实到位，调整和完善盟市两级的财政管理体制，推进农村牧区综合改革工作。

2. 西部地区经济发展次之

乌海市具有大量的原煤、石灰岩、铁等资源。主要矿产探明的储量：原煤44 亿吨，铁 0.0627 亿吨，石灰岩 7.62 亿吨。

乌兰察布市的石墨、氟石、黄金、墨玉等均为驰名中外的优势矿种。

阿拉善盟现已初步发现矿产 86 种，产地 500 余处，探明储量的矿产达 35种，产地 101 处，已开采利用的有 22 处。其中，煤炭探明储量 13 亿吨。湖盐探明储量达 1.6 亿吨，年产量 130 万吨，与印度红相媲美的诺尔红花岗岩已探明储量达 75 万立方米。

巴彦淖尔市矿产资源极其丰富，阴山山脉及整个境内所探明的矿藏：伴生金银铜矿，储藏量为 117 万吨，铜金属量达 1 万吨，娟英岩型白瓷石矿，储藏量为1120 万吨，属国内规模最大的露天矿之一，红柱石矿储藏量为 612.8 万吨等。

西部地区中巴彦淖尔市经济发展排名靠后，由于自身经济技术基础薄弱，常年又没有得到政府的优惠政策扶持，也没有形成自己地区的特色产业，因此排名较靠后。

3. 东部地区发展有待加强

赤峰市资源极其丰富。煤 20 亿吨，石油探明储量 1075 万吨，铁 1 亿吨，铬65 万吨，铜 16 万吨，铅 100 万吨，锌 330 万吨，钨 5 万吨，锡 40 万吨，银 2500吨，叶蜡石 1000 万吨，蛮石 99 万吨，石灰石 1.3 亿吨。其他各类资源储存也十分丰富。赤峰市 2012 年地方财政总收入 139.4 亿元，在促进经济稳定增长的前提下，加强民生保障水平，培养领导干部队伍作风建设，提高财政惠农资金项目的落实水平，深化财政改革管理工作。

通辽市已发现各类矿产 40 多种，探明储量的 20 多种，全市煤炭总储量 133亿吨，石油远景储量 8 亿吨，硅砂储量 550 亿吨，石灰岩储量 2.2 亿吨，麦饭石储量 3300 万吨。2012 年通辽市全市财政精心组织财政收入，保证财政收入平稳增长，完成了 138 亿元的财政收入任务，同时按照保增长、促发展的要求，发挥财政职能作用，落实积极财政政策。不断优化财政支出结构，不断体现公共财政职能，争取上级支持，全面提高服务全局的能力。加强监督检查，规范财政资金资产的管理。

呼伦贝尔市已经探查到的各类矿产达 40 余种，矿点 370 多处。煤炭探明储量为 307 亿吨，其中历经多年开采利用量（包括在建矿井的储量）为 9.15 亿吨，预测储量为 755 亿吨，居自治区第三位。呼伦贝尔市地方财政收入于 2012 年达到 137.3 亿元，全市本着深化财政体制改革为目标，继续提高依法理财的水平，普惠民生，完善基本公共服务体系，以及优化支出结构，推动本市经济和社会的健康发展。

锡林郭勒盟矿藏资源十分丰富，自然储存条件好，现已发现的矿种达50余种。其中煤炭储量947亿吨，探明储量722亿吨。包括无烟煤2800多万吨，烟煤3.5亿吨，褐煤690多亿吨；金属矿已探明储量的品种包括钨、铜、铅、锌、锡、金等。

兴安盟矿产资源已探明的有煤、铜、锌、铅、银、白云大理石、蛇纹石等有色金属和非金属矿藏。东部地区的经济实力得到国家振兴东北老工业城市政策的辐射带动。2012年兴安盟财政收入为40.38亿元，财政坚持优先开展各项业务工作，着力保障和改善民生，强化干部队伍建设，加快部门预算改革，推进项目资金管理机制的创新等原则。

第二节　内蒙古自治区盟市财政运行状况比较与分析

内蒙古自治区国民经济和社会发展计划执行情况保持着良好的运行状态，全区的生产总值呈现上涨的趋势。自治区的投资增长逐步加快，企业效益大幅度提高，对外贸易大幅增长，城乡居民收入增长稳步提高。全区的财政工作从服务大局、突出重点的角度出发，各项工作都上了一个新的台阶。

2013年，内蒙古自治区12盟市的公共财政预算收支情况如表5-10所示。

表 5 – 10　2013 年内蒙古自治区 12 盟市公共财政预算收支情况

单位：万元

地区	公共财政预算收入	公共财政预算支出
呼和浩特市	1820177	2948353
包头市	2151179	3552582
鄂尔多斯市	4400156	5186990
呼伦贝尔市	871408	3140161
兴安盟	187292	1667399
通辽市	1036339	2984019
赤峰市	911840	3477996
锡林郭勒盟	755816	1856565
乌兰察布市	424498	2517779
巴彦淖尔市	579335	1922926
乌海市	684895	915199
阿拉善盟	451922	931577

资料来源：根据《内蒙古财政年鉴》（2014）整理得出。

通过表 5 - 10 可以看出，12 盟市中公共财政预算收支情况也是中部地区的财政收入最多，下面具体分析内蒙古自治区各个盟市的具体财政工作以及财政的运行情况。

一、内蒙古自治区中部地区的财政运行情况

1. 呼和浩特市财政工作情况

2004~2013 年呼和浩特市财政收支逐年递增，这也体现了呼和浩特市伴随着经济的发展、产业结构的调整，作为内蒙古自治区首府，充分发挥其经济、政治、文化等各方面的作用。

通过表 5 - 11 整理得出图 5 - 3 所示的折线图。

表 5 - 11 内蒙古自治区呼和浩特市财政收支情况

单位：亿元

年份	财政收入	财政支出
2004	60.88	60.41
2005	81.83	73.04
2006	111.8	92.23
2007	155.05	140.46
2008	158.31	133.06
2009	201.24	165
2010	241	177
2011	285	255
2012	316.32	276.29
2013	360	292.9

资料来源：通过《内蒙古统计年鉴》整理得出。

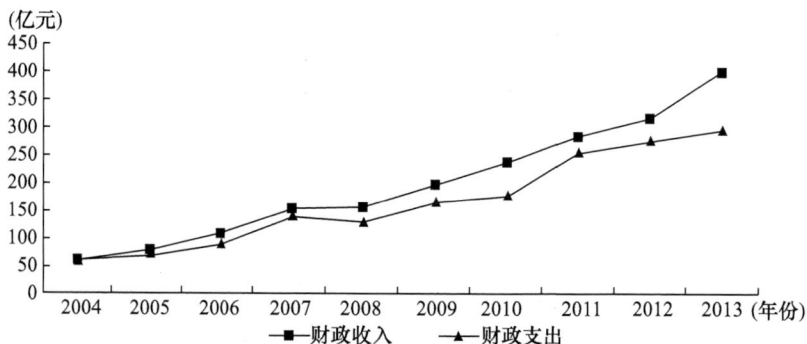

图 5 - 3 内蒙古自治区呼和浩特市财政收支情况折线图

近十年来，呼和浩特市的财政工作始终本着优化财政支出结构，保证重点项目的财政资金投入，深化财税体制改革，使其财政管理水平更进一个台阶。其中2011年，呼和浩特市财政总收入完成了285亿元，完成预算280亿元的102%，比2010年同期增加44亿元，增长18%。其中上划自治区税收为23亿元，上划中央税收110亿元，2011年全市财政总支出完成255亿元，比2010年同期增加78亿元，增长44%。

2013年，呼和浩特市地方财政总收入累计完成360亿元，完成政府下达全年收入任务355亿元的101.4%，比2012年同期增加43.7亿元，增长13.8%。其中公共财政预算收入完成182亿元，比2012年同期增长1.9%；上划中央税收158.6亿元，比2012年同期增长32.2%；上划自治区税收19.5亿元，比2012年同期增长9.7%。

2013年，全市地方财政总支出完成292.9亿元，比2012年同期增加16.6亿元，增长6.01%。其中，一般公共服务支出25.9亿元，公共安全支出15.5亿元，教育支出37.5亿元，科学技术支出3.1亿元，文化体育与传媒支出5.9亿元，社会保障和就业支出38.8亿元，医疗卫生支出17亿元，节能环保支出9.3亿元，城乡社区事务支出65.1亿元，农林水事务支出34.4亿元，交通运输支出15.2亿元，资源勘探、电力、信息等事务支出6.1亿元，其他类支出8.1亿元。同时赛罕区实现了县区级收入过百亿元大关的目标，成为自治区第四个过百亿元的旗县区，同时新城区财政收入也首次突破50亿元大关。

呼和浩特市的财政工作本着坚持民生优先为导向的原则，加大财政惠民工程的支出。继续加大"三农"投入，促进农业发展、农民增收；积极落实教育经费支出，促进教育事业健康稳定发展；社会保障和医疗救助水平也不断提高；积极筹措资金，改善城镇居民的居住条件；支持文化惠民、公益演出、全民健身等城乡基层文体发展。厉行节约，严格压缩"三公"经费等一般支出；积极推进财政预决算公开，努力打造阳光财政。进一步提高财政管理水平，推进财政科学化、精细化管理。

2. 包头市财政工作情况

2004~2013年，包头市财政收支情况本着逐年递增的趋势增加，完成了财政收支的预算，包头市作为内蒙古自治区工业产区，其为内蒙古自治区的财政收入也做出了巨大的贡献。

包头市的财政收支工作完成情况良好，加强税收的征管水平，确保各项财政收入及时入库，保证财政这个大蛋糕不断增大。同时充分发挥财政职能，统筹社会发展，深化财政体制改革，推进依法理财的进程。对于近年来财政安排的重点支出，如"三农"、民生方面支出都完成较好，保证资金落实到位，规范其管理水平，加强其科学合理的理财水平。

表5-12 内蒙古自治区包头市财政收支情况

单位：亿元

年份	财政收入	财政支出
2004	73.3	64.4
2005	102.2	77.9
2006	131.1	105.7
2007	163.01	134.54
2008	205.2	153.1
2009	217.2	196
2010	243.3	205
2011	295.5	313.5
2012	326.8	337.5
2013	345	398.1

资料来源：通过《内蒙古统计年鉴》整理得出。

2013年，包头市地方财政总收入完成345亿元，增长5.6%。其中，公共预算收入完成215.1亿元，增长15.8%；上划中央、自治区税收完成129.9亿元，下降7.9%。公共预算支出完成355.2亿元，增长22.1%。政府性基金收入完成86.7亿元，增长70.6%。政府性基金支出完成87.4亿元，增长88.1%。

市本级地方财政总收入完成52.4亿元，增长5.3%。其中，公共预算收入完成29.6亿元，下降9.4%。包头市第十四届人大一次会议批准的2013年市本级地方财政支出预算61.6亿元，市人大批准调增预算6亿元，预算执行中自治区陆续下达税收返还及各类转移支付补助收入127亿元，财政部代理地方发行债券资金17.1亿元，剔除转移支付和补助旗县区76.7亿元后，市本级2013年调整预算数为135亿元。市本级公共预算支出121.3亿元，增长31.5%。市本级政府性基金收入完成73.8亿元，增长96.3%；政府性基金支出完成66.6亿元，增长148.1%。

包头市2013年的财政工作本着努力克服减收增支的困难，确保财政收支保持平稳增长；全力支持经济平稳发展、稳增长、调结构等政策措施得到有效落实；加大保障和改善民生的投入力度，推动社会事业发展成效明显。大力支持城乡基础设施建设，统筹城乡发展稳步实施。加强制度建设和提高执行力，理财和服务水平都得到新的提高。

3. 鄂尔多斯市财政工作情况

2004～2013 年鄂尔多斯市财政收支逐年递增，凭借自身拥有的资源优势，成为内蒙古自治区经济发展的带头省区，为内蒙古自治区财政收入的增长做出了最大的贡献。

表 5 - 13　内蒙古自治区鄂尔多斯市财政收支情况

单位：亿元

年份	财政收入	财政支出
2004	42.4	45.8
2005	93.4	65.3
2006	145.8	95.8
2007	200.8	147.1
2008	265	168.4
2009	365.8	231
2010	538	318.8
2011	796.5	446.6
2012	820	489.9
2013	855.4	518

资料来源：通过《内蒙古统计年鉴》整理得出。

鄂尔多斯市作为创收的大市区，对于内蒙古自治区财政收入的贡献率一直是最大的，凭借其自身的资源和产业优势，确保财政收入处于首位。近年来，科学合理地安排各项支出，保障各项事业的规范运行。积极参与财税体制改革，加强财政监督检查工作。

2013 年，鄂尔多斯市地方财政总收入 855.4 亿元，增长 4.3%，其中，公共财政预算收入 440 亿元，增长 17.2%。主要财政工作是加大财政投入力度，推动经济发展；多举措促增收，财政保障水平得到提高；优化支出惠民生，社会事业发展取得新突破。其中，2013 年全市民生支出 422.7 亿元，增长 12.3%，占公共财政预算支出的 81.5%。教育支出 60.7 亿元，提高 15 年免费教育水平，新建、改扩建 40 所幼儿园，投入高等教育和中等职业教育专项资金 6.3 亿元，生态环境职业学院新校区建成投用。社会保障支出 40.3 亿元。企业退休人员养老金由每人每月 2265 元提高到 2433 元，城乡低保标准每人每月由 460 元和 340 元提高到 480 元和 390 元。同时创新财政机制提绩效，财政运行质量再上新台阶。转变工作作风，财政工作效率大幅提升。

二、内蒙古自治区西部地区的财政运行情况

1. 乌兰察布市财政运行情况

2004 ~ 2013 年，乌兰察布市财政收支情况本着逐年递增的趋势增加，完成了财政收支预算，乌兰察布市属于内蒙古自治区西部地区，其经济发展落后于金三角地区，同时在西部地区中，其财政收支情况处于中等水平。

表 5 - 14　　内蒙古自治区乌兰察布市财政收支情况

单位：亿元

年份	财政收入	财政支出
2004	17.55	42.47
2005	22.37	45.53
2006	29.6	54.2
2007	37.67（包含基金预算收入）	73.53
2008	35.05	90.52
2009	30.07	121.3
2010	36.81	152.4
2011	51.3	186.32
2012	66.14	233.72
2013	76.17	251.29

资料来源：通过《内蒙古统计年鉴》整理得出。

近年来，乌兰察布市的财政收入呈现快速增长的趋势，财政结构安排也较为合理，财政的调控和保障职能进一步加强，积极支持经济发展，加强财源建设。财政管理较为规范、严格，积极参与财政体制改革，保证财政资金的合理安排和使用。

2013 年，乌兰察布市地方财政总收入 76.17 亿元，完成预算的 100.1%，同比增加 10.03 亿元，增长 15.2%。收入增幅高于全区平均增幅 8.7 个百分点。其中公共预算收入完成 42.45 亿元，完成调整预算的 109.1%，比 2012 年增加 7.65 亿元，增长 22%。公共财政预算支出完成 251.29 亿元，比 2012 年增加 17.57 亿元，增长 7.5%。同时乌兰察布市的财政工作本着积极培植财源，促进经济平稳

发展，全面落实惠农政策，大力支持服务"三农"的政策；同时优化财政支出结构，加大民生投入，履行公共财政职能，扶持社会事业的发展。深入推进财政改革，提升科学理财水平，加强财政监督管理，提高资金使用效益。

2. 巴彦淖尔市财政运行情况

2004～2013年巴彦淖尔市财政收支情况本着逐年递增的趋势增加，也完成财政收支的预算，巴彦淖尔市属于内蒙古自治区西部地区，其经济发展落后于金三角地区，同时在西部地区中，其财政收支情况处于中上等水平。

表 5 – 15　内蒙古自治区巴彦淖尔市财政收支情况

单位：亿元

年份	财政收入	财政支出
2004	15.6	29.58
2005	21.22	35.42
2006	29.43	47.5
2007	45.5	67.72
2008	50.29	80.46
2009	55.84	105.5
2010	68.89	134.2
2011	82.53	154.65
2012	90.4	182.8
2013	97.7	192.3

资料来源：通过《内蒙古统计年鉴》（2004～2013）整理得出。

近年来，该市合理安排和使用财政资金，调整和优化各项财政支出结构，确保各项重点支出项目的资金落实到位，加强财税体制改革，积极努力发展经济，做强做大财政收入这块蛋糕，支持各项事业的稳步发展。

2013年，巴彦淖尔市地方财政总收入97.7亿元，同比增加7.3亿元，增长8.1%。其中，全市公共财政预算收入完成57.93亿元，同比增加8.32亿元，增长16.8%；上划中央税收完成31.92亿元，同比减少1.52亿元，下降4.6%；上划自治区税收完成7.83亿元，同比增加4872万元，增长6.6%。2013年全市公共预算支出完成192.3亿元，比2012年增加9.5亿元，增长5.2%。巴彦淖尔市的财政工作本着支持经济发展，确保民生政策落实到位，财政管理改革不断深化。

3. 乌海市财政工作情况

2004～2013年乌海市财政收支情况本着逐年递增的趋势增加，完成了财政收支的预算，乌海市属于内蒙古自治区西部地区，其经济发展落后于金三角地区，同时在西部地区中，其财政收支情况处于上等水平。

表5-16　内蒙古自治区乌海市财政收支情况

单位：亿元

年份	财政收入	财政支出
2004	11.65	11.84
2005	18.65	14.46
2006	26.36	21.14
2007	39.29	27.82
2008	47.06	31.5
2009	50.85	46.52
2010	52.35	63.54
2011	51.25	71.11
2012	54.41	79.32
2013	68.49	90.47

资料来源：通过《内蒙古统计年鉴》整理得出。

近年来，乌海市的财政收入一直处于稳步增长的趋势，加强收入的征管水平和征管力度，确保其财政收入快速增长，保障各项重点支出项目，同时加大财政体制改革的力度，构建财政资金运行的新模式。对于党员干部加大对其思想教育，培养廉政优秀的领导干部，提高干部队伍的综合素质。

2013年，乌海市地方财政总收入完成68.49亿元，同比增加14.08亿元，增长25.9%，其中税收收入完成30.33亿元，同比减少1.66亿元，下降5.2%；非税收入完成38.16亿元，同比增加15.73亿元，增长70.2%。加上上划中央和上划自治区税收，全市地方财政总收入完成102.66亿元，同比增加8.1亿元，增长8.6%。公共财政预算支出完成90.47亿元，同比增加11.15亿元，增长14.1%。政府性基金收入完成7亿元，同比减少3.54亿元，下降33.6%；本级公共财政预算收入完成23.66亿元，同比增加10.39亿元，增长78.3%；本级公共财政预算支出完成51.13亿元，市本级政府性基金收入完成0.76亿元，同比减少1.18亿元。

乌海市本着齐心协力抓征管，财政收入稳定增长，同时竭尽全力保民生，民生政策落实到位；抢抓机遇促发展，支持经济见到实效，同时财政科学管理能力不断增强。

4. 阿拉善盟

2004~2013年阿拉善盟财政收支情况本着逐年递增的趋势增加，完成了财政收支的预算，该盟属于内蒙古自治区西部地区，其经济发展处于西部地区的最后，同时其财政收入和财政支出情况也处于西部地区乃至整个自治区的中下等水平。

表5-17　内蒙古自治区阿拉善盟财政收支情况

单位：亿元

年份	财政收入	财政支出
2004	5.87	10.76
2005	9.51	14.49
2006	13.2	18.3
2007	18.58	22.79
2008	25.34	29.65
2009	32.64	41.46
2010	42.61	51.9
2011	53.28	64.34
2012	60.7	77.33
2013	65.6	93.16

资料来源：通过《内蒙古统计年鉴》整理得出。

阿拉善盟由于其地理位置和客观因素，其在西部地区的经济发展过程中处于落后的地位，但是近年来，一直积极进行改革创新，其财政的宏观调控能力不断增强。全盟各项事业发展都处于良好的运行态势，同时财政重点安排的支出项目也落实到位，确保财政资金的合理使用。

2013年，阿拉善盟地方财政总收入完成45.2亿元，同比增加9.3亿元，增长25.8%，加上上划中央和自治区税收，全盟地方财政总收入完成65.6亿元，比2012年同期增加4.9亿元，增长8.03%。全盟公共财政支出93.16亿元，比2012年同期增加17.8亿元，增长23.7%。财政工作主要本着稳增长、促发展、调结构等措施；落实各项强农惠农政策及时到位；加大保障和改善民生的力度；科学理财、依法理财能力不断提升。

三、内蒙古自治区东部地区的财政运行情况

1. 呼伦贝尔市财政运行情况

2004~2013年，呼伦贝尔市财政收支情况本着逐年递增的趋势增加，完成

了财政收支的预算，该市属于内蒙古自治区东部地区，其经济发展处于东部地区中上等水平，与通辽市、赤峰市和锡林郭勒盟并驾齐驱，财政收支水平也不相上下。

表5-18　内蒙古自治区呼伦贝尔市财政收支情况

单位：亿元

年份	财政收入	财政支出
2004	27.68	51.8
2005	35.72	61.35
2006	49.86	78.12
2007	70.24	110.37
2008	100.12	165.56
2009	112.47	212.24
2010	124.68	243.52
2011	114.37	254.94
2012	137.27	294.44
2013	151.18	314.02

资料来源：根据《内蒙古统计年鉴》整理得出。

呼伦贝尔市的财政收入稳步增长，财政运行过程中财政资金的使用也更加规范，确保了财政体制改革进程中各项财政资金的统筹合理发展。加强财政管理和财政监督，确保改革事业的顺利进行。

2013年，呼伦贝尔市地方财政总收入累计完成151.18亿元，完成调整预算的101.04%，同比增加13.92亿元，增长10.14%。其中公共财政预算收入87.14亿元，完成调整预算的100.29%，同比增加7.79亿元，增长9.81%；上划中央税收收入51.57亿元，完成调整预算的102.27%，同比增加4.97亿元，增长10.67%；上划自治区税收收入12.47亿元，完成预算的101.3%，同比增加1.16亿元，增长10.27%。政府性基金收入完成50.32亿元，完成调整预算的107.18%，同比减少2.5亿元，下降4.72%。

全市公共预算支出累计完成314.02亿元，完成调整预算的109.93%，同比增加19.74亿元，增长6.71%。政府性基金预算支出完成59.94亿元，完成调整预算的102.46%，同比增加2.74亿元，增长4.8%。

呼伦贝尔市2013年财政工作本着优化支出结构，推动经济社会健康发展为宗旨，深化财政改革，努力提高依法理财的水平。

2. 兴安盟财政工作情况

2004～2013 年，兴安盟财政收支情况本着逐年递增的趋势增加，完成了财政收支的预算，该盟属于内蒙古自治区东部地区，其经济发展处于东部地区最低水平，这也具有一定的历史因素和现实因素。

表 5-19　内蒙古自治区兴安盟财政收支情况

单位：亿元

年份	财政收入	财政支出
2004	9.07	18.98
2005	10.33	25.88
2006	8.91	31.34
2007	10.9	43.9
2008	15.39	61.35
2009	18.51	79.83
2010	22.22	110.73
2011	30.36	123.81
2012	40.38	152
2013	43.34	166.74

资料来源：根据《内蒙古统计年鉴》整理得出。

近年来，兴安盟一直发挥财政职能的作用，确保各项经济事业顺利开展，强化收入征管，确保收入及时入库，保障重点支出项目建设，促进各项事业的健康发展。同时大力推进财政支出的管理水平改革，加快依法理财的顺利实现。

2013 年，兴安盟财政总收入 43.34 亿元，完成预算的 101.24%，同比增加 2.96 亿元，增长 7.32%。其中上划中央税收入 22.67 亿元，增长 7.87%；上划自治区税收收入 1.94 亿元，增长 10.31%。公共财政预算收入 18.73 亿元，增长 6.42%。全盟公共预算支出完成 166.74 亿元，完成调整预算数的 93.29%，同比增加 14.74 亿元，增长 9.69%。政府性基金收入完成 10.87 亿元，支出完成 13.39 亿元。在全区各个盟市中，兴安盟财政收入增速排在第 9 位，支出增速居第 6 位。切实加大向上争取财政资金，共向上争取自治区一般性转移支付 74.31 亿元，同比增加 9.1 亿元，增长 13.95%。争取专项转移支付 65.69 亿元，同比增加 8.37 亿元，增长 14.6%。争取地方政府债券资金 9.46 亿元，同比增加 1 亿元，增长 11.82%。

兴安盟完成财政工作情况如下：扩大了政府公共投资，加大农业投入，着力保障和改善民生，提高干部职工收入水平，强化会计基础管理，加快财政信息化建设，深化国库集中支付制度改革，加快部门预算改革，推进"一事一议"项目资金管理机制创新，完善一卡通管理制度，强化乡镇财政建设，强化财政评审、监督等各项财政工作均得到有效实现。

3. 通辽市财政工作情况

2004 ~ 2013 年，全市各级财政按照"保增长、促发展"的要求，发挥财政职能作用，落实积极财政政策，着力扩大内需，支持经济发展方式转变和经济结构调整，促进全市经济持续发展。通辽市精心组织财政收入，保障收入平稳增长，采取多项措施促进收入平稳增长，如提高社会保障能力，推动社会事业健康发展，着力办好十件利民实事。

表 5 - 20   内蒙古自治区通辽市财政收支情况

单位：亿元

年份	财政收入	财政支出
2004	18.09	40.81
2005	26.4	53.54
2006	38	70
2007	55.1	95.02
2008	70.02	120.9
2009	82.98	152.43
2010	102.9	184.5
2011	121.3	213.5
2012	138.11	255.6
2013	149.34	298.32

资料来源：通过《内蒙古统计年鉴》（2004 ~ 2013）整理得出。

近年来，通辽市的财政收支一直处于稳步增长的态势，在财政资金管理和后期财政资金监督的过程中也积极稳步地推进财税体制改革的发展进程。确保财政收入创新高，壮大经济事业的发展水平。发挥公共财政职能，促进各项事业全面展开。财税管理体制改革也取得了较大的进展。

2013 年，全市地方财政总收入完成 149.34 亿元，完成年度预算的

100. 12%，同比增加 11. 23 亿元，增长 8. 13%。其中国税部门完成 45. 76 亿元，同比减少 4. 4 亿元，下降 8. 74%。地税部门完成 69. 2 亿元，同比增加 9. 4 亿元，增长 15. 7%。财政部门完成 34. 38 亿元，同比增加 6. 22 亿元，增长 22. 1%，非税收入占总收入的比重为 23%。2013 年，全市公共预算支出完成 298. 32 亿元，同比增加 42. 76 亿元，增长 16. 73%。

通辽市财政工作积极发挥财政职能作用，积极促进经济社会发展，加强财政管理，努力提高资金使用效益。争取资金，缓解财政支出压力，多措并举，加强财政机关建设。

4. 赤峰市财政工作情况

2004～2013 年，赤峰市财政收支情况本着逐年递增的趋势增加，完成财政收支的预算，该市属于内蒙古自治区东部地区，历年来财政收入处于东部地区的中等偏上水平，完成财政收入情况良好。

表 5 – 21　内蒙古自治区赤峰市财政收支情况

单位：亿元

年份	财政收入	财政支出
2004	24. 19	61. 11
2005	31. 51	73. 25
2006	41. 56	90. 5
2007	63. 2	125. 9
2008	72. 4	152. 5
2009	82. 28	187. 07
2010	100. 5	219. 8
2011	120. 6	272. 2
2012	139. 4	325. 2
2013	149. 17	347. 02

资料来源：根据《内蒙古统计年鉴》（2004～2013）整理得出。

赤峰市的财政收支也处于稳步增长的态势，近年来，加强税收的征管水平，确保各项财政资金及时入库，合理统筹安排各项财政资金的使用，确保重点支出项目的财政资金落实到位。推进财税体制改革，确保资金的管理水平。

2013 年，赤峰市地方财政总收入 149. 17 亿元，完成年度预算的 101. 3%，同比增加 9. 81 亿元，增长 7%。其中上划自治区税收收入 11. 35 亿元，完成预算的 94%。公共财政预算收入为 91.18 亿元，完成预算的 108.6%，同比增加 16.63 亿元，增长 22.3%。

2013 年，赤峰市本级地方财政总收入 12.71 亿元，比 2012 年增加 3.01 亿元，增长 31%，其中公共财政预算收入 12.13 亿元，完成年初预算的 125%，比 2011 年增加 2.95 亿元。赤峰市始终把稳增长作为首要任务，促进经济增长作用明显增强；民生保障水平也持续提高；惠农惠牧政策落实到位；财政改革管理逐步深化；干部队伍建设不断加强。

5. 锡林郭勒盟财政工作情况

2004~2013 年锡林郭勒盟财政收支情况本着逐年递增的趋势增加，完成财政收支的预算，该盟属于内蒙古自治区东部地区，历年来财政收入也处于东部地区的中等水平。

表 5–22　内蒙古自治区锡林郭勒盟财政收支情况

单位：亿元

年份	财政收入	财政支出
2004	24.19	61.11
2005	31.51	73.25
2006	41.56	90.5
2007	63.2	125.9
2008	72.4	152.5
2009	82.28	187.07
2010	100.5	219.8
2011	120.6	272.2
2012	139.4	325.2
2013	143.3	347.8

资料来源：根据《内蒙古统计年鉴》（2004~2013）整理得出。

近年来，锡林郭勒盟的财政收支也呈现逐步增长的发展态势，其财政收入的蛋糕不断做大做强，其财源建设在早期不断培养，后期其财政收入才有了较明显的提高。确保重点支出项目的财政资金使用，稳步推进各项财税体制改革。

2013 年，锡林郭勒盟地方财政总收入 143.3 亿元，完成年度预算的 102.2%，同比增加 12.4 亿元，增长 9.4%。其中地方财政总收入总量在全区继续保持第 7 位，增速排第 4 位。其中公共财政预算收入完成 75.6 亿元，完成调整任务数的 107.7%，同比增加 10.4 亿元，增长 15.9%，高于全区平均增速 5.2 个百分点。

在财政支出方面，重点支持地方经济产业部门的发展，发挥宏观调控职能；落实惠农惠牧政策，促进农牧业经济发展；加大社会保障和改善民生投入力度，促进社会事业发展。在财政改革管理方面，调整和完善盟旗两级财政管理体制；推进农村牧区综合改革工作。

第三节　内蒙古自治区盟市财政经济发展的计量分析

通过上文分析可得，内蒙古自治区区域间经济发展水平存在一定的差距，且绝对差距呈现出了逐年扩大的趋势。为进一步了解内蒙古自治区区域经济差距形成的原因，下面研究影响内蒙古自治区区域经济发展水平的因素，正是因为这些因素刺激区域经济的发展，不同地区的资源要素不同，区域经济发展的增长速度也不同，区域经济增长速度的快慢就决定了区域间经济差距的扩大或缩小。本书通过研究影响区域经济增长的各要素，了解什么是影响内蒙古自治区区域经济增长的主要因素，然后推断出使区域经济差距扩大的原因，在此基础上，探究缩小内蒙古自治区区域经济差距的有效方式与应对策略。

一、研究方法

数据来源于内蒙古自治区各盟市的相关统计资料，选取所需的指标，将指标处理为便于计量的对数形式，利用 Excel 软件处理数据，对所得的面板数据进行回归处理，并对结果进行分析，最后针对结果的经济含义予以解释说明。

二、指标选取与说明

在借鉴现有研究的基础上，针对内蒙古自治区的自身特点，依据选取指标的适用性原则，确定指标如下：因变量为人均 GDP，该指标可以说明一个区域的整体经济发展水平；自变量分别为第二产业占比、居民人均可支配收入、人均社会消费品零售总额、人均财政支出、人均固定资产投资完成额。这五个因素从产业结构、收入水平、市场化程度、政府调控、资本五个角度研究内蒙古自治区各区区域经济增长的影响因素。

1. 第二产业占比（si）

经济发展的历程具有一定的规律性，在这些规律中，经济发展水平与产业结构的相关性是很显著的。本书中指出，内蒙古自治区经济发展水平不同，各盟市之间产业结构也存在相关联的差异，因此，探究产业结构对于经济发展的影响程度是非常有必要的。

内蒙古自治区各盟市的产业结构普遍呈现"二三一"的发展现状，也就是说与第一产业、第三产业相比，第二产业的发展情况与经济整体发展联系更密切。因此，本书选取第二产业占比来衡量产业结构对于内蒙古自治区区域经济发展的影响，并取其自然对数进行分析。

2. 居民人均可支配收入（pci）

研究表明，收入水平与经济增长呈正相关关系，选取居民人均可支配收入作为研究指标来反映内蒙古自治区各盟市收入水平与经济水平的关系非常具有针对性。居民人均可支配收入可以反映一个地区的收入水平，本书首先计算出该指标的对数，然后对其进行计量分析，通过对计量结果的分析来看收入水平是否是影响该区域经济发展水平的重要因素。

3. 人均社会消费品零售总额（ptrsofsc）

在经济长期发展过程中，市场化程度起着不可忽视的关键作用。市场化程度作为影响一个区域经济增长的关键因素，推动着经济长期稳定地发展。然而学术界对于其衡量指标并未达成共识。本书在此选取人均社会消费品零售总额这一指标来表示一个区域的市场化程度，也对该指标进行对数处理，以提高计量结果的准确性。

4. 人均财政支出（pte）

在我国的区域经济发展影响因素中，政府调控具有举足轻重的地位，区域经济的发展是否健康、平稳很大程度上取决于政府调控的力度。政府调控有多种方法，但并没有一个准确的表示方法，而财政支出是政府进行宏观调控的主要手段之一。所以本书在此选择人均财政支出这一指标来反映一个地区政府调控对于该地区经济发展的影响程度。

5. 人均固定资产投资额（pfi）

资本也是影响地方经济发展的重要因素，资本可以反映出一个地区现有的生产规模与基础设施完善程度。固定资产投资完成额，简称固定资产投资额，是将固定资产相关费用表现为货币形式的一个指标，因此可以利用该指标反映资本对于一个区域经济发展的影响程度。本书对人均固定资产投资完成额作对数处理，利用该指标的计量结果来探究资本对于内蒙古自治区各区域经济增长的影响程度。

三、实证分析

1. 模型的建立

考虑到数据的可得性和实效性，本书选取 2004～2013 年内蒙古自治区 12 个盟市的相关数据作为实证分析所需指标计算的来源。设因变量为 Y——人均 GDP（对数）；自变量分别为 X_1——人均固定资产投资完成额（对数）；X_2——居民人均可支配收入（对数）；X_3——人均社会消费品零售总额（对数）；X_4——人均财政支出（对数）；X_5——第二产业占比（取对数）。

面板数据模型可以分为三类，以常数项和系数向量是否为常数作为划分依据，这三类分别是：常数项和系数向量皆为常数的混合回归模型、二者皆非常数的变系数模型和只有系数项是常数的变截距模型。

通过计算得出本书应选择回归模型对数据进行回归分析。利用 stata13.0 软件进行多元线性回归分析，然后对面板数据加以处理，估计出模型参数。由于本书中面板数据中横截面个数大于时序个数，为了消除横截面异方差、序列自相关等影响，采用不相关回归方法（Seemingly Unrelated Regression，SUR）来估计方程。回归分析结果如表 5 – 23 所示。

表 5 – 23 回归分析结果

Source SS	df	MS	Number of obs =	120	
				F(5, 114) =	326.33
Model	15.1035	5	3.0207	Prob > F =	0
Residual	1.05525	114	0.00926	R – squared =	0.9347
				Adj R – squared =	0.9318
Total	16.15877	119	0.13579	Root MSE =	0.09621
gdp	Coef.	Std. Err.	t	P > t	[95% Conf. Interval]
pfi	0.2369	0.0856	2.7700	0.0070	0.0675	0.4064
pci	1.1789	0.0803	14.6900	0.0000	1.0199	1.3380
ptrsofsc	0.0693	0.0828	0.8400	0.4040	– 0.0947	0.2333
pte	– 0.0512	0.0716	– 0.7100	0.4760	– 0.1931	0.0907
si	0.7744	0.1229	6.3000	0.0000	0.5310	1.0178
_cons	– 1.2458	0.2407	– 5.1700	0.0000	– 1.7227	– 0.7689

资料来源：通过计量模型整理得出。

2. 模型的检验

依据表 5 - 23 整理后得到表 5 - 24，进一步得到模型估计结果。

表 5 - 24 整理后模型估计结果

变量名称	系数值	标准差	T 值	P 值
cons	- 1. 2458 ***	0. 2407	- 5. 1700	0. 0000
pfi	0. 2369 **	0. 0856	2. 7700	0. 0070
pci	1. 1789 ***	0. 0803	14. 6900	0. 0000
ptrsofsc	0. 0693	0. 0828	0. 8400	0. 4040
pte	- 0. 0512	0. 0716	- 0. 7100	0. 4760
si	0. 7744 ***	0. 1229	6. 3000	0. 0000

R - squared = 0. 9347，Adj R - squared = 0. 9318，Prob > F = 0. 0000

表 5 - 25 最终回归分析结果

Source	SS	df	MS	Number of obs =		120
				F (3，116)	=	547. 04
Model	15. 0920	3	5. 03067	Prob > F	=	0
Residual	1. 06675	116	0. 0092	R - squared	=	0. 934
				Adj R - squared	=	0. 9323
Total	16. 15877	119	0. 13579	Root MSE	=	0. 0959
gdp	Coef.	Std. Err.	t	P > t	[95% Conf.	Interval]
pfi	0. 2484	0. 0457	5. 4300	0. 0000	0. 1578	0. 3389
pci	1. 2057	0. 0687	17. 5600	0. 0000	1. 0697	1. 3417
si	0. 7113	0. 1021	6. 9700	0. 0000	0. 5092	0. 9135
_ cons	- 1. 3443	0. 2200	- 6. 1100	0. 0000	- 1. 7802	- 0. 9085

因此得出：$Y = -16.158 + 0.2484X_1 + 1.2057X_2 + 0.7113X_5$

就显著性而言，回归分析结果中 F - statistic 值为 28652. 48，大于临界值许多，其中 Prob（F - statistic）为 0. 000000，即 F - statistic 的概率为零，以上结果皆表明该回归方程整体回归结果显著，因变量、自变量存在明显可信的线性关系；同时，各 t - Statistic 值均符合要求，即各自变量与因变量均存在线性关系，且各自变量对于因变量的解释意义显著。综上所述，该模型的最终结果真实可信。

3. 对回归结果评价

依据多元线性回归的结果进行分析，第二产业占 GDP 比重、人均居民可支配收入、人均固定资产投资完成额三种因素均对内蒙古自治区区域经济发展具有一定的影响作用。可以得出，产业结构、居民收入水平与资本均为影响内蒙古自治区区域经济发展的重要因素，它们的重要性依次递减。分析如下。

在回归方程中，第二产业占 GDP 比重的 t 统计量值为 6.97，在影响因素中排名第二；回归系数为 0.7113，排名第二。这样的结果可以说明，第二产业与内蒙古自治区区域经济发展密切相关，第二产业的繁荣程度能够促进内蒙古自治区区域经济的发展，且影响显著。第二产业发达程度的差距是造成内蒙古自治区区域经济差距的原因之一。因此，应该重视第二产业的发展，促进产业结构调整，将其作为协调内蒙古自治区区域经济发展的重要手段。

在回归方程中，居民人均可支配收入（对数）的 t 统计值为 17.56，在影响因素中位列第一；回归系数为 1.2057，也是第一。这一结果表明，居民的收入水平与内蒙古自治区经济发展呈正相关关系。政府应该维护居民的各项经济权益，保证其收入来源，力争使人均可支配收入逐年稳步上升，缩小内蒙古自治区各区域之间居民生活质量的差距。

第四节　促进内蒙古自治区各盟市财政经济协调发展的财政政策

21 世纪以来，内蒙古自治区经济发展速度较快，但在发展过程中各盟市的发展速度不尽相同，以"呼包鄂"为首的经济圈发展速度要大大快于中西部盟市地区的发展速度。虽然这也与该区经济发展的总体规划一致，处于"金三角"的三市凭借自身丰富的自然资源以及受新型工业化和农牧业产业化政策的积极指引，使得其综合经济实力雄踞自治区之首。其他相对处于劣势的盟市总体上显现了同样的特征，即经济总量小，结构不尽合理；工业化水平低，产业关联度和集中度差，经济增长点不突出；粗放型经济增长方式没有根本转变，支撑经济快速发展的重要资源总量不足、利用效率低；产业发展层次低，产业链条短，产品整体品牌匮乏，缺乏大项目、大企业、大的产业集群支撑；固定资产投资规模小；财政贡献率增长缓慢，可用财力相对不足，城乡居民收入水平不高；社会事业发展慢；农牧业产业化程度较低，农牧民增收难度较大，解决"三农三牧"问题，转变农牧业生产经营方式的任务依然十分艰巨；生态环境比较脆弱，基础设施仍然滞后。因此要促进内蒙古自治区盟市经济协调发展有以下几方面的政策建议：

一、着力调整产业结构，促进资源在各盟市间合理配置

产业结构调整是转方式、调结构、促发展的关键环节，是经济结构战略性调整的核心，是转变经济发展方式的重要抓手。党的十八大报告也提出，"要推进经济结构战略性调整，这是加快转变经济发展方式的主攻方向，明确必须以优化产业结构等为重点，着力解决制约经济持续健康发展的重大结构性问题"。十八届三中全会部署的全面深化改革，是以经济体制改革为重点，以协同推进经济体制、政治体制、文化体制、社会体制、生态文明体制和党的建设制度改革为主要内容的全面性、系统性、整体性改革。

根据配第·克拉克定理，第二产业的产出高于第一产业，第三产业的产出最终会高于第二产业，所以我们一般认为，地区的发展主要应依靠第二产业。内蒙古自治区现阶段大部分盟市产业结构较为单一，从整体水平上看处于工业化发展的初期，要想保持内蒙古自治区的经济发展速度，应该首先加大对第二产业的投资，调整和优化第二产业的产业结构，优先发展一些先进的具有创新性的制造产业的发展，进而达到构建现代产业体系的目标。

研究一个地区的经济增长不能只依据 GDP 的绝对额，要提高一个地区经济的发展效率，就要全面提升该地区产业结构。推进传统产业新型化，提高传统产业对资源的利用率，把传统产业做精、做深；推进新型产业规模化、支柱产业多元化，新型产业、支柱产业都是带动地区经济发展的核心，一定要加大对这些产业的重视程度；大力发展第三产业，现在社会的经济发展中，任何事情都不能脱离服务业，一定要把第一产业、第二产业与第三产业结合起来，调整优化产业结构，带动整个经济有质量的、高效率的增长。

根据内蒙古自治区各盟市的产业结构分布，当前应强化第三产业发展、增加第三产业在国民总产值中所占的比重，对周边盟市进行产业转移，带动周边产业第二产业发展，形成新的"增长极"；西部地区继续支持其支柱产业的发展，但要注意资源利用的效率，不能只追求经济发展中量的增长，更要注重质的发展，乌海市作为矿产资源的集聚地，在快速发展的同时也应注意协调资源、环境等方面问题，注重经济可持续发展。近几年，阿拉善盟经济发展十分迅速，凭借的是工业迅速崛起、人口稀少，虽然提升速度很快，但是从长远来看，不解决人口与经济持续发展问题还是不行的。财政政策应给予大量优惠，吸引高新人才集聚，加大财政资金的投入力度；东部地区在推进传统产业新型化的同时，应该加大对第二产业的投资力度，利用其靠近东北辽沈经济圈、老工业基地、京津冀经济圈的区位优势，发展第二产业，加强基础设施的投入力度，主动利用其区位优势、资源丰富的优势融入东北三省、京津冀经济圈的发展中去。东部地区的兴安盟已

成为内蒙古自治区经济发展水平最低的一个盟市，由于其工业化程度过低，工业化发展水平滞后，矿产资源少，全区的发展基本是靠农业带动。三次产业在国民生产总值中占的比例基本是"三足鼎立"的局面。今后在经济发展中，不能摒弃传统的第一产业的发展，继续发挥其已有的优势，带动畜牧业的壮大，时下正流行"原生态"、"绿色健康食品"，多吸引农业、牧业加工企业，旅游包装企业的投资与合作，打造地区特色的品牌产品，在第二产业方面，重点培育支柱性产业，提供更多的有利条件进行招商引资，"软件"设施方面要注重人才的培养，最重要的是能够留住人才，留住本土的人才，给本地的人才以更多的政策条件优势，在留住本土人才的基础上，利用其他有利条件吸引外来的人才①。

二、加大政府的扶持力度，强化基础设施建设

研究表明，东部、西部与中部的经济差距，在一定程度上是由于政府投入和基础设施建设方面的差距。内蒙古自治区应该充分利用国家"西部大开发"的政策优势，利用中央对内蒙古自治区在财政、投资、产业、土地等方面差别化的政策，实现快速发展。

三、加大中西部地区的财政补贴力度，提高中西部地区消费水平

消费对于加速内蒙古自治区经济增长、协调经济发展有十分重要的作用。从长期发展的角度来看，内蒙古自治区经济增长必须重视投资和消费的"拉动"效应，充分发挥消费对经济增长的作用。消费是带动经济发展的"三驾马车"之一，居民有一个好的消费观念，可以促进经济良性循环，按照凯恩斯的理论，消费、投资、收入三者是互相促进的关系，欠发达地区的居民由于收入水平不高，所以大部分收入都用于储蓄，对地区经济发展影响不利。所以政府应该想一些办法刺激居民的消费水平，改变其消费观念，这样才能吸引更多的投资，投资提高了，居民的收入水平、生活质量也就自然地提升了，收入增加相应地就促进了消费，这样进入一个良性循环。实际上，经济增长的目的其实就是为了人民生活质量的提高，经济发展良好，居民收入水平就相应地得到提升，人民手里有了钱就会促进消费，从而又可以间接地加快经济发展。

具体来说：首先，提高居民消费能力，增加政府支出用于改善民生、扩大消费的比重，对于偏远地区，农牧地区财政补贴应落实到位，使农民和牧民可以真正使用到这笔财政资金；其次，培育消费新热点，利用内蒙古自治区特有的风景景区，打造草原文化，着力打造节假日消费、旅游休闲消费、文化娱乐消费、绿

---

① 常逸. 内蒙古区域经济差距及影响因素实证分析. 吉林大学硕士学位论文，2014.

色消费等新兴消费热点；最后，优化消费环境，立足于居民的实际需求，从消费时间、成本与消费安全三个方面优化消费环境，为消费者提供更多的便利条件。财政资金应更多向中西部旅游景区倾斜，为其打造良好的生态环境。

四、发挥"增长极"的带动作用，协调各区域的经济协调发展

西部地区阿拉善盟近几年的飞速发展，有很大的因素是因为临近"金三角"地区，受到"增长极"的积极影响因素，这充分证明了重点城市在作为"增长极"、带动地区经济发展上的重要作用。因此，在缩小地区经济差距、协调经济发展的道路上，可以选择多个"增长极"的发展策略。例如，以赤峰市、通辽市为轴心大力发展农牧业；以海拉尔、满洲里为轴心建设成为向北开发的前沿阵地，重点发展能源重化工业，加快东部四盟的经济发展速度。

内蒙古自治区中部地区与东部、西部地区经济发展水平有一定的差距，"呼包鄂"金三角作为一个"增长极"对周边地区的发展起到了一定的辐射作用，今后也要发挥其优势，打造一个以呼、包、鄂为核心的重点经济区，辐射带动中部、西部各盟市的经济发展，建设沿黄河产业带。乌兰察布市具有很好的地域优势，东承河北省，西接"呼包鄂"金三角地区，南邻山西省，这些都是我国经济发展较好的地区，但乌兰察布市一直都是内蒙古自治区经济发展水平较低的一个盟市，综合发展水平低于全区的平均发展水平，原因是其工业基础薄弱、农牧业生产条件恶劣，尚未形成优势主导产业。乌兰察布市在今后的发展中应该利用其已具有的优势条件，例如，交通便利的条件，把乌兰察布市打造成一个现代化的、区域性的物流中心城市，在此基础上不要抛弃原来的产业发展，发挥其优势产业，如马铃薯种植业，给周边经济较好的城市，如呼和浩特市、包头市、鄂尔多斯市等提供基础产业的支持。

内蒙古自治区能源矿产产业、特色农业、旅游业具有资源性比较优势。应根据各地区的比较优势，确定各自的主导产业，将具有资源优势的产业做大、做强，带动整个经济的发展。大力打造乌兰察布市、巴彦淖尔市各种农产品的特色品牌；阿拉善盟的旅游业要以沙漠戈壁景观、胡杨林、岩画群为特色，苁蓉、麻黄、甘草、苦豆子为主的沙产业都要形成一定的规模，形成一定的产业链；东部的锡林郭勒盟、兴安盟、呼伦贝尔市等雨水较丰富，土壤肥沃，适宜农牧并重发展，产出的牛羊肉受到北方各大城市欢迎。把重点经济区、资源富集区、农产品主产区、重点生态区等各种不同功能的区域区别对待。中部地区应努力发挥示范效应，生态区主要应该评价生态环境保护的情况；此外要加快经济增长的步伐，缩小区域间经济的差距。政府在区域发展战略的制定中要注意增强各区域之间比较优势的相互关联和互补，尤其是内蒙古自治区东部地区各盟市间产业相似性较

强，强化产业之间的互补性，打造东部区域整体产业的竞争力。

（元）

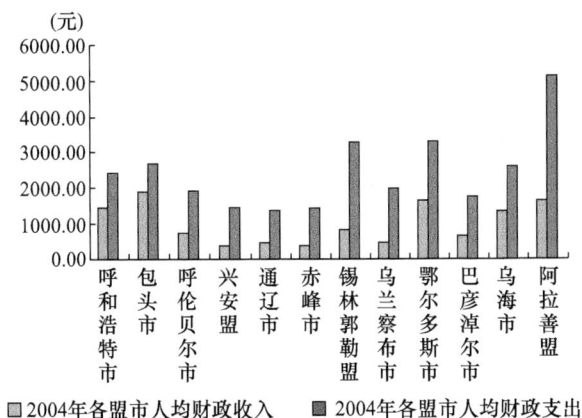

■ 2004年各盟市人均财政收入　　■ 2004年各盟市人均财政支出

图 5 - 4　2004 年内蒙古自治区 12 盟市人均财政收支对比

（元）

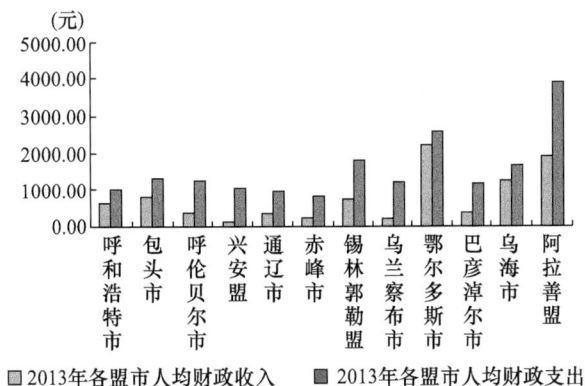

■ 2013年各盟市人均财政收入　　■ 2013年各盟市人均财政支出

图 5 - 5　2013 年内蒙古自治区 12 盟市人均财政收支对比

第六章

内蒙古自治区旗县财政发展分析

　　内蒙古在"十二五"期间，县域经济得到了长足的发展，农牧民人均收入提升明显，城镇化、工业化的进程平稳快速，县域经济的竞争力也得到了明显的增强，形成了极具内蒙古特色的县域经济发展模式，对内蒙古经济的贡献度十分显著。但作为欠发达的西部地区来说，县域财政面临着诸如财政自给率偏低，人均公共财政投入差距明显，政府债务较重，管理体制滞后等许多现实的问题，这些问题最终表现为旗县财政的困难。通过构建结构方程模型对旗县财政与国民经济的数据运行也证明了这一点，财政学的理论告诉我们旗县财政困难将直接影响国民经济的健康平稳运行，影响我国经济改革成果惠及普通大众的进程和速度，针对这些问题提出了九项政策建议，希望能有助于内蒙古自治区经济在大发展的过程中旗县财政困难问题的解决，全面促进自治区经济繁荣度稳步提升和社会的和谐发展。

第一节　县域经济基本情况

内蒙古自治区现有 102 个旗县市区，除 22 个市辖区外，有 80 个属于县域经济范畴的旗县市，包括 69 个旗县、11 个县级市。县域土地面积为 115.93 万平方公里，占全区土地总面积的 98%；截至 2013 年年末，县域人口 1764.8447 万人，占全区总人口的 70.66%。内蒙古自治区地域广、东西跨度大，县域经济特色鲜明，表现为显著的地域性和差异性，类型多样。目前，全区纳入县域经济统计范畴的 80 个旗县市可划分为农牧业主导型、林业主导型、工矿业主导型、服务业主导型四个类别。农牧业主导型旗县市以农业和畜牧业生产为主，经济社会发展相对独立，在地理空间上远离城市，经济自成体系，农村牧区人口占到全旗县人口的 70% 左右，第一产业所占比重在 37% 以上。这类旗县市共 60 个，占全区县域统计范畴内旗县市总数的 75%，代表着内蒙古自治区县域经济的主体；林业主导型旗县市以广袤的森林资源为基础，以林业及延伸产业为主导，经济结构单一。这类型旗县市共 4 个，主要集中在呼伦贝尔市的大兴安岭林区；工矿业主导型旗县市共有 12 个，这类旗县市多数资源较为丰富，由于国家和自治区进行了大规模的投资，兴建了一批大中型的工业企业，并得到迅速发展，工矿业成为该类旗县市国民经济的主导产业，工业增加值占地方生产总值的 40% 以上；服务业主导型旗县市有 4 个，主要集中在边境地区，这类旗县市主导产业是旅游、商贸、餐饮等服务业。①

也有专家、学者根据不同的参照评价体系，将全区 80 个旗县市划分为十种发展类型，矿产资源（主要指煤炭）开发依托型、林木资源依托型、旅游资源开发型、中心城市依托型、中心城市辐射型、口岸依托型、工业主导型（包括牧业型和农业型）粮食主产区及其他类型。改革开放以来，内蒙古自治区政府大力调整产业结构，积极推进新型工业化、农牧业产业化和城镇化进程，县域经济得到了较快的发展，形成了强县率先发展，中等县迅速崛起，弱县加速前进，经济与社会发展同步推进，城乡人民生活水平不断提高的良好局面。

一、内蒙古自治区县域经济发展现状

县域经济可以说是国民经济的基础。统筹城乡发展必然要大力发展县域经济。县域经济是促进协调区域发展、全面建成小康社会的客观要求，也是推动"四化"同步发展的重要平台。内蒙古自治区幅员辽阔，县域经济在国民经济中

---

① 苏日娅. 内蒙古县域经济发展状况分析 [J]. 北方经济，2010 (12)：87 – 89.

扮演着重要角色，因此发展县域经济意义更加重大。目前，内蒙古自治区县域经济发展呈现出以下特点：

1. 县域经济对内蒙古自治区经济的贡献较大

2013年，内蒙古自治区69个旗县GDP达到9484.75亿元，是2008年的2.3倍，占全区地区生产总值的65.50%；按可比价格计算，比2012年增长9.5%；高于全区经济增长速度0.5个百分点。固定资产投资达到8376.59亿元，比2011年增长18.6%，占全区的53.9%，高于全区投资增长速度0.2个百分点。公共财政收入达到619.21亿元，比2011年增长18.2%，占全区的36%，高于全区增长速度7.5个百分点。社会消费品零售总额达到1912.49亿元，比2011年增长12.3%，占全区的37.6%，高于全区增长速度0.5个百分点（见图6-1）。

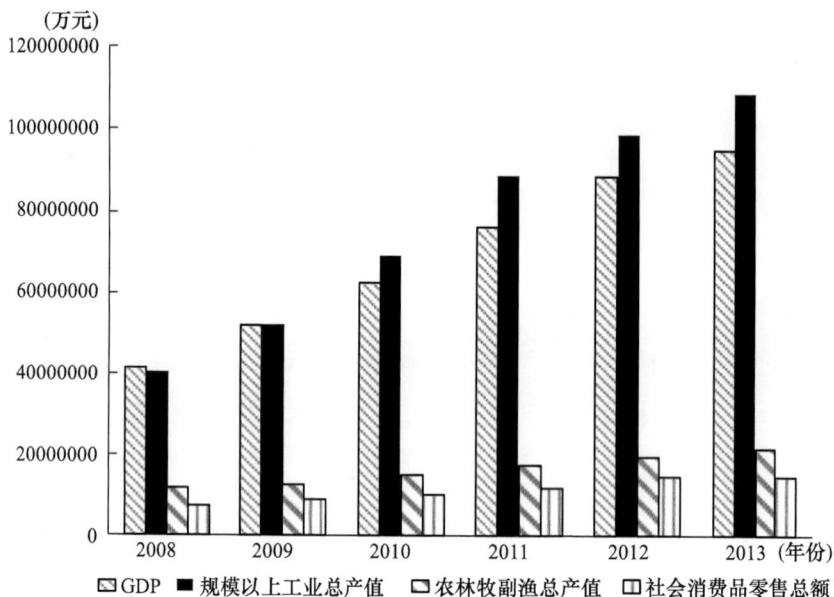

图6-1 内蒙古自治区旗县国民经济基本情况

资料来源：根据《内蒙古统计年鉴》（2008~2013）整理而得。

其中，鄂尔多斯市准格尔旗GDP过千亿元大关，达到1050.5364亿元，37个旗县的生产总值超百亿元，县域地方财政收入为626.6834亿元，县域经济范畴内有16个旗县市地方财政收入超过10亿元，最高的达73.86亿元。县域三次产业比重由2007年的17.8：50.2：32.0调整到2013年的12.8：59.0：28.2，与全区三次产业结构9.5：54.0：36.5相比较，县域第一产业、第二产业分别比全区高出3.3个和5个百分点，第三产业低于全区8.3个百分点。从三次产业结构来看，县域第二产业发展较快，服务业还有较大发展空间。内蒙古自治区县域经济总量和增速增长的趋势较明显。

2. 在城镇化过程中各项事业平稳发展

2013 年全年新增城镇人口 28.7 万人，城镇化率达 58.7%，比 2012 年提高 1个百分点。

交通通信事业得到发展。2013 年，全区 80 个旗县（市）总公路里程达到15.32 万公里，比 2012 年增长 1.3%，移动电话用户达到 1274.49 万户，比 2012年增长 5.0%。

农村社会保障事业进一步加强。2013 年，县域参加新农合医疗保险人数达到 1077.68 万人，比 2012 年增长 3.5%。参加新农合养老保险人数达到 582.41万人，比 2012 年增长 14.2%。

农牧民生活水平逐步提高。2013 年，县域农牧民人均纯收入达到 8806 元，比 2012 年增长 13.0%，比全区农牧民人均纯收入高出 210 元。

3. 内蒙古自治区县域竞争力有所提升

县域经济竞争力是指县域单位进行资源配置获得竞争优势的能力，是从一个县域的角度反映和度量其资源要素参与国内外市场竞争的能力。主要包括县域内是否具备经济发展所必需的资源和县域内是否具有有效整合资源的能力。县域经济竞争力是各种能力的综合反映，从结构功能来讲，县域经济竞争力可以是来自不同方面的分力的集合力。具体包括现存力、自然优势力、政府能动力、产业竞争力、企业竞争力、人力竞争力、县域经济活力外界互动力。

在第十三届全国县域经济基本竞争力评选中，内蒙古自治区的准格尔旗和伊金霍洛旗再度跻身全国百强县市行列，在参加评选的各县市中，准格尔旗为全国第 10 位，伊金霍洛旗则为第 18 位。在第十三届中国西部县域经济基本竞争力的评测中，内蒙古自治区共有 18 个旗榜上有名，锡林浩特市、土默特右旗、西乌珠穆沁旗、东乌珠穆沁旗、鄂托克前旗较上一届竞争力有所提升（见表 6-1）。

表 6-1　2014 年全国百强县——第十三届县域经济与县域基本
竞争力西部百强县市（内蒙古自治区名单）

排名	县域经济单位	中郡西部指数	竞争力等级	竞争力动态
国 10	内蒙古自治区准格尔旗	R1W867	A＋级	相对稳定
国 18	内蒙古自治区伊金霍洛旗	R2W867	A＋级	相对稳定
西 12	内蒙古自治区鄂托克旗	R12W867	A 级	相对稳定
西 13	内蒙古自治区霍林郭勒市	R13W867	A 级	相对稳定
西 14	内蒙古自治区达拉特旗	R14W867	A 级	相对稳定

排名	县域经济单位	中郡西部指数	竞争力等级	竞争力动态
西21	内蒙古自治区乌审旗	R21W867	A级	相对稳定
西25	内蒙古自治区阿拉善左旗	R25W867	A级	相对稳定
西26	内蒙古自治区锡林浩特市	R26W867	A级	上升
西33	内蒙古自治区土默特右旗	R33W867	A级	上升
西37	内蒙古自治区满洲里市	R37W867	A级	注意
西41	内蒙古自治区托克托县	R41W867	A级	相对稳定
西50	内蒙古自治区土默特左旗	R50W867	A级	注意
西53	内蒙古自治区西乌珠穆沁旗	R53W867	A级	上升
西59	内蒙古自治区和林格尔县	R59W867	A级	相对稳定
西61	内蒙古自治区东乌珠穆沁旗	R61W867	A级	上升
西67	内蒙古自治区鄂托克前旗	R67W867	A级	上升
西80	内蒙古自治区乌拉特前旗	R80W867	A级	相对稳定
西86	内蒙古自治区鄂温克旗	R86W867	A级	相对稳定

资料来源：http：//bs. cq. gov. cn/bszf_ Content/2014 –01/22/content_ 3177071_ 2. htm.

4. 旗县农民纯收入增长稳定，居民生活有了明显改善

2013 年，内蒙古自治区旗县农民人均纯收入超过 15000 元的旗县为 4 个，超过 10000 元的旗县为 26 个，最高的锡林郭勒盟东乌珠穆沁旗农民人均纯收入为 19241 元，最低的呼和浩特市武川县农民人均纯收入为 5385 元，二者相差近 3.6 倍。

从 2008 年到 2013 年，内蒙古自治区旗县农村居民纯收入增长迅速，其中阿拉善左旗、扎鲁特旗、阿荣旗、乌拉特中旗、西乌珠穆沁旗、鄂温克族自治旗、乌拉特后旗、科尔沁右翼前旗、乌兰察布市察哈尔右翼后旗、兴安盟扎赉特旗、锡林郭勒盟多伦县、锡林郭勒盟正蓝旗、兴安盟突泉县、阿拉善盟额济纳旗、锡林郭勒盟阿巴嘎旗、兴安盟科尔沁右翼中旗、锡林郭勒盟镶黄旗、阿拉善盟阿拉善右旗、锡林郭勒盟苏尼特左旗 20 个旗县农牧民纯收入增长超一倍（见表6 –2）。

表6 –2　2008 ~2013 年内蒙古自治区旗县农民纯收入变化一览

名称	农村居民纯收入增长额（元）	农村居民纯收入增长率（%）
鄂尔多斯市准格尔旗	4973.00	69.50
伊金霍洛旗	4866.00	67.01
达拉特旗	4891.00	68.61

续表

名称	农村居民纯收入增长额（元）	农村居民纯收入增长率（%）
鄂托克旗	5026.00	71.21
阿拉善左旗	6815.00	127.05
鄂尔多斯市乌审旗	4881.00	67.41
土默特右旗	4553.00	64.11
托克托县	3239.00	43.31
土默特左旗	3377.00	43.65
通辽市开鲁县	4387.00	78.37
包头市达尔罕茂明安联合旗	3687.00	59.07
和林格尔县	1940.00	28.95
通辽市扎鲁特旗	5021.00	105.55
科尔沁左翼后旗	3443.00	77.35
科尔沁左翼中旗	3097.00	71.39
赤峰市敖汉旗	3114.00	76.47
赤峰市宁城县	2523.00	57.03
通辽市奈曼旗	3313.00	85.04
巴彦淖尔市乌拉特前旗	4346.00	65.06
呼伦贝尔市阿荣旗	6150.00	114.85
杭锦后旗	4603.00	65.80
赤峰市克什克腾旗	2830.00	64.23
赤峰市翁牛特旗	2328.00	54.39
锡林郭勒盟东乌珠穆沁旗	9619.00	99.97
巴彦淖尔市乌拉特中旗	5516.00	106.69
固阳县	3701.00	68.51
锡林郭勒盟西乌珠穆沁旗	9295.00	129.46
赤峰市巴林左旗	2152.00	49.32
呼伦贝尔市莫力达瓦达斡尔族自治旗	1447.00	27.47
呼伦贝尔市鄂温克族自治旗	6293.00	169.39
巴彦淖尔市乌拉特后旗	5561.00	137.11
巴彦淖尔市五原县	5065.00	77.13
赤峰市喀喇沁旗	3012.00	71.82
赤峰市阿鲁科尔沁旗	2436.00	65.41
乌兰察布市凉城县	2884.00	58.38
鄂尔多斯市鄂托克前旗	4874.00	66.87
乌兰察布市察哈尔右翼前旗	2971.00	70.92

续表

名称	农村居民纯收入增长额（元）	农村居民纯收入增长率（%）
呼伦贝尔市陈巴尔虎旗	4731.00	65.60
兴安盟科尔沁右翼前旗	3685.00	137.76
乌兰察布市察哈尔右翼后旗	3662.00	101.16
鄂尔多斯市杭锦旗	4997.00	71.86
兴安盟扎赉特旗	3524.00	127.87
呼伦贝尔市新巴尔虎右旗	2800.00	40.11
锡林郭勒盟多伦县	4766.00	111.36
呼和浩特市武川县	1157.00	27.37
通辽市库伦旗	2646.00	61.17
呼和浩特市清水河县	589.00	11.76
乌兰察布市卓资县	3069.00	77.66
乌兰察布市兴和县	2824.00	82.02
赤峰市林西县	2213.00	56.24
锡林郭勒盟正蓝旗	5975.00	114.42
兴安盟突泉县	3510.00	134.53
呼伦贝尔市鄂伦春自治旗	2649.00	71.31
乌兰察布市商都县	3584.00	121.08
乌兰察布市四子王旗	3332.00	92.76
赤峰市巴林右旗	2415.00	56.74
锡林郭勒盟苏尼特右旗	3096.00	81.17
阿拉善盟额济纳旗	7917.00	111.60
锡林郭勒盟阿巴嘎旗	9353.00	132.61
巴彦淖尔市磴口县	4355.00	63.00
兴安盟科尔沁右翼中旗	3166.00	115.09
锡林郭勒盟镶黄旗	5158.00	126.73
乌兰察布市化德县	2821.00	95.14
乌兰察布市察哈尔右翼中旗	2708.00	91.24
阿拉善盟阿拉善右旗	7500.00	113.11
锡林郭勒盟太仆寺旗	3393.00	82.74
锡林郭勒盟苏尼特左旗	5068.00	109.89
呼伦贝尔市新巴尔虎左旗	6867.00	96.92
锡林郭勒盟正镶白旗	2908.00	75.49

资料来源：根据《内蒙古统计年鉴》（2014）统计整理得出。

5. 工业化进程较快

从内蒙古自治区 80 个旗县市工业化程度来看，用工业化率（即工业增加值与生产总值之比）来衡量，工业化率为 20%～40% 是工业化初级阶段，工业化率为 40%～60% 为半工业化阶段，工业化率为 60% 以上为工业化阶段。改革开放以来，内蒙古自治区旗县整体工业化进程速度较快，但工业化水平发展不均，有一些旗县工业化程度较低，全区工业化水平处于工业化初级阶段向较成熟工业化阶段转变，有 48 个旗县处于工业化的初级阶段，占全区旗县市总数的 60%；有 22 个旗县进入半工业化阶段，占 27%，另有 10 个旗县的工业化程度较高，进入成熟的工业化阶段，占 12%。在新的历史时期，内蒙古自治区县域经济完成工业化的任务还很艰巨，在实现工业化的同时，要实现经济增长方式的转型，摒弃依赖资源型经济发展模式，寻找可持续的工业化之路①（见表 6 - 3）。

表 6 - 3　2012 年内蒙古自治区旗县市工业化程度

工业化初级阶段（20%～40%）	奈曼旗、牙克石市、巴林左旗、巴林右旗、科尔沁左翼中旗、敖汉旗、科尔沁左翼后旗、乌兰浩特市、宁城县、阿鲁科尔沁旗、凉城县、固阳县、杭锦后旗、达茂旗、翁牛特旗、卓资县、鄂托克前旗、林西县、库伦旗、扎兰屯、察哈尔右翼中旗、清水河县、突泉县、二连浩特、磴口县、乌拉特前旗、科尔沁右翼前旗、新巴尔虎左旗、武川县、土默特左旗、土默特右旗、科尔沁右翼中旗、扎赉特旗、太仆寺、正镶白旗、额尔古纳市、阿荣旗、五原县、满洲里市、杭锦旗、根河市、莫利达瓦达斡尔族自治旗、鄂伦春自治旗、丰镇市、兴和县、阿尔山多伦县、四子王旗
半工业化阶段（40%～60%）	陈巴尔虎旗、东乌珠穆沁旗、喀喇沁旗、阿巴嘎旗、克什克腾旗、察哈尔右翼后旗、额济纳旗、和林格尔县、伊金霍洛旗、锡林浩特、正蓝旗、准格尔、扎鲁特旗、乌审旗、苏尼特右旗、苏尼特左旗、乌拉特中旗、乌拉特后旗、开鲁县、商都县、化德县、鄂温克族自治旗
工业化阶段（60% 以上）	达拉特旗、阿拉善左旗、阿拉善右旗、托克托县、鄂托克旗、西乌珠穆沁旗、新巴尔虎右旗、霍林郭勒市、镶黄旗、察哈尔右翼前旗

资料来源：根据《内蒙古统计年鉴》（2012）整理而得。

---

① 包红梅，郭丹. 依靠科技创新驱动内蒙古县域经济的发展 [J]. 前沿，2013（23）：86 - 89.

二、内蒙古自治区县域经济发展的"六大模式"

内蒙古自治区经济总量和工业快步进入全国中列，在西部大开发战略实施中走在了西部的前列，一个重要支撑就是县域经济。内蒙古自治区把县域经济与中心城市作为两大发展战略重点，坚持特色发展思路，突出比较优势，因地制宜，错位发展，探索出了各具特色的发展模式。比较典型的县域经济发展模式有以下六种：

1. 农业产业化推进型

这个模式适合于传统农牧业大旗县，其依据是农业产业化理论。农牧业发展的出路在于产业化，农牧业产业化是传统农牧业与市场经济对接的最佳发展模式。内蒙古自治区是全国重要的粮油及乳肉绒生产基地，农牧业是内蒙古自治区具有比较优势的产业。传统的农牧业大旗县多数在平原农区和广阔的草原，这些农牧业旗县如何走出经济和财政的困境一直是一个难题。近几年，随着自治区大力推进农牧业产业化，许多传统的农牧业大旗县积极调整农牧业结构，一方面强化优质粮食和畜产品基地建设；另一方面改变单一的粮食生产，用发展工业的理念发展农业，扬长避短，发挥优势，发展规模化和基地化特色农牧业，走农牧业产业化强县的道路。从龙头企业到基地再到利益联结机制的产业化链条的架构基本形成，尤其是乳绒两大产业基本成型。乳产业、绒产业连续多年保持行业领先，玉米、番茄、肉羊等产业逐步成为全区的优势产业，特色产业成为发展的新亮点。

2. 劳务经济主导型

这个模式适合于边远的贫困旗县以及劳动力资源比较丰富的旗县，其依据是城市化及劳动力转移理论。内蒙古自治区与全国一样处于城市化的高峰时期，农村牧区富余劳动力特别是贫困地区富余劳动力快速有序地向城市转移，农民在异地打工挣钱，在本乡本土消费，有力地拉动本土经济的发展；同时城市支持农村、工业反哺农业，积累了一定资金和技术的经济能人又返乡创业，带动县域经济的发展。有一部分贫困县在资源、资本、产业等方面都处于劣势，最大的比较优势就是富余劳动力，所以，大力发展劳务经济，把本地区的富余劳动力通过适当培训后有组织地转移到城市或输出到发达地区，走出农村来发展农村，走迂回发展和曲线致富的道路。大力发展劳务经济，把劳务经济作为县域经济发展的战略突破口，一方面，积极组织引导农村富余劳动力向发达地区转移，强化技术培训，逐步形成特色劳务品牌；另一方面，制定配套优惠政策，吸引有资本、有技术、有市场、善管理的经济能人返乡创业。如赤峰市的宁城县、呼和浩特市的土左旗、乌兰察布市的凉城县等通过大量输出农村剩余劳动力，实现了农牧民增收致富。

3. 工业突破型

内蒙古自治区正处在工业化加速推进的战略机遇期，对县域经济而言，因地制宜，培育比较优势，营造优越的投资环境，积极承接发达国家和沿海发达地区产业转移，实施"工业强县战略"，是实现跨越式发展的重要途径。内蒙古自治区有一定工业基础的旗县，突破原有的思维定式，以工业为突破口，开辟了县域经济发展的新路子。

4. 资源开发型

这个模式适合于矿产资源和人文旅游资源比较丰富的旗县，其依据是古典经济学中的资源禀赋比较优势以及专业化分工理论。许多旗县依托独特的资源优势，进行深层次、高强度、综合性的科学开发，拉长资源开发链条，促进产业升级，把资源优势转化成产业优势及品牌优势。许多山区、牧区旗县通过开发旅游资源，形成产业优势和品牌优势，同时放大旅游业的产业功能，旅游搭台，工业唱戏，以知名旅游品牌为先导大力招商引资，带动资源开发型工业的大发展，形成旅游业和工业两翼发展格局。

5. 产业集聚型

这个模式适合于工业强县，其依据是产业集群化理论。内蒙古自治区传统的工业强旗县（市），如准格尔旗、伊金霍洛旗、达拉特旗、阿拉善左旗、托克托县、霍林郭勒市等，坚持"突出特色、强化优势、做大总量、集中布局、产业升级"的发展思路，产业集中度提高，对县域经济发展带动作用不断增强，不仅继续在全区县域经济发展中领跑，而且已经进入中国西部百强县的行列。

6. 都市圈一体化型

这个模式适合于城郊县，其依据是增长极和都市圈一体化理论。区域经济增长在其空间结构演化上始终存在极化效应和扩散效应两种矛盾的过程，极化效应使区域经济从孤立、分散走向局部集聚，扩散效应则使集聚逐步向全区域推进，中心城市与区域经济的发展必然由集聚到扩散，最后走向一体化。随着全区工业化与城市化的快速推进，中心城市的发展空间正在向周边旗县区域快速扩展，中心城市对周边旗县的辐射带动作用不断增强，中心城市与周边旗县正在形成良性互动与一体化发展的大趋势。中心城市与周边的卫星城镇共同构成都市圈，都市圈必然要求"一体化规划、布局和发展"，一体化的重点是实现产业上的专业化分工和优势互补，目标是要实现中心城市与卫星城在功能上的错位发展、特色发展、专业化发展、协调发展、融合发展和共赢发展。内蒙古自治区不少旗县充分利用紧邻区域中心城市的区位优势，积极融入中心城市都市圈，主动推进一体化发展。例如，和林格尔县、托克托县融入呼和浩特市，达茂旗、土右旗加紧融入包头市，喀喇沁旗加紧融入赤峰市中心区域，霍林郭勒市加紧融入通辽市中心区域。总之，这些城郊型旗县通过融入都市圈、推进一体化，找准了发展方向，抓住了发展机遇，拓展了发展空间。

三、县域经济发展的优势条件

1. 资源优势

内蒙古自治区县域辽阔，资源丰富，"东林西铁，南粮北牧，遍地是煤"，与全国其他省区相比，土地总面积、草原、森林、耕地、矿产资源以及以自然资源和人文资源为基础的旅游资源具有明显优势。一是矿产资源分布广，储量多。内蒙古自治区现已发现各类矿产地4100多处，矿产135种，占全国已发现矿种的78.95%，探明有一定资源储量的矿产92种，探明的矿产地1004处，绝大多数位于80个县域内。二是农牧业资源丰富。全区天然草原8666.7万公顷，居全国第一，是国家重要的畜产品生产基地；耕地总面积709.1万公顷，人均占有量达4.5亩，是国家12个重要粮食主产区之一；森林1866.7万公顷，森林覆盖率达到了17.5%，是国家重要的生态安全防线和林产品供给基地。三是旅游资源类型多，开发潜力大。内蒙古自治区县域内旅游资源类型多样且有丰度，全国旅游资源的8个主类，在80个旗县内都有分布，而且还有29个亚类和108个基本类型，主类、亚类和基本类型分别占全国的100%、85.3%和59.7%。如果加大资金投入和开发力度，整合各类旅游资源，旅游业必将成为县域经济发展的重要增长点。

2. 产业优势

一是绿色产业发展迅速。内蒙古自治区县域内拥有森林、草原、山川、湖泊、沙地等多种自然地理环境，山杏、沙棘、苁蓉、枸杞等野生资源丰富。近年来，各旗县积极实施无公害农畜产品、绿色食品、有机食品"三位一体、整体推进"的发展战略，全面推进"无公害食品行动计划"，粮、油、乳、肉、薯等无公害农畜产品和绿色食品产业化、区域化格局初步形成。二是特色产业异军突起。各旗县各打各的优势仗，各树各的特色牌，大力发展特色经济。以奶牛养殖、肉羊养殖、绒山羊养殖为代表的特色养殖业和以瓜果、蔬菜、药材、花卉、马铃薯等为代表的特色种植业稳步发展；以煤、电、天然气为主的能源工业，以煤、天然气、氯碱为主的化学工业，以钢、铝、硅和有色金属为主的冶金工业，以工程机械、运输机械为主的装备制造业，以乳、肉、绒、粮等加工为主的农畜产品加工业，以稀土、生物制药、信息制造为主的高新技术产业六大工业优势产业集群逐步壮大；以草原文化为主要内容的文化产业不断得以发展。这些特色产业已成为带动全区产业发展、推动经济增长的主导力量。

3. 区位优势

内蒙古自治区地处祖国的北部边疆，边境线长达4200公里，有19个旗市与俄罗斯或蒙占国接壤，已开通陆路口岸 18 个，贸易往来日趋频繁。同时，内蒙古自治区地跨"三北"，有 37 个旗县市与八省区毗邻。特殊的地理位置，使内蒙古自治区各旗县在充分利用俄蒙两种资源、两个市场，加强与毗邻国家和地区的经济技术合作和贸易等方面具有明显优势，为进一步扩大对外开放，大力发展外向型县域经济，全面实施"走出去"战略，提供了极为有利的条件。

4. 后发优势

内蒙古自治区县域内待开发的产业和技术领域比较多，只要政策优惠、投入加大，完全可能以新型工业化和建设现代农牧业为主攻方向，选择产业和技术基础较好、市场前景广阔的优势特色产业，直接采用国际国内先进技术，解决产业发展的战略性、关键性技术问题，抢占产业技术制高点，提升产业的整体素质和竞争力，跨越技术和产业自然发展的某些阶段。

5. 政策优势

一是内蒙古自治区各旗县市除可以享受国家给予的特殊扶持政策外，可以充分运用民族自治权打造更为宽松的发展环境。二是内蒙古自治区作为西部省区之一，各旗县市可以享受国家西部大开发政策扶持。三是内蒙古自治区莫力达瓦达斡尔族自治旗、鄂伦春族自治旗和鄂温克族自治旗属国家 10 万人以下少数民族聚居旗，可以享受国家对较少人口民族自治地区的特殊扶持政策。四是内蒙古自治区东部旗县与东北三省接壤，同属祖国的东北部疆域，国家振兴东北老工业基地政策的出台，不仅给东三省创造了发展机遇，而且也给内蒙古自治区东部旗县市发展带来了机遇。

四、县域经济发展的主要制约因素

1. 基础设施薄弱

首先，生态建设是内蒙古自治区最大的基础建设，多年来，由于生态建设投入严重不足，多数旗县生态恶化，由此引发的灾害性气象直接威胁着工农业生产。其次，农牧业基础设施建设滞后，抗御自然灾害的能力薄弱。最后，城镇建设进程缓慢，县域内多数城镇道路、交通、通信等基础设施建设历史欠账太多，城镇功能不完善，物流业不发达，信息流不畅，资金流受阻。

2. 产业结构不合理，工业化水平低

内蒙古自治区多数旗县以农牧业经济为主体，第二产业、第三产业不发达，不少旗县缺乏主导产业，特色经济没有形成规模，工业项目少、规模小、效益差，县域各种资源难以得到有效整合，资源优势不能得到很好发挥。

3. 现代管理和专业技术人才短缺

近年来，内蒙古自治区经济发展进入快速增长期，人才流向就整体而言发生了逆转，人才总量在动态变化中开始净增长，但就县域来讲仍然是流出多，流入少，造成县域人才短缺问题十分突出，尤其是缺乏具有开拓精神的创业人才和优秀的企业经营管理人才。

4. 财政困难，自我发展能力弱

全区纳入县域经济统计范畴的 80 个旗县市中有 60 个是贫困旗县，其中国家级贫困县 31 个，自治区级贫困县 29 个。这些旗县由于缺乏工业项目支撑，财政收入增长点少，财政收入水平低，可用于建设的自有资金非常有限，自我发展能力十分薄弱。

第二节　内蒙古自治区旗县财政运行状况比较与分析

一、公共财政收支增长稳定，但收支缺口巨大，自给率不足

内蒙古自治区各旗县财政中较为普遍的现象是财政收入总量小，1994 年分税制实行后，最大的税种增值税中地方仅留下 25%，上缴国家 75%，减少了地方财政收入。再加上内蒙古自治区各旗县经济发展水平落后，经济结构调整效益显现慢，其结果或直接表现就是旗县地方财政困难，财政自给率偏低，基本上是吃饭财政，财政收支缺口较大。2008～2013 年各旗县财政公共财政收入增长181%，各旗县财政公共财政支出增长了 151%，从总体上来看，随着地域经济总量的不断增长，旗县财政收入的规模不断扩大，公共财政收入的增长基本同步于GDP 的增长，69 个旗县财政公共财政收入对于地区 GDP 弹性系数为 1.4，公共财政支出对于地区 GDP 弹性系数为 1.2，大于 1，说明内蒙古自治区旗县经济得到较快发展的同时也促进了公共财政收支的提高，经济增长与财政收入能够协调发展。但是纵观 2008～2013 年，各旗县的公共财政收支缺口巨大，整体财政自给率不足，2008 年旗县总体财政自给率为 32.39%，2009 年旗县总体财政自给率为 33.38%，2010 年旗县总体财政自给率为 34.83%，2011 年旗县总体财政自给率为 36.76%，2012 年旗县总体财政自给率为 31%，2013 年旗县总体财政自给率为 36.26%，旗县整体财政自给能力不足（见图 6 - 2）。2013 年全区公共财政预算收入 1719.5 亿元，完成调整后年度预算的 100.3%，比 2012 年增加 166.8亿元，增长 10.7%。加上上划中央税收，2013 年全区地方财政总收入 2658.4 亿元，完成调整后年度预算的 99.6%，比 2012 年增加 161.1 亿元，增长 6.5%。2013 年全区旗县地方财政一般公共财政预算收入仅为 538.6 亿元，占全区公共财政预算收入的 31%。

（万元）

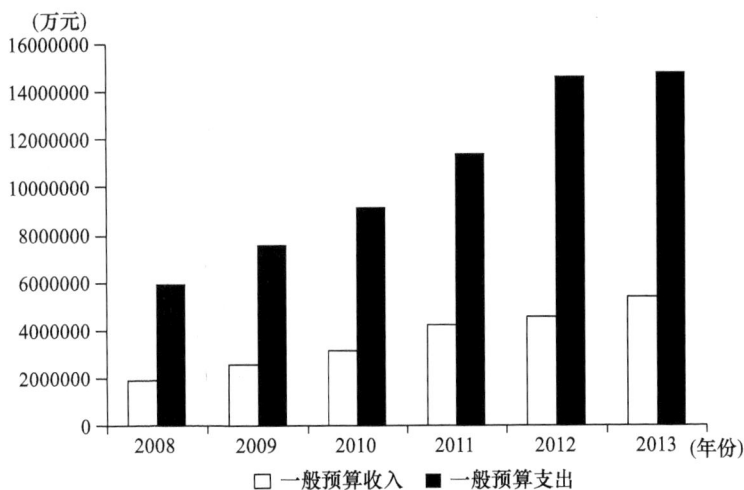

图 6－2　内蒙古自治区旗县财政收支比较

资料来源：根据《内蒙古统计年鉴》（2008~2013）整理而得。

表 6－4　内蒙古自治区旗县财政自给率（2013 年）

自给率	数量	旗县名称
100% 以上	2	鄂尔多斯市准格尔旗（101.64%）、包头市达尔罕茂明安联合旗（100.00%）
60%~80%	6	伊金霍洛旗（85.10%）、锡林郭勒盟西乌珠穆沁旗（85.10%）、鄂托克旗（74.18%）、土默特右旗（66.12%）、鄂尔多斯市乌审旗（65.02%）、锡林郭勒盟东乌珠穆沁旗（60.53%）
50%~60%	2	阿拉善左旗（52.25%）、达拉特旗（50.95%）
40%~50%	8	托克托县（47.46%）、鄂尔多斯市鄂托克前旗（44.00%）、巴彦淖尔市乌拉特后旗（43.80%）、和林格尔县（43.23%）、阿拉善盟额济纳旗（42.95%）、呼伦贝尔市新巴尔虎右旗（41.18%）、呼伦贝尔市陈巴尔虎旗（40.20%）、呼伦贝尔市鄂温克族自治旗（40.10%）
30%~40%	9	杭锦后旗（39.62%）、锡林郭勒盟正蓝旗（39.50%）、土默特左旗（38.75%）、巴彦淖尔市乌拉特中旗（38.16%）、通辽市扎鲁特旗（36.57%）、巴彦淖尔市乌拉特前旗（35.98%）、鄂尔多斯市杭锦旗（35.15%）、锡林郭勒盟多伦县（31.77%）、赤峰市克什克腾旗（30.72%）
20%~30%	11	锡林郭勒盟镶黄旗（29.02%）、呼和浩特市武川县（26.17%）、固阳县（25.22%）、呼和浩特市清水河县（25.09%）、巴彦淖尔市五原县（24.02%）、锡林郭勒盟苏尼特左旗（23.35%）、锡林郭勒盟苏尼特右旗（22.94%）、锡林郭勒盟阿巴嘎旗（22.86%）、赤峰市喀喇沁旗（22.64%）、乌兰察布市凉城县（21.89%）、呼伦贝尔市阿荣旗（20.60%）

自给率	数量	旗县名称
10%～20%	22	赤峰市宁城县（18.76%）、赤峰市巴林右旗（18.43%）、赤峰市巴林左旗（18.37%）、巴彦淖尔市磴口县（17.05%）、通辽市奈曼旗（16.51%）、通辽市库伦旗（16.44%）乌兰察布市卓资县（16.22%）赤峰市敖汉旗（16.16%）乌兰察布市察哈尔右翼前旗（15.66%）、乌兰察布市察哈尔右翼后旗（15.28%）、通辽市开鲁县（15.17%）、赤峰市林西县（15.14%）、呼伦贝尔市新巴尔虎左旗（14.92%）、乌兰察布市兴和县（14.43%）、科尔沁左翼后旗（12.82%）、赤峰市翁牛特旗（12.62%）、赤峰市阿鲁科尔沁旗（11.87%）、阿拉善盟阿拉善右旗（11.52%）、乌兰察布市化德县（11.46%）、锡林郭勒盟正镶白旗（11.44%）、呼伦贝尔市莫力达瓦达斡尔族自治旗（10.87%）、兴安盟科尔沁右翼前旗（10.46%）
10%以下	9	科尔沁左翼中旗（9.85%）、兴安盟科尔沁右翼中旗（9.55%）、乌兰察布市察哈尔右翼中旗（8.51%）、乌兰察布市四子王旗（8.44%）、乌兰察布市商都县（8.09%）、呼伦贝尔市鄂伦春自治旗（7.81%）、锡林郭勒盟太仆寺旗（7.49%）、兴安盟扎赉特旗（6.05%）、兴安盟突泉县（4.69%）

资料来源：根据《内蒙古统计年鉴》（2013）整理而得。

二、人均公共财政收支增长迅速，地区间差异较大

2008～2013年，内蒙古自治区69个旗县人均公共财政收入从1229.6元增长到3481.8元，增长了183.17%，人均公共财政支出从3796.5元，增长到9602.7元，增长了152.9%，人均公共财政收支增长迅速，较好地促进了内蒙古自治区县域公共财政事业的发展。但是各旗县差距较大，2013年人均公共财政收入超过10000元的有11个旗县，超过20000元的有5个旗县，最高的伊金霍洛旗人均公共财政收入为4.41万元，最低的兴安盟突泉县人均公共财政收入仅为308元，前者是后者的143.18倍；2013年人均公共财政支出超过10000元的有28个旗县，超过20000元的有17个旗县，超过50000元的有2个旗县，最高的阿拉善盟额济纳旗人均公共财政支出为7.54万元，最低的赤峰市敖汉旗人均公共财政支出为4667.4元，前者是后者的16.16倍（见图6-3）。各旗县公共财政收入差异较大，伊金霍洛旗、鄂尔多斯市准格尔旗、鄂托克旗、阿拉善左旗、达拉特旗、鄂尔多斯市乌审旗、土默特右旗、锡林郭勒盟西乌珠穆沁旗、包头市达尔罕茂明安联合旗、锡林郭勒盟东乌珠穆沁旗、鄂尔多斯市鄂托克前旗、通辽市扎鲁特旗、托克托县13个旗县公共财政收入超过10亿元，锡林郭勒盟正镶白旗、兴安盟突泉县、锡林郭勒盟太仆寺旗3个旗县公共财政收入不足1亿元，其余旗县均在1亿～10亿元。

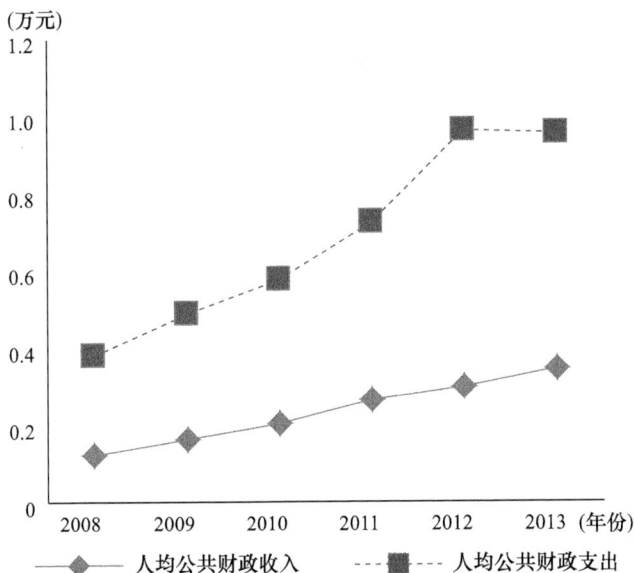

图6-3 内蒙古自治区旗县人均财政收支情况

资料来源：根据《内蒙古统计年鉴》（2008~2013）整理而得。

内蒙古自治区旗县的地方财政公共预算支出显著大于收入，财政缺口大，隐性债务明显，大多数旗县财政是依靠省级和中央财政的转移支付来解决包括工资发放等的旗县财政周转问题。从表6-4可以看出，内蒙古自治区旗县财政的自给率状况不佳，2013年能够维持收支平衡或收支略有盈余的旗县只有2个；自给率在60%~80%的旗县只有6个；自给率在50%~60%、40%~50%和30%~40%的旗县分别只有2个、8个和9个。总的来看，自给率在50%以上的旗县仅占全区69个旗县的14.5%，自给率在20%~30%、10%~20%和自给率不到10%的偏低水平的旗县为数较多，分别为11个、22个和9个，占到全区旗县总数的60.9%。2013年与2010年相比，自给率在10%以下，50%~60%的旗县市个数下降比较明显，分别下降了8个和5个，而自给率在40%~50%以下的旗县个数增加了3个，其他区间旗县个数变化不大（见表6-4）。

通过以上对69个旗县财政一般预算收入规模与经济发展规模的分析，内蒙古自治区县域经济发展取得了明显的成就，经济与社会发展保持良好的发展态势，财政收入增长与经济增长相辅相成、相互促进，基本形成了稳定增长的财政收入机制。与此同时，内蒙古自治区旗县财政收入与经济发展的协调性较差，财政收入占GDP的比重，地区发展与财政收入不平衡，税收收入仍以资源型产业为主、对地方财政收入的贡献小、影响税收收入增速的提高等问题的存在，使得各级政府不能够保障履行基本职能所必需的财力。另外，由于内蒙古自治区县域经济的非均衡发展，导致各旗县财政收入和财力差异较大，旗县政府履行基本职能所需的财力迥异，造成内蒙古自治区不同旗县同级政府的公共服务能力差距较大。

三、行政管理成本高

行政管理成本高体现在以下几方面：一是管辖面积较宽。内蒙古自治区幅员辽阔，80个旗县市分散在118.3万平方公里上，每个旗县平均11700平方公里，每平方公里仅有19人。二是离中心城市远。各级政府间距离遥远，80个旗县（除呼和浩特市周边的几个旗县）距省会呼和浩特市较远，其中，根河和鄂伦春分别距呼和浩特市2700公里和2500公里。三是医疗费用昂贵。由于人才、技术、药品的匮乏以及现有设备不会使用或者设备落后等问题的存在，造成旗县基层的许多病人只能到内地中心城市救治。四是自然灾害多。防灾救灾、安置群众、争取项目等工作所需的物力、人力开支大。另外，由于距离远、路况差、油价上涨、车辆维修等因素，需支出的交通费、差旅费、取暖费等费用高、成本大。综上所述，特殊原因导致居高不下的行政管理成本，致使资金缺口更大。

四、政府隐性债务增长，债务负担重，还本付息非常困难

多年来，各旗县政府迫切需要加快发展经济、加大吸引投资力度，因此在大力发展基础设施建设的同时，也加大了财政压力。同时，旗县领导的政绩观念及领导班子的频繁变更、监管力度弱化等，致使旗县政府的隐性债务突出，不仅不能做到不增加新债务，而且还形成新一轮政府性债务。这种反弹现象影响了财政运行的安全性，是一种潜在的财政危机因素，虽然各旗县对此做了很多努力，负面影响仍然很大，给财政运行带来巨大的压力，也影响了旗县经济和社会的发展。

五、县域财政存在管理缺位

旗县在财力统筹和预算编制时，部门预算编制粗糙，中途过多追加，财政预算不够严谨；在财政对项目资金拨付时，没有完善手续和拨付制度，项目未能跟着调整走，资金没有跟着项目走，专款不能专用；对于多数项目重拨款、轻管理，其绩效评价和监管流于形式，财政职能的作用没有得到充分发挥；随意变更单位部门的资金使用，经常违规开支工作经费，跟踪、监督管理工作却不到位；政府性投资项目的资金浪费问题严重，财政部门的评审机制有待进一步加强；财政部门工作人员综合素质较低，技术不过硬，对项目了解甚少，资金规范化管理水平低，工作应付、不严谨等问题严重；旗县级医疗保险、公积金、津补贴、农村低保、安心工程、维稳工作等资金收支缺口大，而旗县级向上申请观望意识浓厚，开源节流意识差。因此，在使用过程中因这种财政监督不力、财政运行失范

及较大的支配随意性，使多数资金失去了原有的社会效益功能。

六、财政体制不完善，事权财权分配失衡

加强沙地沙漠综合治理，在京津风沙源治理工程建设中继续把内蒙古自治区作为重点。启动重点地区防沙治沙专项治理工程和沙化土地封禁保护区建设，推广实用技术和模式，鼓励发展沙产业。加大水土保持重点工程建设规划实施力度，启动黄土高原综合治理工程，以多沙粗沙区为重点，实施黄河沿岸十大"孔兑"综合治理。加强江河源头地区水土保持和嫩江、辽河流域黑土区及中小河流水土流失治理，提高水土流失监测能力。实施阿拉善生态绿洲保护与治理工程。

现行财政体制存在着财力层层向上集中的机制，而政府职能和支出责任却不断向旗县市下放，可用财力和事权严重不对称。目前，旗县级政府不仅承担支持地方经济发展的责任，还要承担基础设施、公共卫生、义务教育、社会治安、环境保护等诸多职能。由于下放的职责通常是刚性强、支出大、管理严、责任重，因此对贫困旗县连片的内蒙古旗县财政来说更是举步维艰。同时，在经济调控能力上，旗县级经济管理权限太小，缺乏功能和手段。在资金、政策、项目审批等方面存在管理效率低、管理成本高、中间环节繁多，造成旗县财政极度薄弱，自我发展能力不强，难以承担带动县域经济发展重任。

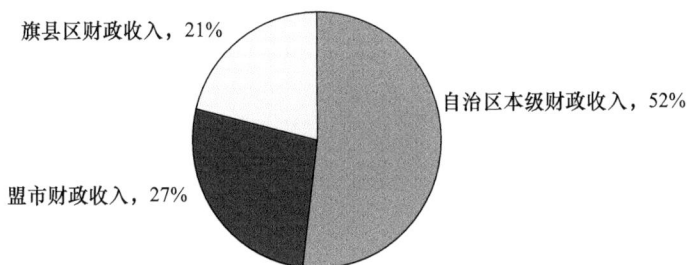

图 6-4 2013 年内蒙古自治区各级政府财政收入占比

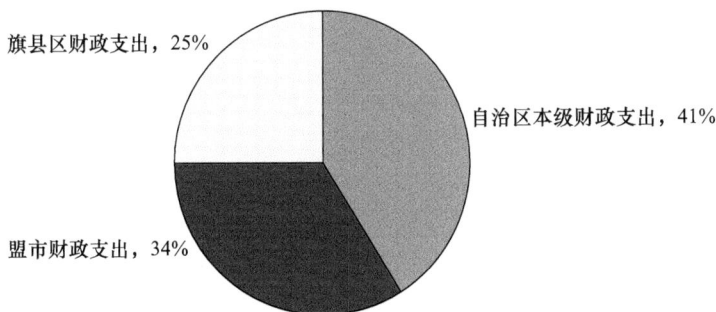

图 6-5 2013 年内蒙古自治区各级政府支出占比

七、转移支付补助计算不合理的影响

财政转移支付是协调政府间财政分配关系的基本手段，也是上级财政为缓解旗县级财政困难采取的重大举措。然而由于有些旗县财政收入中非税收入所占的比重较大，实际可控、可用财力少，而上级财政在计算转移支付时，并没有考虑这些因素。按照理论公式套算，无形中虚增了旗县级财力，而财政困难旗县却得不到合理的转移支付补助。

八、旗县经济的资金支持不足

内蒙古自治区旗县的企业一般对政府资源的利用依赖性较强，但由于旗县经济实力薄弱，财政拮据，不少地方旗县级财政入不敷出，以及财政体制尚未完备和缺乏有效运作机制，无法对企业实施有效的财政资金支持，而且民间资本投资准入领域没有突破性进展，使得旗县企业的资金投入不足而且迟缓。由于各旗县缺乏具有地区影响力的大中型龙头企业，县域经济中主要以中小企业和农村经济为主。我国央行货币政策鼓励融资于这些经济成分，但受国有商业银行对信贷管理的严格控制，其贷款投向信用度高、效益好的大中型企业，基层人民银行很难控制或引导辖区内的信贷资金，旗县中民营企业、小企业及农民贷款非常困难。同时，货币政策的执行与金融安全区的创建存在一定的矛盾，使县域金融机构从经营到体制均不适应旗县经济发展需要：首先，县域商业银行功能退化，金融机构的数量急剧减少，金融服务出现了一定程度的断档，对县域经济发展的支持力度大大削弱；农业发展银行业务范围太窄，政策性作用有限，以及农村信用社体制也存在种种问题，制约了其对县域经济发展的信贷投放。其次，县域资金外流现象严重。近年来，邮政部门采取只存不贷，支付无风险以及邮政储蓄上缴国家金库等政策，加大揽储力度并成为其业务收入的主要来源之一，使得邮政储蓄存款超常发展并造成县域资金的严重外流，加剧了县域资金的供求矛盾。这些均造成县域资金总量的减少以及金融对县域经济发展支持的乏力，严重影响县域财力增加和经济的发展，降低了县域竞争力。

九、主体功能区规划削弱内蒙古自治区财政收入能力

2007 年 8 月 1 日，国务院办公厅下发了《关于编制全国主体功能区规划的意见》（国发〔2007〕21 号），将国土空间划分为优化开发、重点开发、限制开发和禁止开发四类。从"十二五"开始，国家开始实施主体功能区规划，将有效增强规划的空间指导和约束功能，有利于将以往"东部加快发展、中部崛起、西部大开发"的要求和理念变成具有可操作性的运作模式，有利于规范空间开发

秩序，形成合理的空间开发结构，是对以往传统区域发展战略的进一步细化和演进。基于生态环境、资源能力、现有开发密度等国土空间特征分析，内蒙古自治区主体功能区建设以限制和禁止开发区域为主。从经济学的观点来看，某个地区被划为限制或禁止开发地区与重点开发地区，对于当地的居民而言，会产生完全不同的结果。而作为主体的地方政府必然会考虑地方利益，没有自愿承担资源和生态保护区域的地区，对主体功能区的实施效果必然会产生负面影响。从生态环境保护的角度来说，某些地区被划为限制或禁止开发地区是必然的选择，但具有极强外部性的生态环境保护，理应要求其他受益地区做出相应的贡献。同时，内蒙古自治区绝大部分旗县市被划入限制开发区和禁止开发区，财政将会更加拮据，省政府及旗县政府负担不起环境资源保护的成本，而且也有违社会公平与正义。生态补偿是解决生态环境外部性的重要方式，在主体功能区划下建立跨地区、跨流域生态补偿制度应是我国的必然选择，生态环境保护地区的生态环境保护成本理应由非生态保护地区补偿。国家以制度与立法安排，使社会成本与私人成本基本一致，通过地方与地方之间的横向财政转移支付以及国家的直接财政转移支付等形式，对从事生态环境保护的地区和人给予必要的生态补偿，使其得到合理的利益和补偿。这样才能够充分调动不同功能区，特别是生态保护区人民的积极性，缓解限制开发区和禁止开发区的财政困境，促进全社会的和谐和可持续发展。

另外，当前在内蒙古自治区特别是县域地区，由于自然环境、传统观念、人口素质、产业结构等因素的影响，其在经济实力和发展潜力上与发达地区有很大差距，即成为"欠发达地区"。原来基本公共服务均等化就落后的地区在主体功能区划分之后，又将在很大程度上成为发展受限的"限制开发区"或"禁止开发区"，该功能定位可能造成经济发展机会缺失，加剧区域不平衡。而且由于资源与环境的承载能力日益受到挑战，因而加剧了旗县工业转型的难度，在牧区旗县畜牧业的发展也受到一定程度的限制，因此，会削弱本来财政收入能力不强的基础产业的财政收入能力，增加旗县的就业和社会救助压力。

第三节 内蒙古自治区旗县财政经济发展的计量分析

经济决定财政，财政反作用于经济，财政归根结底是为经济发展和社会稳定服务的，财政与经济相互影响，政府应正确发挥财政的作用，合理运用财政手段稳定经济发展。通过构建内蒙古自治区县域国民经济，财政运行，民生发展的结构方程模型，来考察内蒙古自治区县域财政经济的发展状况。

一、结构方程模型

结构方程模型（Structural Equation Modeling，SEM），有学者也把它称为潜在

变量模型（简称 LVM）。结构方程模型早期称为线性结构关系模型、协方差结构分析、潜在变量分析、验证性因素分析、简单的 LISREL 分析。通常，结构方程模型被归类于高等统计学范畴，属于多变量统计，它整合了因素分析与路径分析两种统计方法，同时检验模型中包含显性变量、潜在变量、干扰或误差变量间的关系，进而影响自变量对因变量影响的直接效果、间接效果或总效果。SEM 模型分析的基本假定与多变量总体统计方法相同，样本数据要符合多变量正态性假定，数据必须为正态分布数据；测量指标变量呈现线性关系。

1. SEM 具有理论先验性

SEM 分析的一个特性，是假设因果模型必须建立在一定的理论上，因而 SEM 是一种用以验证某一理论模型或假设模型适切与否的统计技术，所以 SEM 被视为一种验证性而非探索性的统计方法。

2. SEM 可同时处理测量与分析问题

相对于传统的统计方法，SEM 是一种可以将测量与分析整合为一的计量研究技术，它可以同时估计模型中的测量指标、潜在变量，不仅可以估计测量过程中指标变量的测量误差，也可以评估测量的信度和效度。

3. SEM 关注协方差的应用

SEM 分析的核心概念是变量的协方差。在 SEM 分析中，与协方差有关的两种功能：一是利用变量间的协方差矩阵，观察出多个连续变量间的关联情形，此为 SEM 的描述性功能；二是可以反映出理论模型所导出的协方差与实际搜集数据的协方差间的差异，此为验证性功能。

4. SEM 适用于大样本的统计分析

与其他统计技术一样（如因素分析），SEM 适用于大样本的分析，取样样本越多，则 SEM 统计分析的稳定性与各种指标的适用性也越佳。一般而言，大于 200 以上的样本才可以称得上是一个中型样本，若要追求稳定的 SEM 分析结果，受试样本数量最好在 200 以上。

5. SEM 包含了许多不同的统计技术

在 SEM 分析中，虽然是以变量的共变关系为主要核心内容，但由于 SEM 模型往往牵涉到大量变量的分析，因此常借用一般线性模型分析技术来整合模型中的变量，许多学者常将 SEM 也纳入多变量分析中。SEM 是呈现客观状态的数学模型，主要用来检验观察变量与潜在变量之间的假设关系，它融合了因素分析与路径分析两种统计技术。

6. SEM 注重多重统计指标的运用

SEM 所处理的是整体模型契合度的程度，关注整体模型的比较，因而模型参考的指标是多元的，研究者必须参考多种不同指标，才能对模型的适配度作一整体的判别，个别估计参数显著与否并不是 SEM 分析的重点。

二、指标的选取

根据 2008~2013 年《内蒙古统计年鉴》提供的资料，结合财政经济关系构建方程，考虑到指标间的相关性，在 0.05 的显著水平下，指标间的相关系数存在高度相关的指标不应包括在内，同时考虑到国际上一般反映财政经济关系的指标，故选取以下指标作为计量分析的主要指标（见表 6 – 5）。

表 6 – 5　指标选取

一级指标	二级指标
国民经济运行	GDP 总量
	人均 GDP
财政运行	公共财政预算收入
	公共财政预算支出
民生发展	农民纯收入
	专业技术人员数量

三、结构方程的设计

结合上文的指标选取结构方程中涉及的变量有 3 类，分别是外因变量、潜在内因变量、观察变量，具体参数设计如下：

潜在外因变量：ξ 为国民经济运行。

潜在内因变量：η_1 为财政运行，η_2 为民生发展。

观察变量即指标变量：X_1 为 GDP，X_2 为人均 GDP，Y_1 为公共财政预算收入，Y_2 为公共财政预算支出，Y_3 为专业技术人员数量专利申请量，Y_4 为农民纯收入。

指标变量 X，Y 的测量模型为：

$X = \Lambda\xi + \delta$；$Y = \Lambda\eta + \varepsilon$

各指标变量方程为：

$X_1 = \lambda_{11}\xi + \delta_1$；$X_2 = \lambda_{12}\xi + \delta_2$

$Y_1 = \lambda_{31}\eta_1 + \varepsilon_1$；$Y_2 = \lambda_{32}\eta_1 + \varepsilon_2$；$Y_3 = \lambda_{41}\eta_2 + \varepsilon_3$；$Y_4 = \lambda_{41}\eta_2 + \varepsilon_4$

潜在外因变量与潜在内因变量的结构方程为：

$\eta_1 = Y_{11}\xi_1 + \xi_1$

$\eta_2 = Y_{12}\xi_1 + \beta_1\eta_1 + \xi_2$

上述理论模型图以 SEM 的符号表示如图 6 – 6 所示。

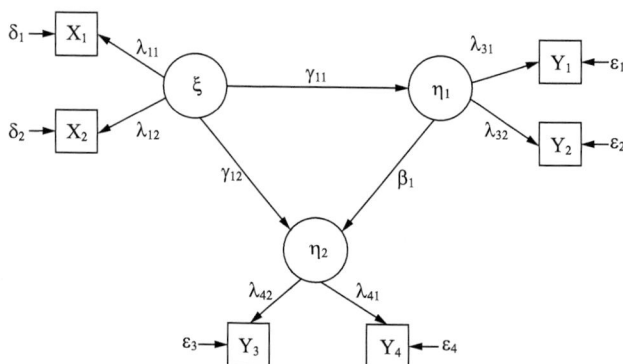

图 6 - 6　结构方程模型

三个潜在变量间的结构模型如图 6 - 7 所示。

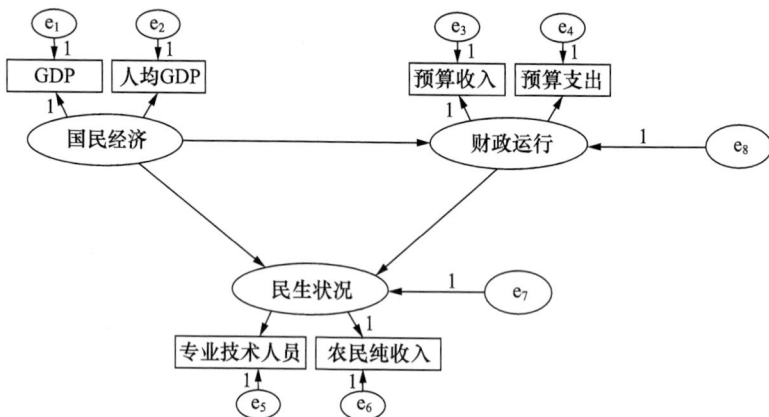

图 6 - 7　结构方程模型设计

四、实证分析

本书选取 2008 ~ 2013 年《内蒙古统计年鉴》中 69 个旗县数据进行了实证，剔除数据缺失旗县，共计 409 个样本数据代入模型进行验证。

结构模型自由度等于 13，整体适配度的卡方值等于 19.295，显著性概率值 p = 0.114 > 0.05，接受虚无假设，假设理论模型与实际数据可以契合。从其他适配度指标来看，卡方自由度比值为 1.484 < 2.000，RMSEA 值为 0.063 < 0.08，NFI 值为 0.978 > 0.090，RFI 值为 0.953 > 0.90，IFI 值为 0.993 > 0.90，TLI 值为

0. 984 > 0. 90，CFI 值为 0. 993 > 0. 90，均达到模型可以接受标准，显著水平 $\alpha =$ 0. 05 时，CN 值等于 143，$\alpha = 0.01$ 时，CN 值等于 177，模型可以达到适配标准，说明路径设计正确。

潜在外因变量国民经济运行对财政运行的路径影响系数为 1. 02，体现了经济对于财政的决定作用，但是财政运行对于民生状况的路径系数仅为 0. 05，反映出内蒙古自治区旗县财政运行存在普遍的财政困难，除了财政能自给的地区外，普遍存在吃饭财政的现象，公共财政对于民生的作用大打折扣。

基层财政困难首先会导致基层政府的自利行为。基层政府在获得财政收入之后首先要满足自身运转的需要，其次才会考虑关乎社区居民利益的公共服务的提供，由于财政资金的缺乏，基层政府的行为会在其职责方面逐渐产生偏离，不断向自利的方向发展。

基层财政困难往往会导致基层政府的短视行为，在财政压力巨大且基层政府无法推卸责任的情况下，它们则会通过变相借贷，设法增加预算外收入等来完成上级下达的任务。随着基层政府债务的不断积累，上级政府不得不做出妥协，要么给基层政府一定的优惠条件，要么默许基层政府增加其他不合理的收费行为，从而使得上下级直接不断扯皮，直接导致政府运行成本的增加。在财政压力面前，基层政府虽然能通过各种短视、寻租行为获得暂时的喘息，但这直接增加了预算外资金监管的难度，增加了财政监管的成本。

我国省以下的转移支付体系其实是不完善的，基层政府的财政缺口大部分却是由转移支付来弥补的，这对这一不完善的体系施加的压力实在过大。对基层政府来说，转移支付体系的不完善，使得基层政府获得的资金并不稳定，基层政府不得不为剩下的财政缺口想尽办法来进行弥补，无形中增加了行政成本。对上级政府来说，基层政府的隐性负债有可能通过转移支付体系向中央政府转移，存在一定的财政风险。隐性负债责任的上移，有可能使得矛盾集中化、扩大化，从而危及整个财政体系。

第四节　促进旗县经济社会协调发展的财政政策

一、完善县乡财政制度

自 1994 年开始，我国实行了中央与省级财政的分税制财政管理体制，接着由省级逐步向下推行。但是，现阶段我国的分税制体系并不完善，其主要表现：地方税管理权限过于集中，很难调动地方政府的积极性；县级政府事权划分不明确；共享税比重过大；等等。

1. 完善地方税制

随着我国市场经济的快速发展，完善税制刻不容缓。要完善税制，首先要优化税制结构。在税制结构的调整中，应该按照公平税负、简化税制的原则，适当地将重复设置的税种进行合并，对部分老税种停止征收，甚至根据实际需要适当地开征新的税种。特别是地方税结构，要从根本上解决地方财政收入的问题，中央应该切实赋予地方政府一定的税收自主权。其次要完善税种。包括完善现行的增值税，在实际执行的过程中，进一步完善统一税率、统一税基、统一进项税抵扣制度。目前的增值税制度对小企业的发展不利，但是小企业却往往是县乡政府的主要税收来源。因此，有必要对增值税制度进行一定程度的改革从而鼓励小企业的发展。调整消费税，现行的消费税制度在生产环节进行征收，存在着税收转移的问题，这在一定程度上加剧了县乡财政状况的恶化，加剧了地区之间的收入差距。在今后的税制改革中，可以考虑将消费税改为在消费环节征收，有利于提高欠发达地区的税收收入，另外，在现行财政体制下，这样做有可能会得到更多的税收返还。同时，也可以对部分高消费行业增收消费税，并且完善个人所得税以及稳定营业税。最后，要依据县乡的实际情况，适当调整税率。

2. 建立规范的地方转移支付制度

合理运用各级政府的公共资产，站在更高的角度去考虑大局的发展，充分利用政府之间的财力调度优势，调整各级政府的资金比例，这样才能更好地应对财政方面的问题。建立合理科学的转移支付制度，提高均等化转移支付比重，降低非均等化转移支付比重，减少专项类转移支付，调动地方政府的积极性。政府间财政转移支付制度必须规范化，遵从法制化原则。从各级政府事权、财权的划分到确立财政转移支付的目标、基本原则、资金来源、法定形式、核算标准、分配方法及转移支付的监督及法律责任等，都需要有明确的法律规定作为保证，做到制度运行的各个环节都有法可依、有法必依，并能保证制度有效地运行。

二、促进县域经济发展，进一步增强旗县财政的发展后劲

从根本上来看，内蒙古自治区大部分旗县财政困难是由于这些地区经济发展落后、经济基础薄弱，市场意识、人才、资金都很缺乏，信息闭塞、基础设施不够完善等原因造成的，经济发展的"硬"环境和"软"环境不完善，发展经济的内在功能比较有限，招商引资也比较困难。所以，要从根本上解决内蒙古自治区旗县财政的困难问题，一定要在发展经济的同时，提高政策扶持力度。首先，从内蒙古自治区县域实际出发，充分发挥各自优势，走出各具特色的经济发展之路，加强财源建设，增加财政收入。推进农村、牧区经济结构和农牧业产业结构的战略性调整，加强各级财政对农牧业基础设施的投资力度，在发展特色农牧业的基础上，夯实农牧业发展基础；以乡镇企业发展为重点，为乡镇企业的发展创造良好环境，注意把当地资源优势转化为产品优势和经济优势，大力发展农牧产品加工业，对农牧业产业化龙头企业要加大扶持力度，充分发挥龙头企业在新农村牧区建设中的带动作用，提升农牧产品的附加值，依托优势资源，壮大主导产业，促进农村、牧区产业结构升级，扩大旗县经济总量；加速中小城镇的建设，加快发展第三产业，大力推动非国有经济的发展，努力培植新的经济增长点，加速发展房地产、旅游、邮电通信、交通运输业及其他生产生活服务业，促进农村、牧区剩余劳动力转移，增加农牧民的收入，提高农牧民的购买力，开拓农牧区市场，增加旗县政府财政收入；营造优惠的政策环境，根据本地资源情况，加大外引内联、东引西联的招商引资力度，实现互惠互利、共同发展的目标。其次，要加大对县域经济的财税支持力度。建议按照分税分享、向旗县（市）倾斜的原则，调整旗县财政体制，通过贴息、担保等形式引导和促进旗县经济发展。省财政应该从当年的超收收入安排部分资金，采取转移支付办法直接分配到旗县（市），对财政收入增长快、贡献大的经济强县要给予奖励，在财政预算中设立中小企业发展专项资金，主要用于旗县工业发展。最后，充分发挥财政投融资作用，支持县域工业园区发展，促进产业集聚。采取贴息和补助等方式，引导银行和社会资金投入，支持县域中小企业、现代服务业发展。落实财政补贴、税收返还、资金奖励等财税优惠政策，引导金融机构服务县域经济发展。推进县城扩容提质，支持城市公路、水利、信息等基础设施建设，以及城镇供水、供气和污水处理等基本公共服务能力建设，提高承载产业和服务生活的能力。

三、建立和完善限制开发区和禁止开发区的生态补偿机制

从我国主体功能区划分给内蒙古自治区特别是限制和禁止开发的旗县带来的挑战来看，增加了这些地区的发展的成本和难度，严重影响了限制开发区和禁止开发区的居民增收，尤其是各级地方政府财政能力会更加困难，更加制约了各级地方政府推进基本公共服务均等化的能力。生态补偿的重点是解决限制开发区和禁止开发区因提供生态服务而损失的经济利益或发展权利问题，从而实现主体功能区之间的协调发展。首先是从纵向或是横向财政转移支付实现均等化的基本公共服务，补齐限制和禁止开发区的差额部分。其中横向转移的方法可在综合考虑当地人口规模、财力状况、GDP 规模、生态效益外溢程度等因素的基础上来确定。获益区域应按拨付比例将财政资金上缴存入生态补偿基金，并保证按此比例及时进行补充。其次是通过生态补偿，使内蒙古自治区限制开发区和禁止开发区居民人均可支配收入水平同其他非限制和非禁止开发区域的居民大致相当。再次加强政府建设的补偿能力，包括增大政府在生态补偿方面的资金投入和提高政府

资金的使用效率。最后继续鼓励自治区"呼包鄂"优势地区率先发展，在转变经济增长方式、优化调整经济结构及发展循环经济等方面取得新的进展，加快发展共同参与的京津冀、环渤海区域的合作，为自治区财政收入和省级生态补偿等方面做出更大的贡献，促进区域协调发展。

四、逐步提高旗县财政收支质量

一是强化收入征管。认真贯彻执行《税收征管法》，强化依法征管，要体现收入征管的公平税负，严厉打击各种偷税、骗税和逃税行为，确保应收尽收，杜绝"跑冒滴漏"。二是加强财政支出预算管理。强化对预算外资金的监管，把预算内资金和预算外资金都纳入财政预算管理捆绑使用，提高财政预算的完整性和统一性；加强旗县级部门综合预算工作，增强预算的科学性和透明度；推行以国库单一账户制度为基础的国库集中支付制度，有效提高财政资金的配置效率和使用效益。三是进一步调整和优化旗县财政支出结构。财政应逐步减少直至退出对一般性竞争性领域的直接投入，集中财力支持基础设施建设、基础产业及高新技术产业的发展，更加有效地发挥财政政策在经济结构调整和促进区域经济协调发展中的重要作用。四是不断完善政府采购制度。逐步拓宽包括使用财政资金购买、租用、委托或雇佣等方式获取的货物、工程或服务等方面的政府采购范围，做好政府的采购招标工作，政府采购都要从最大限度地维护公共利益出发，必须把招标引入竞争机制，营造公平公正、竞争择优环境氛围。五是实施综合平衡。贯彻执行《预算法》，依法理财，按照旗县经济发展与最优化的社会发展要求，对各种资金的来源、数量、规模、投向、结构和比例推行综合财政预算，在预算执行的实践中，不能随意"开口子"，必须相应压减预算支出。六是加大政府机构改革力度，改革事业编制管理制度，减少运行成本，缓解旗县财政支出压力。

五、加大力度争取国家的政策扶持

中央财政的大力支持，对促进内蒙古自治区财政与经济进一步协调发展、增大财政总量和优化财政结构具有重要作用。因此，从制度建设和政策扶持上，中央财政应继续给予内蒙古自治区特别是旗县更大的资金扶持与照顾。调整现行财政体制，应更多地考虑和体现对内蒙古自治区民族自治地区的倾斜和照顾。建议中央对民族地区特别是民族地区旗县在财政体制方面做出必要的调整，对所得税上缴比例和增值税适当调低和放宽，使民族地区旗县的财力得到一定程度的提高和改善；通过一般性转移支付将民族地区上缴中央财政的税收全部返还给地方，以此来加大其自主安排财力的灵活性，确保内蒙古自治区限制开发区和禁止开发区生态补偿和功能建设；根据《中华人民共和国民族区域自治法》第六十五条规定："国家在民族自治地方开发资源、进行建设的时候，应当照顾民族自治地方的利益，做出有利于民族自治地方经济建设的安排，照顾当地少数民族的生产和生活。国家采取措施，对输出自然资源的民族自治地方给予一定的利益补偿。"对于在内蒙古自治区开发资源的中央国有大中型企业，应提高在内蒙古自治区地方政府的留成比例，为资源开采地区的环境和生态恢复与改造专用，促进地方的经济发展和环境改善。加快完善资源税制度。近年来，内蒙古自治区仍未摆脱以资源消耗为主的粗放型经济发展模式及财政收入增长方式，经济增长、财政收入增长都为粗放消耗资源的发展模式付出了一定的环境代价。因此，国家应该扩大资源税的征收范围，对资源税的征收标准应当适当提高，对污染程度不同的资源开采应实行差别税率。为了减少破坏北部屏障的草原、森林等，对特别稀缺的资源、非替代性、非再生资源课以重税。对以资源开发为主的大型企业除征收资源税外，还要征收一定的"生态补偿费"，用于生态的恢复和保护。

六、加强基层地方债务管理

1. 清理债权债务

对于基层财政向民间高息借款形成的存量负债，应该明确要求实行本息分离，不准利息转本金，以防范其带来的高风险和可能带来的社会不稳定因素。而对于由于农户拖欠税费而由财政借款代交形成的负债，则需要区别对待。对于经调查核实，确实无能力还款的困难户，可以实行减、免、缓的政策；对于一次性还清有困难的农户，经村民大会讨论可以考虑分期偿还；对欠款大户，可以给予优惠政策鼓励其积极还款；对有能力而拒不偿还的农户，需要采取诉讼程序，依法清欠。建议参考对照国有企业解困的有关办法，对向银行、信用社贷款形成的债务实行停息挂账。基层财政不仅有债务，还有相当规模的债权，盘活债权、化解存量债务不失为基层财政"轻装上阵"的可行之策。

2. 控制增量债务

基层财政制度创新是一个渐进的过程，治理财政运行压力不会在较短时期产生立竿见影的政策效果，所以基层财政负债运行还会有明显的惯性。严格控制县乡财政的增量债务在债务治理政策中的作用就十分重要了。取消一切不切实际的达标升级活动，严禁搞那些劳民伤财的形象工程或是政绩工程。县乡财政举办公益事业必须坚持量入为出的原则；实行严格禁止高息借贷行为，限制向金融机构借款的增量控制策略；按照政企分开的原则严格规范基层政府行为，杜绝政府为企业担保贷款。积极的财政政策是仍将坚持政策，促使总供求平衡的基本财政政策。支持大量增加的政府投资主要依靠债务资金。由此，地方政府要建立政府债务的发行、使用及偿还机制，在适当的条件下可适当放松地方发行公债的限制，明确地方对公债偿还的责任以及中央政府对地方发行公债的监督。比如，中央政府可以限定地方债务发行的规模和使用范围，可以依据债务规模和偿还状况建立地方债务发行的约束机制，如当债务余额达到一定标准的时候，强制地方政府不能继续进行债务发行并在转移支付等方面进行限制等。还可以考虑建立地方政府负债的准备金制度，将地方债务风险尽量化解在地方债务发行上。在债务资金使用上，区分项目投资方向，重点放在公共投资上，逐渐退出竞争性领域；严格立项审批责任，引入政府采购制度，提高资金使用效益。在债务偿还上，清理拖欠债务，上级财政给予一定资金支持；明确偿还主体，督促被担保企业及时履行偿债义务；用县乡机构改革后的一部分资产抵偿债务或用出售收入清偿债务。在债务管理上，债务发行收入与债务偿还支出均应列入县预算，结合预算制度改革，按一定比例安排偿债基金；提高以债养债程度，积极寻求以新债还旧债的途径；树立债务风险意识，建立债务风险预警系统，严格监控，建立规范的县级政府对本级人大的债务报告制度，完善政府债务法规。

七、实行精兵简政，规范支出，减轻财政负担

目前，精简机构、压缩消费性支出是基层摆脱财政困境的最有效的措施。在许多乡镇中，政府级次过多，导致机构臃肿，行政效率低，管理费用高。要科学地界定乡镇政府职能，让基层政府能够集中精力做好规划、协调、服务和监督。要借税费改革等配套改革之机，调整县乡政府组织结构，推进机构改革，大力压缩财政供养人员。合并站所、辞退临时人员，逐步精简财政供给人员，缓解工资支出压力，真正缩小财政供给范围，切实减轻财政负担。另外，变财政资金多头开户、分散管理为使用国库集中支付，实现政府财力的集中化。严格控制各种非生产性支出，最大限度减少财政支出。

八、完善县级基本财力保障机制

积极争取中央加大对内蒙古自治区的奖励性资金分配规模和提高奖励系数，建立完善动态保障机制。加大对财力薄弱地区的转移支付补助。继续实行对兴安盟、乌兰察布市等困难地区的特殊资金和政策扶持，支持这些地区优势特色产业发展和人民群众生产生活条件改善。政府债券资金分配继续向盟市、旗县倾斜。积极争取中央地方政府债券资金，重点用于盟市、旗县保障性住房、文化教育卫生等社会事业基础设施建设等领域的投入。

九、充分发挥财政投融资作用，支持县域工业园区发展，促进产业集聚

采取贴息和补助等方式，引导银行和社会资金投入，支持县域中小企业、现

代服务业发展。落实财政补贴、税收返还、资金奖励等财税优惠政策，引导金融机构服务县域经济发展。推进县城扩容提质，支持城市公路、水利、信息等基础设施建设，以及城镇供水、供气和污水处理等基本公共服务能力建设，提高承载产业和服务生活的能力。

附表

附表1 2004~2013年内蒙古自治区十二盟市公共财政收入

单位：万元

年份 盟市	2004	2005	2006	2007	2008	2009	2010	2011	2012	2013
呼伦贝尔市	144871	174140	226128	289980	418418	492947	559851	649060	793562	871408
兴安盟	45259	44262	34696	40356	68391	82863	102464	133065	175997	187292
通辽市	102027	144221	170091	236364	413022	507032	648330	732540	891721	1036339
赤峰市	136018	158761	163770	281825	362316	458221	563261	617762	745588	911840
锡林郭勒盟	65321	107614	129550	182231	273247	350942	415766	465665	652778	755816
乌兰察布市	89232	119213	112183	152285	154672	139933	173344	234667	348006	424498
呼和浩特市	285638	359319	455203	579620	822459	1067947	1267616	1514252	1786447	1820177
包头市	416175	584195	675343	767476	964808	1303120	1391830	1618571	1857557	2151179
鄂尔多斯市	230211	449045	540387	770239	1181983	1620408	2390774	3461762	3755121	4400156
巴彦淖尔市	98809	122508	136837	187938	238786	299983	382787	427174	496094	579335
乌海市	55282	88190	99276	125501	179748	232367	336632	404975	544135	684895
阿拉善盟	32632	50026	60843	79944	110385	152494	231660	297876	359371	451922

附表2 2004~2013年内蒙古自治区十二盟市人均生产总值

单位：元

年份 盟市	2004	2005	2006	2007	2008	2009	2010	2011	2012	2013
呼伦贝尔市	9598	11971	14628	18687	23413	28881	36552	45039	52649	56470
兴安盟	6119	7513	7912	8947	11166	13498	16203	19458	23944	25629
通辽市	8940	10616	13354	18952	25402	31147	37489	46166	54019	56955
赤峰市	6522	7894	9751	13470	17242	21037	24967	31121	36070	39126
锡林郭勒盟	13739	17093	21328	28691	38569	47019	57727	67584	79105	86790
乌兰察布市	8352	10592	13215	16077	20359	23489	26459	32281	36525	39215
呼和浩特市	20321	29049	34710	42015	49606	61108	65518	75266	83906	90941
包头市	23817	35086	41334	51564	70004	84979	93441	112372	118320	124586
鄂尔多斯市	23500	40169	53166	75021	102128	134361	138109	163014	182680	196728
巴彦淖尔市	10349	12560	16045	19644	25237	29384	36048	43118	47012	49996
乌海市	20081	27272	32598	40130	50036	64147	73801	89830	97617	104420
阿拉善盟	22464	30587	40372	51616	83047	110311	133058	168078	179608	185757

附表3 2004～2013年内蒙古自治区十二盟市第二产业总值

单位：万元

年份 盟市	2004	2005	2006	2007	2008	2009	2010	2011	2012	2013
呼伦贝尔市	73.04	98.25	127.13	167.22	230.45	304.16	392.60	509.95	629.79	682.19
兴安盟	34.15	34.18	35.39	36.57	50.26	69.88	87.72	114.58	149.24	154.92
通辽市	97.03	111.96	159.89	271.79	411.29	533.19	689.71	886.71	1068.54	1027.39
赤峰市	106.38	128.14	176.30	280.09	375.21	451.39	556.58	722.53	856.35	857.21
锡林郭勒盟	62.57	82.01	115.39	170.23	250.52	316.36	398.87	463.01	549.76	590.10
乌兰察布市	80.98	92.34	124.27	164.01	211.51	261.70	296.74	371.18	418.63	437.11
呼和浩特市	221.61	277.76	350.24	415.50	501.89	593.25	678.95	789.99	802.31	826.74
包头市	324.68	449.98	547.53	657.47	1003.93	1175.15	1331.45	1665.18	1685.08	1696.96
鄂尔多斯市	193.65	312.45	439.64	633.10	931.43	1260.49	1551.43	1933.68	2213.13	2369.3
巴彦淖尔市	59.27	82.59	125.02	168.51	229.61	279.90	339.68	414.07	448.83	469.50
乌海市	66.89	79.14	96.92	124.56	158.88	214.25	280.52	351.95	362.54	375.95
阿拉善盟	30.31	38.02	55.65	76.81	136.68	192.33	248.02	323.49	348.65	358.30

附表4 2004～2013年内蒙古自治区十二盟市城镇居民人均可支配收入

单位：元

年份 盟市	2004	2005	2006	2007	2008	2009	2010	2011	2012	2013
呼伦贝尔市	7147	8228	9051	10364	12099	13298	14858	17142	19492	22616
兴安盟	6466	7159	7612	8386	9385	10251	11505	13233	15573	18800
通辽市	6864	7680	8469	10150	11721	12812	14263	16548	18828	21349
赤峰市	6706	7572	8451	10032	11538	12670	14109	16416	18678	18678
锡林郭勒盟	6655	7902	8437	10325	12504	13752	15464	17960	20508	25666
乌兰察布市	6471	7519	8441	9774	11749	12866	14289	16314	18609	20894
呼和浩特市	10166	12150	14055	16920	20269	22397	25174	28877	32646	32003
包头市	11502	13218	15122	17876	20861	23089	25862	29628	33488	32694
鄂尔多斯市	8770	11025	13001	16226	19436	21884	25205	29283	33140	32242
巴彦淖尔市	6910	8002	9010	10360	11977	13067	14422	16368	18455	20674
乌海市	8208	10006	11430	13623	15999	17621	19741	22349	25447	28802
阿拉善盟	7568	8941	10401	12450	14961	16604	19111	21622	24448	27398

参考文献

[1] 龚六堂, 邹恒甫. 政府公共开支的增长和波动对经济增长的影响[J]. 经济学动态, 2001 (9).

[2] 郭庆旺, 吕冰洋, 张德勇. 财政支出结构与经济增长 [J]. 经济理论与经济管理, 2003 (11).

[3] 张明喜. 地方财政支出结构与地方经济发展的实证研究——基于聚类分析的新视角 [J]. 财经问题研究, 2008 (1).

[4] 范广睿. 对我国财政支出的分析认识 [J]. 财政研究, 2000 (6).

[5] 尹宗成. 财政支出结构与经济增长关系的实证分析 [J]. 观察与思考, 2006 (2).

[6] 王树华, 方先明. 中国财政政策宏观经济效应的实证检验: 1978～2004 [J]. 中央财经大学学报, 2006 (8).

[7] 冠明风. 民生财政的内涵与体系构建: 一个文献综述 [J]. 地方财政研究, 2011 (8).

[8] 黄小欣. 首设民生支出的五大意义 [J]. 改革纵横, 2009 (4).

[9] 李金玲, 宋效中, 姜铭. 我国财政支出结构与社会公平的实证分析 [J]. 内蒙古大学学报, 2008 (11).

[10] 李晓嘉. 民生支出对城乡居民消费的影响及解释 [J]. 上海经济研究, 2012 (5).

[11] 马树才, 孙长清. 经济增长与最优财政支出规模研究 [J]. 统计研究, 2005 (1).

[12] 高培勇. 财政与民生 [M]. 北京: 中国财政经济出版社, 2007: 43 - 196.

[13] 贾康, 梁季, 张立承. "民生财政" 论析 [J]. 中共中央党校学报, 2011 (4): 5 - 13.

[14] 刘尚希. 论民生财政 [J]. 财政研究, 2008 (8): 2 - 11.

［15］曾康华．优化财政支出结构与推进民生财政［J］．人民论坛，2011
（3）：12－14．

［16］贾康，刘微．注重民生、优化结构、创新制度、促进发展——中国公
共财政的转型之路［J］．经济与管理研究，2007（10）：5－11．

［17］高培勇．公共财政：概念界说与演变脉络——兼论中国财政改革30年
的基本轨迹［J］．经济研究，2008（12）：4－16．

［18］内蒙古自治区2013年国民经济和社会发展统计公报［Z］．

［19］2012年度内蒙古自治区人力资源和社会保障事业发展统计公报［Z］．

［20］http：//www. nmg. cei. cn/sh/shbz/201402/t20140225_ 55941. html.

［21］蔡冬冬．中国财政分权体制下地方公共物品供给研究［D］．辽宁大
学博士学位论文，2007．

［22］刘寒波．公共服务、财政行为与非税收入——政府非税收入在公共收
入体系中的地位与作用［J］．求索，2014（8）．

［23］任芳．政府非税收入优化管理研究［D］．山东大学博士学位论
文，2012．

［24］张亚斌，彭舒．非税收入对经济增长有贡献吗？——基于湖南省非税
收入结构视角的经验证据［J］．经济与管理研究，2014（4）．

［25］谭立．政府非税收入收缴管理原则与完善措施［J］．中央财经大学学
报，2014（3）．

［26］欧文汉．改革完善政府非税收入管理［J］．财政研究，2013（7）．

［27］朱尔茜．政府非税收入管理的国际比较与借鉴［J］．求索，2013
（4）．

［28］许多奇．非税收入的合法性探讨［J］．法学，2013（4）．

［29］贺蕊莉．非税收入扩大收入分配差距问题研究［J］．财政研究，2013
（1）．

［30］刘志雄．非税收入对中国经济增长的作用——基于全国31个省区面板
数据的实证［J］．生产力研究，2012（9）．

［31］张振玉．政府非税收入管理问题及对策［J］．河北学刊，2012（3）．

［32］郭小聪，李谭君．非税收入改革的政治逻辑——基于J省A区的个案
研究［J］．中山大学学报（社会科学版），2011（6）．

［33］聂少林．地方政府非税收入现状、问题及管理创新［J］．社会科学辑
刊，2011（1）．

［34］聂少林．国外政府非税收入规范管理经验借鉴及启示［J］．财政研
究，2010（12）．

［35］魏光明．促进我国环境保护非税收入政策的思考［J］．税务研究，2010（7）.

［36］邓力平，邓秋云．非税收入：基于国家财政、公共财政和发展财政的分析［J］．财政研究，2009（9）.

［37］聂少林．地方政府非税收入管理创新研究［D］．东北财经大学博士学位论文，2011.

［38］侯岩．"十三五"时期内蒙古财税体制改革研究［M］．北京：中国财政经济出版社，2015.

［39］李萍，许宏才，李承．地方政府债务管理：国际比较与借鉴［M］．北京：中国财政经济出版社，2009.

［40］邓淑莲，彭军．地方政府债务风险控制的国际经验及启示［J］．财政研究，2013（2）.

［41］杨灿明，鲁元平．地方政府债务风险的现状、成因与防范对策研究［J］．财政研究，2013（11）.

［42］邓鸿志．防范和化解内蒙古自治区政府性债务风险的对策建议［J］．金融，2014（5）.

［43］王元京，郑轶，史昊．地方政府债务融资状况评价［J］．全球化，2013（12）.

［44］Richard Levin, Jonathan Solomon & Campbell Agyapong. Some Causes of Municipal Distress and Bankruptcy［Z］. Cravath, Swaine & Moore LLP, 2011.

［45］安立伟．美国地方政府债务管理的民主思想分析与借鉴［J］．财政研究，2012（9）.

［46］John W. H. , Katrina K. Federal Competition and Economic Growth［J］. Journal of Public Economics, 2013, 97（1）.

［47］陈强．高级计量经济学及 Stata 应用［M］．高等教育出版社，2010.

［48］赵卫亚．面板数据模型的类型识别检验［J］．决策与统计，2013（18）：4－7.

［49］杨可．中国西部地区经济增长省际比较研究——兼论西部大开发战略的实施效果［D］．吉林大学硕士学位论文，2012.

［50］刘永在．自然资源禀赋与内蒙古经济发展关系研究［D］．内蒙古大学硕士学位论文，2010.

［51］甄江红，赵明，周瑞平．内蒙古区域经济发展水平的评价研究［J］．经济地理，2005（9）：690－693.

［52］根锁，苏德斯琴，阿如旱等．内蒙古区域经济差异变动轨迹分析

［J］．特区经济，2012（4）：190－193．

　［53］金相郁，武鹏．中国区域经济发展差距的趋势及其特征——基于GDP修正后的数据［J］．南开经济研究，2010（1）：79－96．

　［54］高铁梅．计量经济分析方法与建模［M］．北京：清华大学出版社，2006．

　［55］张学良．中国区域经济增长新格局与区域协调发展［J］．科学发展，2012（7）：64－78．

　［56］王芳，宋玉祥，王文刚．内蒙古区域经济差异及其演化研究［J］．经济地理，2012（11）．

　［57］张秋亮，白永平，赵明．内蒙古县域经济的时空变化研究［J］．干旱区资源与环境，2012（10）．

　［58］关兴良，方创琳，罗奎．基于空间场能的中国区域经济发展差异评价［J］．地理科学，2012（9）．

　［59］陈培阳，朱喜钢．基于不同尺度的中国区域经济差异［J］．地理学报，2012（8）．

　［60］谷国锋，解邸卓．东北三省区域经济增长的趋同性研究［J］．地理科学，2011（11）．

　［61］靳诚，陆玉麒．基于空间变差函数的长江三角洲经济发展差异演变研究［J］．地理科学，2011（11）．

　［62］孟德友，陆玉麒．基于基尼系数的河南县域经济差异产业分解［J］．经济地理，2011（5）．

　［63］熊薇，徐逸伦，王迎英．江苏省县域经济差异时空演变［J］．地理科学进展，2011（2）．

　［64］杨智斌，曾先峰．中国区域经济差异问题研究综述［J］．经济地理，2010（6）．

　［65］彭文斌，刘友金．我国东中西三大区域经济差距的时空演变特征［J］．经济地理，2010（4）．

　［66］吴晶英．破解县域财政难题助推内蒙古县域经济健康快速发展［J］．前沿，2012（17）．

　［67］徐小平．欠发达地区县级财政运行状况研究［J］．南京社会科学，2013（7）．

　［68］侯红蕊，李志强，蒋庭菲．内蒙古县域经济发展水平空间差异评价［J］．安徽农业科学，2012（18）．

　［69］巩芳，白布赫．基于聚类分析的内蒙古县域经济发展战略研究［J］．

内蒙古财经学院学报，2010（3）.

[70] 李瑞华. 从县域经济基本竞争力评价看内蒙古县域经济发展的特点 [J]. 科学与管理, 2009（4）.

[71] 胡敏谦. 内蒙古县域经济发展的特点、存在问题及对策建议 [J]. 北方经济, 2009（23）.

[72] 王关区, 刘小燕, 吴晶英. 内蒙古县域经济发展面临的问题及对策 [J]. 北方经济, 2013（8）.

[73] 吴新娣, 王春枝. 内蒙古县域经济发展模式研究 [J]. 内蒙古师范大学学报（哲学社会科学版）, 2009（4）.

[74] 苏日娅. 内蒙古县域经济发展状况分析 [J]. 北方经济, 2010（4）.

[75] 梁鲜桃. 提升内蒙古县域经济竞争力的几点思考 [J]. 理论经济, 2010（4）.

[76] 高润喜. 内蒙古加快县域经济发展探析研究 [J]. 科学管理研究, 2013（8）.

[77] 山丹. 基于城乡统筹视角下内蒙古县域经济发展研究 [J]. 内蒙古财经大学学报, 2014（3）.